AS PESSOAS EM PRIMEIRO LUGAR

AMARTYA SEN E BERNARDO KLIKSBERG

As pessoas em primeiro lugar

A ética do desenvolvimento
e os problemas do mundo globalizado

Tradução
Bernardo Ajzemberg
Carlos Eduardo Lins da Silva

COMPANHIA DAS LETRAS

Copyright © 2007 by Bernardo Kliksberg e Amartya Sen

Grafia atualizada segundo o Acordo Ortográfico da Língua Portuguesa de 1990, que entrou em vigor no Brasil em 2009.

Obra editada no âmbito do Programa "Sur" de Apoio a Traduções do Ministério das Relações Exteriores, Comércio Internacional e Culto da República Argentina.

Título original
Primero la gente — Una mirada desde la ética del desarrollo a los principales problemas del mundo globalizado

Capa
warrakloureiro

Revisão técnica
Ricardo Doninelli Mendes

Preparação
Cacilda Guerra

Revisão
Angela das Neves
Huendel Viana
Luciane Helena Gomide

Dados Internacionais de Catalogação na Publicação (CIP)
Câmara Brasileira do Livro, SP, Brasil

Sen, Amartya
As pessoas em primeiro lugar : a ética do desenvolvimento e os problemas do mundo globalizado / Amartya Sen e Bernardo Kliksberg ; tradução Bernardo Ajzemberg, Carlos Eduardo Lins da Silva. — São Paulo : Companhia das Letras, 2010.

Título original: Primero la gente : una mirada desde la ética del desarrollo a los principales problemas del mundo globalizado.
ISBN 978-85-359-1664-5

1. Desenvolvimento econômico – Aspectos morais e ético 2. Desenvolvimento econômico – Aspectos sociais 3. Globalização I. Kliksberg, Bernardo. II. Título.

10-03261   CDD-338

Índice para catálogo sistemático:
1. Desenvolvimento econômico e social   338

[2010]
Todos os direitos desta edição reservados à
EDITORA SCHWARCZ LTDA.
Rua Bandeira Paulista, 702, cj. 32
04532-002 — São Paulo — SP
Telefone (11) 3707-3500
Fax (11) 3707-3501
www.companhiadasletras.com.br

Sumário

Introdução 7

PRIMEIRA PARTE: TEMAS-CHAVE DO SÉCULO XXI 15
Amartya Sen

1. Como julgar a globalização 17
2. Exclusão e inclusão 33
3. Qual é o propósito da democracia? 52
4. Por que devemos preservar a coruja pintada 64
5. Por que equidade na saúde? 73
6. Mortalidade como um indicador de sucesso e fracasso econômico 94

SEGUNDA PARTE: OS DESAFIOS ÉTICOS DE UM CONTINENTE PARADOXAL 137
Bernardo Kliksberg

7. O que significa viver na América Latina, a mais desigual das regiões? O caso da saúde pública 139
8. Mitos sobre a juventude latino-americana 212

9. Como enfrentar o crescimento da insegurança urbana na América Latina? As lógicas em conflito   259

10. Por que a cultura é fundamental para o desenvolvimento?   302

11. Sete teses sobre o voluntariado na América Latina   334

12. O papel da responsabilidade social empresarial na crise   354

UMA REFLEXÃO ADICIONAL   377

Bernardo Kliksberg

13. As religiões e a dívida social do nosso tempo   379

Introdução

Os avanços tecnológicos registrados pelo planeta são extraordinários e vertiginosos. Os dados referentes à vida das pessoas, porém, são preocupantes e só fazem piorar diante do impacto da atual crise internacional, a maior desde a grande depressão de 1930. O planeta poderia produzir alimento suficiente para uma população bem maior do que a atual, e, no entanto, 1 bilhão de pessoas passam fome no mundo. As reservas de água existentes poderiam permitir o fornecimento de água potável para toda a população e, no entanto, 1,2 bilhão de pessoas não têm acesso a água tratada. A água é algo decisivo para a vida. Como afirma, acertadamente, o Corão: "a partir da água, outorgamos vida a todas as coisas". Anualmente, a sua falta provoca a morte de 1,8 milhão de pessoas. Quatro mil e novecentas crianças falecem a cada ano por não contar com água potável. Possuir um vaso sanitário e um sistema de saneamento é fundamental para a existência. Dois bilhões e seiscentos milhões de pessoas carecem disso, o que implica, para elas, uma vida miserável, que afeta sua saúde gravemente. O déficit de água e de saneamento poderia ser reduzido pela metade com uma quantia equivalente a apenas cinco dias do orçamento militar somado do planeta.

Muitas pessoas passam fome e sede. A falta de água provoca, também, a perda de 443 milhões de dias escolares, especialmente das meninas, obrigadas que são a buscar água onde quer que seja. Tudo isso, em pleno século da inseminação artificial, da clonagem de animais, dos iPods, dos computadores portáteis, da biblioteca digital universal e outras maravilhas tecnológicas.

A cada ano, 500 mil mães morrem durante a gravidez ou no parto. Noventa e nove por cento delas estão nos países em desenvolvimento. Uma mulher por minuto. O índice de mortalidade materna não conheceu nenhuma melhora desde 1990, apesar dos enormes avanços ocorridos na medicina. Cerca de quatrocentas mães a cada 100 mil nascimentos morrem no momento de dar à luz. Algumas das causas disso são as hemorragias e a anemia, doença que pode ser evitada com a administração de comprimidos de ferro que custam poucos centavos. Além disso, um a cada dez partos requer uma cesárea. A realização de uma cesárea custa cem dólares, quantia de que as mães pobres, muitas vezes, não dispõem.

Dezenove crianças com menos de cinco anos de idade morrem a cada cinco minutos de pneumonia, o que significa mais de 2 milhões ao ano. Os antibióticos que seriam capazes de curá-las custam 27 centavos de dólar.

A cada ano, mais de 9 milhões de crianças não chegam a completar os cinco anos de idade. Entre 33% e 50% delas morrem de desnutrição. A causa da morte costuma ser a diarreia, mas, por trás dela, está um déficit acentuado de micronutrientes elementares. Segundo a Organização Mundial da Saúde (oms), 20% das crianças são desnutridas.

Estima-se, além disso, que, em 2008, a crise e o aumento do preço dos alimentos agravaram a situação de má nutrição, gerando deficiências físicas ou mentais permanentes em um número ainda maior de crianças.

Uma visão de conjunto permite afirmar que 18 milhões de pessoas, metade delas com menos de cinco anos de idade, morrem a cada ano por razões relacionadas à pobreza. Soma-se a isso a importante questão da deterioração do meio ambiente.

Os dados mais recentes relativos à mudança climática evidenciam que as emissões de gases nocivos crescem muito mais do que o previsto. O dióxido de carbono retido na atmosfera é de 385 partes por milhão, ante a já elevada cifra de 339 registrada em 1980. O aumento das temperaturas traz consigo o derretimento das geleiras; o nível do mar vem subindo três milímetros a cada ano, o dobro do que no século xx.

As altas temperaturas e o aumento das chuvas facilitam a reprodução de mosquitos transmissores de doenças infecciosas. A mudança climática ocasiona mais dengue, malária, cólera, febre amarela e hantavírus. Desde já, tem causado a morte de 300 mil pessoas por ano, enquanto aumenta o número de "refugiados do clima". Estes, que eram 25 milhões em 2005, podem somar 50 milhões de pessoas em 2010.

Diante dessas grandes questões em aberto, tornam-se mais atuais do que nunca as palavras de Ghandi: "A diferença entre o que fazemos e aquilo que somos capazes de fazer bastaria para solucionar a maioria dos problemas do mundo".

As razões da enorme assimetria existente entre as potencialidades do planeta e a vida cotidiana marcada pela pobreza e pela privação de boa parte de sua população têm a ver com a diminuta prioridade que é dada na prática aos desfavorecidos e com a organização social. Os dados sobre as iniquidades revelam os seus profundos desajustes. A desigualdade na distribuição de renda entre os 20% mais ricos e os 20% mais pobres passou de 30 para 1, em 1960, a 74 para 1 em 1997. A do capital acumulado pelas diferentes camadas da população mundial, conforme apurou a Universidade das Nações Unidas (2006), é ainda maior. Os 10% mais ricos detêm 85% do capital global enquanto metade dos habitantes do planeta possuem apenas 1%.

A atual crise mundial, gerada por graves equívocos de política pública e de comportamento empresarial na maior economia do mundo, a norte-americana, recai, em primeiro lugar, sobre os mais fracos, agravando a pobreza e a desigualdade. A economia mundial poderá ter diminuído em cerca de 3% em 2009. As economias desenvolvidas integrantes da OCDE, responsáveis por 71% do Produto Mundial Bruto, caíram cerca de 4,2% no primeiro trimestre de 2009 em relação ao mesmo período de 2008.

Os impactos da exportação desta crise dos países ricos sobre o mundo em desenvolvimento são muito significativos. Eles incrementarão gravemente a pobreza, a pobreza extrema e o desemprego.

Entre outros efeitos, o Banco Mundial estima que 22 crianças a mais terão morrido a cada hora em 2009, ou seja, uma a cada três segundos, por causas absolutamente evitáveis.

Este livro trata de alguns dos problemas mais cruciais do mundo globalizado, aplicando a perspectiva de uma nova disciplina que tem despertado muita atenção: a ética do desenvolvimento. O objetivo dessa disciplina é resgatar a relação perdida entre ética e economia, e eliminar a cisão existente entre ambas tal como tem prevalecido no pensamento convencional que tão profundos impactos regressivos tem exercido na definição de políticas e que influenciou fortemente na formação das lacunas que levaram à crise atual.

Procura trabalhar com as raízes profundas de questões críticas da globalização e da crise, examinando algumas das visões predominantes em relação a elas; debate incisivamente com essas visões, sugerindo ideias e caminhos alternativos para o enfrentamento dos problemas, além de resumir experiências bem-sucedidas que os adotaram.

Na primeira parte, voltada para os "Temas-chave do século XXI", Amartya Sen indica, no capítulo 1, critérios para se avaliar a globalização. A questão, sugere ele, não é combatê-la, pois se trata de algo muito mais complexo. Ele demonstra o lugar central que é ocupado pela distribuição desigual de seus benefícios. No capítulo 2, sobre exclusão e inclusão, Sen identifica os riscos existentes nas análises que costumam ser feitas sobre o assunto. Nesse sentido, combate os argumentos que partem de concepções fechadas sobre as diversas culturas e revela as fragilidades do tão difundido enfoque adotado atualmente por historiadores, baseado no "choque de civilizações". No capítulo 3, discute várias hipóteses que hoje circulam sobre a democracia. Como o autor explica, esta, não tendo nascido no Ocidente, é válida para todos os países; ele confronta, aí, a argumentação daqueles que sugerem que os regimes autoritários são mais eficientes. No capítulo 4, aborda a questão ambiental, aprofundando-se em suas relações com a liberdade, propondo, assim, a ideia de uma "liberdade sustentável". Em seguida, no capítulo 5, o autor discute o tema das desigualdades na saúde. No capítulo 6, Sen demonstra como a taxa de mortalidade é o melhor indicador do êxito ou do fracasso de uma economia e analisa as recentes experiências, tanto as bem-sucedidas quanto as malogradas, que tentaram melhorá-la, extraindo daí conclusões em termos de opções de políticas que podem ser adotadas.

Na segunda parte da obra, Bernardo Kliksberg dá prosseguimento às colocações conceituais e propositivas da primeira, enfocando o caso de um continente paradoxal, a América Latina, onde, apesar dos avanços registrados, vigora uma gigantesca fissura social. Seus fracassos e suas buscas podem ser de muita valia para outros continentes. O autor se debruça sobre diferentes campos de grande importância prática, como a saúde, a segurança urbana, abordando um conjunto de temas não convencionais porém essenciais para um desenvolvimento integrado, tais como a juventude, a cultura, o voluntariado e a responsabilidade social empresarial. No capítulo 7, Kliksberg procura revelar o que significa viver na mais desigual das regiões, examinando os impactos que isso tem sobre a questão essencial da saúde. No capítulo 8, examina a situação da juventude latino-americana, derrubando mitos e sugerindo alternativas. No capítulo 9, enfrenta um dos problemas mais sentidos na região, ou seja, o aumento da insegurança dos cidadãos, mostrando as graves falhas existentes no atual debate sobre o tema e propondo que o "hard disk" conceitual hoje prevalecente seja substituído por outro enfoque que produza resultados melhores.

Em seguida, no capítulo 10, o autor demonstra por que a cultura e o capital social são importantes para o desenvolvimento, procurando propor soluções para a superação das defasagens comumente existentes nessas matérias. No capítulo 11, examina a situação do voluntariado na região, expondo uma série de teses a esse respeito. No capítulo 12, Kliksberg destaca o papel que deveria ser cumprido pela responsabilidade social empresarial na presente crise. Por fim, em um capítulo adicional especial, ele reflete sobre o impacto que as religiões podem exercer sobre a agenda ético-social contemporânea.

Durante muito tempo, diante dos problemas candentes abordados no presente livro, alegou-se que para eles não há outras soluções além das convencionais, as quais deveriam continuar sendo aplicadas para se evitar o "caos". Tais soluções, porém, não proporcionaram nenhuma resposta concreta diante dos elevadíssimos níveis de exclusão, sofrimento social e privação que atingem o planeta, e em especial a América Latina, entre outras regiões. Esta obra procura demonstrar que, quando ética e economia atuam de forma articulada, os caminhos alternativos aparecem; e sinalizar que onde esses caminhos são aplicados produzem-se melhoras importantes na vida das pessoas.

Existe pensamento — e ele é muito rico — fora do pensamento convencional. E ele pode ser útil para as pessoas cuja dignidade e cujos direitos ao desenvolvimento e à liberdade deveriam ser a prioridade e o objetivo final de qualquer economia.

Em meio à atual crise, que é reveladora de deficiências históricas estruturais, parece ter chegado a hora de reabrir definitivamente o debate sobre qual mundo queremos e de aprofundá-lo ao máximo.

PRIMEIRA PARTE
TEMAS-CHAVE DO SÉCULO XXI

Amartya Sen

1. Como julgar a globalização

A globalização é vista frequentemente como uma ocidentalização globalizada. Nesse ponto, tanto seus defensores quanto seus opositores estão substancialmente de acordo. Os que têm uma visão otimista da globalização a consideram uma contribuição maravilhosa da civilização ocidental para o mundo. Há uma história simpaticamente estilizada na qual os grandes desenvolvimentos mundiais aconteceram na Europa: primeiro veio a Renascença, depois o Iluminismo e então a Revolução Industrial, que proporcionaram uma grande melhoria dos padrões de vida no Ocidente. E, agora, as grandes conquistas do Ocidente estão se espalhando pelo mundo. Nessa visão, a globalização não é apenas boa, é também um presente do Ocidente para o mundo. Os entusiastas dessa leitura da história tendem a se sentir frustrados não só quando esse grande benefício é visto como uma maldição, mas também quando é desvalorizado e criticado pela ingratidão do mundo.

Sob o ponto de vista oposto, o domínio do Ocidente — às vezes encarado como uma continuação do imperialismo ocidental — é o grande vilão da história. De acordo com essa visão, o capitalismo contemporâneo, dirigido e liderado por países ocidentais ambiciosos e agressivos da Europa e da América do Norte, tem estabelecido regras de comércio exterior e relações de negócios que não atendem aos interesses das populações mais pobres do mundo. O louvor a diversas identidades não ocidentais — definidas por religião (como o islamismo fundamentalista), região (como a defesa dos valores asiáticos) ou cultura (como a glorificação da ética do confucionismo) — pode jogar mais lenha na fogueira do confronto do Oriente com o Ocidente.

Mas será que a globalização é mesmo uma nova maldição do Ocidente? Na verdade, ela nem é nova nem necessariamente ocidental; e não é nenhuma maldição. Por milhares de anos, a globalização tem contribuído para o progresso do mundo por meio da viagem, do comércio, da migração, da difusão de influências culturais e da disseminação do conhecimento e do saber (inclusive o científico e o tecnológico). Essas inter-relações globais têm sido, com frequência, muito produtivas no desenvolvimento de vários países. E não têm necessariamente tomado a forma de influência ocidental crescente. Na verdade, os agentes ativos da globalização não raramente se localizam bem longe do Ocidente.

Como ilustração, considere o mundo no início do último milênio, em vez de no seu final. Por volta do ano 1000, o alcance global da ciência, da tecnologia e da matemática estava mudando a natureza do Velho Mundo, mas a disseminação naquela época era, em grande parte, na direção oposta da que vemos atualmente. A alta tecnologia do mundo do ano 1000 incluía o papel, a tipografia, a balestra, a pólvora, a ponte suspensa por corrente de ferro, a pipa, a bússola, o carrinho de mão e a ventoinha giratória. Mil anos atrás, esses itens eram amplamente usados na China — e totalmente desconhecidos em qualquer outro lugar. A globalização tratou de espalhá-los por todo o mundo, inclusive pela Europa.

Um movimento similar ocorreu na influência do Oriente sobre a matemática do Ocidente. O sistema decimal emergiu e tornou-se bem desenvolvido na Índia entre os séculos II e VI e passou a ser usado por matemáticos árabes logo depois. Essas inovações matemáticas chegaram à Europa principalmente no último quarto do século X e passaram a exercer um impacto sobre os primeiros anos do milênio passado, desempenhando um papel importante na revolução científica que ajudou a transformar a Europa. Os agentes da globalização não são exclusivamente nem europeus nem ocidentais, nem são necessariamente ligados à dominação ocidental. De fato, a Europa teria sido muito mais pobre — econômica, cultural e cientificamente — se tivesse resistido à globalização da matemática, da ciência e da tecnologia naquela época. E, hoje, o mesmo princípio é aplicável, embora na direção oposta (do Ocidente para o Oriente). Rejeitar a globalização da ciência e da tecnologia porque ela representa a influência e o imperialismo ocidentais não apenas significa negligenciar as contribuições globais — vindas de várias partes do mundo — que estão solidamente por trás de toda ciência e tecnologia chamadas ocidentais, mas também é uma decisão bastante tola do ponto de vista prático, dada a extensão de quanto o mundo inteiro pode se beneficiar com o processo.

UMA HERANÇA GLOBAL

Ao resistir ao diagnóstico da globalização como fenômeno de quintessência originalmente ocidental, precisamos suspeitar não apenas da retórica antiocidental, mas também do chauvinismo pró-ocidental em muitos textos contemporâneos. Certamente, a Renascença, o Iluminismo e a Revolução Industrial foram grandes conquistas — e ocorreram principalmente na Europa e, mais tarde, nas Américas. No entanto, grande parte desses desenvolvimentos baseou-se na experiência do resto do mundo, em vez de ter se confinado dentro das fronteiras de uma tímida civilização ocidental.

Nossa civilização global é uma herança do mundo — e não apenas uma coleção de culturas locais discrepantes. Quando um matemático moderno em Boston invoca um algoritmo para resolver um problema de cálculo difícil, ele pode não saber que está ajudando a homenagear o matemático árabe Mohammad Ibn Musa-al-Khwarizmi, que viveu na primeira metade do século IX (a palavra "algoritmo" deriva do nome al-Khwarizmi). Há uma corrente de relações intelectuais que unem a matemática e a ciência ocidentais a uma quantidade de estudiosos distintamente não ocidentais, sendo al-Khwarizmi apenas um deles (o termo "álgebra" deriva do título de sua obra famosa *Al-Jabr wa-al-Muqabilah*). De fato, al-Khwarizmi é um dos muitos contribuintes não ocidentais cujas obras influenciaram a Renascença europeia e, mais tarde, o Iluminismo e a Revolução Industrial. O Ocidente merece crédito total pelas extraordinárias conquistas que ocorreram na Europa e na América europeizada, mas a ideia de uma concepção ocidental imaculada é pura fantasia da imaginação.

Não apenas o progresso da ciência e da tecnologia globais não é um fenômeno exclusivamente conduzido pelo Ocidente, como existiram desenvolvimentos globais da maior importância nos quais o Ocidente nem sequer esteve envolvido. A impressão do primeiro livro no mundo foi um evento maravilhosamente globalizado. A tecnologia da tipografia foi, claro, uma conquista inteiramente chinesa. Mas o conteúdo veio de outro lugar. O primeiro livro impresso foi um tratado indiano escrito originalmente em sânscrito e traduzido para o chinês por um meio turco. O livro *Vajracchedika Prajnaparamitasutra* (às vezes chamado de *Sutra diamante*) é um antigo tratado sobre o budismo; foi traduzido do sânscrito para o chinês no século v por Kumarajiva, um estudioso meio indiano, meio turco que viveu em uma parte do Turquistão Oriental* chamada Kucha e que mais tarde emigrou para a China. A obra foi impressa quatro séculos depois, em 868 d.C. Todo esse processo envolvendo China, Turquia e Índia é com certeza globalização, mas o Ocidente não está nem mesmo à vista.

INTERDEPENDÊNCIAS E MOVIMENTOS GLOBAIS

O diagnóstico incorreto de que se deve resistir à globalização de ideias e práticas porque ela leva à temível ocidentalização tem desempenhado um papel consideravelmente regressivo no mundo colonial e pós-colonial. Esse pressuposto incita tendências provincianas e solapa a possibilidade de objetividade na ciência e no conhecimento. Ele não é apenas contraproducente em si mesmo; dadas as interações globais através da história, ele pode também levar as sociedades não ocidentais a dar um tiro no próprio pé — até mesmo no precioso pé de sua cultura.

Considere a resistência na Índia à utilização das ideias e conceitos ocidentais na ciência e na matemática. Durante o século XIX, esse debate fazia parte da controvérsia mais ampla entre educação ocidental *versus* educação indiana nativa. Agentes da "ocidentalização", como o ilustre Thomas Babington Macaulay,** não viam mérito algum na tradição indiana. "Nunca encontrei um sequer entre eles [os defensores da tradição indiana] que pudesse negar que uma única prateleira de uma boa biblioteca europeia

---

* O Turquistão Oriental fica atualmente na província de Xinjiang, região noroeste da China. (N. T.)
** Macaulay (1800-59), poeta, historiador e político britânico, teve grande relevância na Índia colonial por ter instituído o uso obrigatório do inglês em vez de sânscrito ou árabe nas escolas indianas a partir da sexta série. (N. T.)

valesse mais do que a literatura inteira da Índia e da Arábia", declarou. Em parte em retaliação, os defensores da educação nativa resistiram à importação de tudo que fosse ocidental. Ambos os lados, entretanto, aceitaram muito depressa a dicotomia básica entre duas civilizações diversas.

A matemática europeia, com seu uso de conceitos como o seno, foi vista como importação puramente "ocidental" para a Índia. Aryabhata havia discutido o conceito de seno em sua obra clássica sobre astronomia e matemática em 499 d.C., usando seu nome em sânscrito, *jya-ardha* (literalmente, "meia corda"). Essa palavra, primeiro encurtada para *jya* em sânscrito, acabou se tornando *jiba*, em árabe, e mais tarde *jaib*, que significa "angra ou baía". Em sua história da matemática, Howard Eves explica que, por volta de 1150 d.C., Gherardo de Cremona traduziu *jaib* do árabe para a palavra *sinus*, que corresponde, em latim, a angra ou baía. Essa é a fonte da moderna palavra "seno". O conceito havia viajado um círculo completo — saindo da Índia e então retornando ao ponto de origem.

Entender a globalização meramente como imperialismo de ideias e crenças ocidentais (como a retórica com frequência tem sugerido) seria um erro grave e custoso, da mesma forma que o teria sido se a Europa tivesse resistido à influência oriental no início do milênio passado. Existem, é claro, aspectos relacionados à globalização que de fato a conectam com imperialismo (a história das conquistas, do colonialismo e da dominação estrangeira continua relevante hoje de várias maneiras) e uma compreensão pós-colonial do mundo tem seus méritos. Mas seria um grande equívoco enxergar a globalização como uma característica primária do imperialismo. Ela é muito maior — mais grandiosa — do que isso.

A questão da distribuição das perdas e dos ganhos econômicos da globalização permanece um assunto inteiramente separado e deve ser encaminhada como uma questão posterior e extremamente relevante. Há evidência significativa de que a economia global tem levado prosperidade a muitas áreas diferentes do globo. Uma pobreza generalizada dominava o mundo alguns séculos atrás; havia apenas alguns raros bolsões de riqueza. Para superar essa penúria, inter-relações econômicas extensivas e tecnologia moderna foram e continuam sendo uma influência crucial. O que tem ocorrido na Europa, América, Japão e Extremo Oriente é uma mensagem importante para todas as outras regiões, e não podemos ir muito longe na compreensão da natureza da globalização hoje sem antes reconhecer os frutos positivos dos contatos econômicos globais.

De fato, não poderemos reverter as dificuldades econômicas dos pobres no mundo se impedirmos que eles tenham acesso às grandes vantagens da tecnologia contemporânea, à bem estabelecida eficiência do comércio e do intercâmbio internacionais e aos méritos sociais e econômicos de viver em uma sociedade aberta. Na verdade, o ponto central é como fazer um bom uso dos formidáveis benefícios do intercurso econômico e do progresso tecnológico de maneira a atender de forma adequada aos interesses dos destituídos e desfavorecidos. Em minha opinião, essa é a questão que emerge dos assim chamados movimentos antiglobalização.

OS POBRES ESTÃO SE TORNANDO MAIS POBRES?

O principal desafio refere-se à desigualdade — internacional e dentro de cada país. As preocupantes desigualdades incluem disparidades na riqueza e também assimetrias brutais no poder e nas oportunidades políticas, sociais e econômicas.

Uma questão crucial diz respeito à divisão dos ganhos potenciais da globalização — entre países ricos e pobres e entre os diferentes grupos dentro de um país. Não é suficiente compreender que os pobres do mundo precisam da globalização tanto quanto os ricos; também é importante garantir que eles de fato consigam aquilo de que necessitam. Isso pode exigir reforma institucional extensiva, mesmo quando se defende a globalização.

Também há uma necessidade de maior clareza na formulação das questões distributivas. Por exemplo, é comum dizer que os ricos estão ficando mais ricos e os pobres, mais pobres. Mas isso de forma alguma ocorre uniformemente, embora haja situações assim. Muito depende da região e do grupo escolhidos e de que indicadores de prosperidade econômica estão sendo utilizados. Mas a tentativa de condenar a globalização econômica com esse argumento mais fino que o gelo acaba por produzir uma crítica peculiarmente frágil.

Por outro lado, os apologistas da globalização destacam sua crença de que a maioria dos pobres engajados no comércio e no intercâmbio internacionais está enriquecendo. Portanto — prossegue o argumento — a globalização não é injusta com os pobres: eles também se beneficiam.

Se aceitarmos a relevância central dessa questão, então todo o debate se concentra em determinar qual lado está correto nessa disputa empírica. Mas, para início de conversa, será mesmo esse o campo de batalha mais conveniente? Eu diria que não.

JUSTIÇA GLOBAL E O PROBLEMA DA NEGOCIAÇÃO

Mesmo que os pobres se tornassem apenas um pouco mais ricos, isso não significaria necessariamente que estivessem recebendo uma parte justa dos benefícios potencialmente enormes das inter-relações econômicas globais. Não é adequado perguntar se a desigualdade internacional está se tornando marginalmente maior ou menor. Para se rebelar contra a pobreza chocante e as desigualdades excessivas que caracterizam o mundo contemporâneo — ou para protestar contra a divisão injusta dos benefícios da cooperação global — não é necessário mostrar que as imensas desigualdades e injustiças distributivas estão também se tornando marginalmente maiores. Esses são dois assuntos completamente separados. Quando a cooperação produz ganhos, muitos arranjos são possíveis. Como o teórico dos jogos e matemático John Nash discutiu mais de meio século atrás (em "The bargaining problem" [O problema da negociação], publicado na *Econometrica* em 1950, que foi citado, entre outras obras, pela Academia Real Sueca de Ciências quando Nash recebeu o Prêmio Nobel de economia), geralmente o ponto central não é se um sistema em particular é melhor para todos do que nenhum sistema seria, mas se ele resulta numa divisão justa dos benefícios. Não se pode refutar a crítica de que um sistema distributivo é injusto dizendo-se simplesmente que todas as partes envolvidas estão em melhor condição do que estariam na ausência de cooperação; o exercício real é a escolha *entre* essas alternativas.

UMA ANALOGIA COM A FAMÍLIA

Por analogia, para argumentar que um sistema familiar particularmente desigual e sexista é injusto, não é necessário mostrar que as mulheres se dariam comparativamente melhor se não tivessem família alguma, mas apenas que a divisão dos benefícios é seriamente desigual naquele sistema particular. Antes que a injustiça na relação entre os sexos fosse reconhecida como algo a ser explicitamente discutido (como acabou acontecendo em décadas recentes), houve tentativas de descaracterizar a questão dos sistemas familiares injustos sugerindo que as mulheres não precisariam viver em famílias se elas consideravam aquele sistema tão injusto. Também se argumentou que, desde que as mulheres, assim como os homens, se beneficiavam do fato de viver em família, os sistemas existentes não podiam ser injustos. Mas mesmo quando aceitamos que tanto os homens quanto as mulheres podem obter algum ganho do fato de viver em família, a questão da distribuição injusta permanece. Muitos sistemas familiares — quando comparados com ausência de qualquer sistema familiar — podem satisfazer à condição de beneficiarem homens e mulheres. A verdadeira questão é: qual o grau de justiça com que os benefícios associados a esses sistemas são distribuídos?

Da mesma forma, não se pode refutar a acusação de que o sistema global é injusto mostrando que até os pobres ganham alguma coisa dos contatos globais e que não se tornam necessariamente mais pobres por isso. A resposta pode estar errada ou não, mas a pergunta com certeza está errada. O ponto crítico não é saber se os pobres estão se tornando marginalmente mais pobres ou mais ricos. Nem se eles estariam em melhor situação se excluíssem a si próprios das interações globalizadas.

Mais uma vez, a questão real é a distribuição dos benefícios da globalização. Na verdade, é por isso que muitos dos que protestam contra a globalização, que buscam um acordo melhor para os destituídos da economia mundial, não são — ao contrário de sua própria retórica e das visões atribuídas a eles por outros — realmente "antiglobalização". Também é por isso que não há real contradição no fato de os assim chamados protestos antiglobalização terem se tornado os eventos mais globalizados do mundo contemporâneo.

ALTERANDO ARRANJOS GLOBAIS

Mas será que os grupos menos favorecidos podem conseguir um quinhão melhor das relações econômicas e sociais globalizadas sem renunciar à economia de mercado em si? Eles podem, com certeza. A utilização da economia de mercado é consistente com uma grande variedade de padrões de propriedade, disponibilidades de recursos, oportunidades sociais e regras de operação (tais como leis de patente e regulamentos antitruste). E, dependendo dessas condições, a economia de mercado gera grande variedade de preços, de termos de comércio exterior, de distribuição de renda e de muitos outros resultados, de modo geral. Os sistemas de previdência social e outras intervenções públicas podem gerar novas modificações nos resultados de processos de mercado, e juntos podem diminuir variados níveis de desigualdade e pobreza.

A questão central não é se a economia de mercado deve ou não ser usada. Essa questão é superficial e fácil de responder, pois é difícil conquistar prosperidade econômica sem fazer uso extensivo das oportunidades de intercâmbio e de especialização que as relações de mercado oferecem. Mesmo que a operação de uma economia de mercado específica seja significativamente defeituosa, não há como abrir mão da instituição dos mercados de modo geral como poderoso motor de progresso econômico.

Mas este reconhecimento não põe fim à discussão sobre as relações de mercado globalizadas. A economia de mercado não funciona por si mesma nas relações globais — de fato, ela não pode operar sozinha nem mesmo dentro de um único país. Isso não apenas porque um sistema de mercado inclusivo pode gerar resultados muito distintos dependendo de várias condições habilitadoras (por exemplo, como os recursos físicos são distribuídos, como os recursos humanos são desenvolvidos, que regras de relações negociais prevalecem, que sistemas de previdência social

27

estão em vigor etc.). Essas mesmas condições habilitadoras dependem de forma crucial das instituições econômicas, sociais e políticas que operam nacional e globalmente.

O papel crucial dos mercados não torna as outras instituições insignificantes, mesmo em termos dos resultados que a economia de mercado pode produzir. Como tem sido amplamente demonstrado por estudos empíricos, os resultados de mercado são massivamente influenciados por políticas públicas em educação, epidemiologia, reforma agrária, estabelecimentos de microcrédito, proteções legais apropriadas etc.; e em cada um desses campos, há ainda muito a fazer por meio da ação pública, o que pode alterar radicalmente o resultado de relações econômicas locais e globais.

INSTITUIÇÕES E DESIGUALDADES

A globalização tem muito a oferecer; mas mesmo ao defendê-la precisamos, sem nenhuma contradição, admitir a legitimidade de muitas das questões levantadas pelos que se opõem a ela. Pode haver um diagnóstico equivocado quanto à localização dos problemas (eles não estão na globalização em si), mas as preocupações éticas e humanas que dão origem a esse questionamento exigem uma séria reavaliação da adequação dos arranjos institucionais nacionais e globais que caracterizam o mundo contemporâneo e dão forma às relações econômicas e sociais globalizadas.

O capitalismo global está muito mais preocupado em expandir o domínio das relações de mercado do que, por exemplo, em estabelecer a democracia, expandir a educação elementar, ou incrementar as oportunidades sociais para os pobres do mundo. Como a globalização de mercados é, em si mesma, uma abordagem muito inadequada à prosperidade mundial, é preciso ir além

28

das prioridades que encontram expressão no foco escolhido do capitalismo global.

Como tem ressaltado o empresário e investidor George Soros, os interesses dos negócios internacionais têm forte preferência por trabalhar com autocracias ordenadas e altamente organizadas em vez de democracias participativas e menos regulamentadas, e isso pode ter uma influência regressiva sobre o desenvolvimento igualitário. Além disso, empresas multinacionais podem exercer influência na alocação de gastos públicos em países do Terceiro Mundo para que se dê preferência à segurança e ao bem-estar dos administradores e altos executivos e não ao combate ao analfabetismo, falta de assistência médica e outras adversidades sofridas pelos pobres. Essas possibilidades não impõem, é claro, barreiras intransponíveis ao desenvolvimento, mas é importante assegurar que as barreiras transponíveis sejam de fato transpostas.

OMISSÕES E COMISSÕES

As injustiças que caracterizam o mundo estão intimamente relacionadas a várias omissões que precisam ser discutidas, principalmente disposições institucionais. Tentei identificar alguns dos principais problemas em meu livro *Desenvolvimento como liberdade* (Companhia das Letras, 2000). Políticas globais podem ajudar a desenvolver instituições nacionais (por exemplo, na defesa da democracia e na manutenção de escolas e postos de saúde), mas também há uma necessidade de reexaminar a adequação dos próprios arranjos institucionais globais. A distribuição dos benefícios na economia global depende, entre outras coisas, de uma variedade de arranjos institucionais globais, inclusive os que se referem ao comércio justo, iniciativas médicas, intercâmbios educacionais, locais para a disseminação tecnológica, restrições ecológicas e ambientais e o tratamento equitativo das dívidas acumuladas, que foram muitas vezes contraídas no passado por governantes militares irresponsáveis.

Além das graves omissões que precisam ser corrigidas, também existem sérios problemas de práticas que devem ser discutidos até mesmo por uma necessidade elementar de ética global. Eles incluem não apenas restrições de comércio ineficientes e injustas que inibem as exportações dos países pobres, como também leis de patente que impedem o uso de drogas que podem salvar vidas — para doenças como a aids — e que proporcionam incentivo inadequado para pesquisa médica voltada ao desenvolvimento de remédios que não se repetem (como as vacinas). Esses assuntos têm sido discutidos isoladamente, mas devemos notar o quanto eles todos se encaixam em padrões gerais de arranjos que minam o que a globalização tem a oferecer de bom.

Outra ação global — de certa forma menos discutida — que causa intensa miséria e privações duradouras refere-se ao envolvimento das potências mundiais no comércio globalizado de armas. Essa é uma área que requer urgentemente uma nova iniciativa global, que vá além da necessidade — muito importante — de conter o terrorismo, no qual o enfoque hoje está tão pesadamente concentrado.

Guerras locais e conflitos militares, que têm consequências muito destrutivas (entre elas a de abalar as perspectivas econômicas dos países pobres), utilizam-se não apenas de tensões regionais, mas também do comércio global de armamentos. O *status quo* mundial está firmemente entrincheirado nesse tipo de negócio: os países que são membros permanentes do Conselho de Segurança da Organização das Nações Unidas foram juntos responsáveis por 81% das exportações mundiais de armas de 1996 a 2000. De fato, os líderes mundiais que expressam profunda frustração com a "irresponsabilidade" dos ativistas antiglobalização governam os países que ganham mais dinheiro nesse tipo terrível de comércio. Os países do G-8 venderam 87% do total de armas exportadas no mundo inteiro. Somente a parte dos Estados Unidos chegou a quase 50% do total de vendas no mundo. Além disso, chega a 68% o total das exportações americanas de armas que foram para países em desenvolvimento.

As armas são usadas com resultados sangrentos — e efeitos devastadores sobre a economia, a política e a sociedade. De certo modo, esta é a continuação do nocivo papel desempenhado pelas potências mundiais na gênese e no florescimento do militarismo político na África entre os anos 1960 e 1980, quando o continente era disputado na Guerra Fria. Durante essas décadas, quando líderes militares — Mobuto Sese Seko ou Jonas Savimbi, ou qualquer outro — destruíam instituições sociais e políticas (e, no final, a ordem econômica também), eles podiam contar com o apoio tanto dos Estados Unidos e seus aliados quanto da União Soviética, dependendo das suas alianças militares. As potências mundiais detêm uma enorme responsabilidade por terem ajudado na subversão da democracia na África e por todas as consequências negativas de longo prazo dessa subversão. O interesse por "empurrar" armamentos garante às potências um papel contínuo na escalada dos conflitos militares hoje — na África e em outras partes do mundo. A recusa dos Estados Unidos em participar de uma severa ação repressiva conjunta até mesmo contra vendas ilícitas de armas de pequeno porte (conforme sugerido pelo secretário-geral da onu Kofi Annan) ilustra as dificuldades envolvidas nessa questão.

PARTICIPAÇÃO EQUITATIVA NAS OPORTUNIDADES GLOBAIS

Para concluir, a confusão de globalização com ocidentalização não é somente a-histórica, como também desvia a atenção dos muitos benefícios potenciais da integração global. A globalização é um processo histórico que ofereceu no passado uma abundância de oportunidades e recompensas e continua a fazê-lo hoje. A simples existência de grandiosos benefícios potenciais é que torna a questão da justiça na divisão dos benefícios da globalização tão criticamente importante.

O ponto central da controvérsia não é a globalização em si, nem o uso do mercado como instituição, mas a desigualdade no equilíbrio geral dos arranjos institucionais — que produz uma divisão muito desigual dos benefícios da globalização. A questão não é somente se os pobres também ganham alguma coisa com a globalização, mas se nela eles participam equitativamente e dela recebem oportunidades justas. Há uma necessidade urgente de reformar os arranjos institucionais — além dos nacionais — para se poder superar tanto os erros de omissão como os de ação que tendem a dar aos pobres de várias partes do mundo oportunidades tão limitadas. A globalização merece uma defesa baseada na razão, mas essa defesa também precisa de reforma.

2. Exclusão e inclusão

INTRODUÇÃO

O tema desta conferência, "Incluindo o excluído", faz bom uso da ideia relativamente nova de "exclusão" como uma forma de privação. Isso é apropriado porque o conceito de "exclusão" tem se demonstrado útil como ideia organizacional. Muitas privações e violações de direitos humanos de fato assumem a forma da exclusão de prerrogativas individuais elementares que deveriam ser dadas como certas, como o acesso à justiça ou a liberdade de expressão. A linguagem da exclusão é suficientemente apta, assim como o são a versatilidade e o alcance do seu conceito. Podemos, com proveito, discutir uma variedade de exclusões, escolhidas a partir de uma diversidade de áreas, abrangendo os campos político, econômico e social.

Há boas razões para que os Sul-Asiáticos pelos Direitos Humanos* queiram essa versatilidade, pois temos de nos interessar

---

* South Asians for Human Rights (SAHR), ONG criada em 2000 para promover a defesa dos direitos humanos no sul da Ásia. (N. T.)

por vários tipos de privação, que vão da violação dos direitos civis e políticos, por um lado, à destituição econômica e à falta de assistência médica e educação, por outro. Podemos nos interessar simultaneamente por exclusão política e civil e também por exclusão das oportunidades sociais e econômicas.

Houve no passado muitas batalhas sobre o que deveria ser o domínio correto dos direitos humanos — alguns tentando confinar a lista de temas à liberdade política e aos direitos civis, e outros argumentando que se deveria concentrar somente no direito ao emprego, comida, salário, educação etc. De fato, alguns encontros internacionais, como a Conferência Mundial de Direitos Humanos em Viena, em 1993, acabaram em caos justamente por causa das batalhas sobre o alcance desses temas. Existe uma razão de fundo, e também uma razão prática, para que se assuma uma visão ecumênica, e não divisiva, de qual deve ser o alcance correto, e o conceito de exclusão tem uma versatilidade suficiente para permitir isso. Exclusões de diferentes formas podem, infelizmente, ser encontradas em abundância nos países do sul da Ásia, e considero correto que nós possamos dizer que, de uma forma ou de outra, estamos interessados em *todas* as privações que possam ser remediadas ou aliviadas por meio da mudança social.

EXCLUSÃO *VERSUS* INCLUSÃO INJUSTA

Porém, nenhuma conveniência conceitual vem sem algum tipo de custo, e a noção de exclusão não é exceção. Para perceber isso, talvez seja útil começar recordando que alguns conceitos clássicos de injustiça se preocupam de fato com "*inclusão* injusta" e não com exclusão. Esse é exatamente o caso da noção marxista de "exploração", no qual o problema consiste no fato de o trabalhador estar firmemente "incluído" em uma relação de produção na qual ele ou ela recebe menos do que lhe é devido.

De fato, uma grande parte dos problemas de privação surge de termos desfavoráveis de inclusão e de condições adversas de participação, e não do que se poderia chamar, sem forçar o termo, de um caso de exclusão. Por exemplo, com trabalho forçado, ou trabalho infantil em condições de semiescravidão, ou mais comumente em termos profundamente "desiguais" de relação participativa, o foco imediato não está na exclusão, mas na natureza desfavorável da inclusão envolvida.

Isso não significa negar que, dada a adaptabilidade da linguagem de exclusão, é possível ajustar a retórica de "exclusão" para cobrir também "inclusão desfavorável". Ampliada dessa forma, "exclusão" pode abranger, digamos, "exclusão de inclusão igualitária". A plasticidade da linguagem da exclusão permite facilmente essa expansão retórica, muito do jeito com que Sam Goldwyn, o magnata do cinema, podia escapar com sua frase inovadora na direção oposta: "Me inclua fora dessa".

No entanto, é bom não se sentir tentado a remodelar toda privação humana na linguagem da exclusão através de redefinições *ad hoc*. Algumas violações se encaixam mais facilmente no formato da exclusão do que outras. Por exemplo, não ter acesso ao recurso judiciário, ou ser destituído da liberdade de expressão, ou ser excluído de atendimento médico ou de seguro-saúde são exemplos diretos de exclusão de uma forma que o trabalho exaustivo, ou a sujeição à poluição urbana ou ao aquecimento global não podem ser. Não é preciso discutir toda violação de direitos humanos sob todos os títulos, e, nesta ocasião em que estamos nos concentrando em "incluir o excluído", é correto que nosso foco deva estar nestes problemas que se encaixam naturalmente sob a descrição de violação *através da exclusão*.

35

Isso é particularmente importante porque algumas "exclusões" têm recebido muito menos atenção nas discussões públicas do que merecem. De fato, em alguns casos, o impulso contrário da linguagem de "inclusão injusta" tem tornado o castigo da exclusão muito menos perceptível do que o da inclusão injusta. Por exemplo, é fácil organizar uma campanha em qualquer país do Ocidente, especialmente em um campus universitário, contra os produtos de trabalho exaustivo nos países em desenvolvimento, mas é muito mais difícil conseguir adesão para campanhas a favor de mais emprego e mais inclusão econômica. O fato de pessoas distantes estarem interessadas em combater o trabalho exaustivo mesmo longe de seus países é, claro, uma coisa positiva em si. Isso é construtivo porque estes protestos podem, em muitos casos, de fato melhorar as condições de trabalho dos trabalhadores envolvidos, e também porque este tipo de envolvimento, de gente de uma parte do mundo se interessando realmente pela situação de pessoas que vivem em lugares muito distantes, é um empurrão na direção da justiça global.

E, no entanto, há um lado negativo em focalizar o aspecto da inclusão injusta sem levar em conta ao mesmo tempo o problema da exclusão. Se os manifestantes forem bem-sucedidos apenas em fechar unidades de produção em que há abusos contra os operários, sem ajudarem os trabalhadores de nenhuma outra forma (sem nenhum interesse subsequente por suas vidas e por sua sobrevivência), então o efeito final pode vir a ser de piorar em vez de melhorar a situação daqueles que eram antes "incluídos injustamente" e que agora se tornaram "excluídos".

A conclusão básica é que precisamos estar conscientes dos dois tipos de injustiça — da exclusão injusta e também da inclusão injusta — e não devemos confundir as duas. Da forma como ocorrem, muitos dos casos mais extremos de violação dos direitos humanos, como a negação às liberdades básicas, tortura, prisão sem julgamento, privação do direito de votar, por um lado, e fome ou ausência completa de cuidados médicos, por outro, podem muito bem ser discutidos dentro do formato da "exclusão". Devemos, porém, abrir espaço também para aquelas violações dos direitos humanos que incluem trabalho escravo, trabalho exaustivo, semiescravidão infantil, problemas ambientais etc., que são mais bem encaixados na categoria de inclusão injusta.

CONGRUÊNCIA E CLASSE

Na verdade, devemos também observar o fato empírico de que há, com frequência marcante, congruência de privações em vários tipos de exclusão e inclusão entre os desprovidos da sociedade. No sul da Ásia, algumas pessoas são ricas, a maioria não é. Algumas tiveram acesso a excelente educação; outras são analfabetas. Algumas levam vidas tranquilas e luxuosas; outras têm de trabalhar sem descanso sob condições terríveis. Algumas são influentes, outras não possuem o menor poder político. Algumas têm advogados, outras não. Algumas são tratadas com respeito pela polícia, outras são tratadas como lixo. Essas classificações diferentes são relevantes separadamente, mas elas também funcionam em conjunto. Na verdade, o fato mais marcante é o de que, com muita frequência, as mesmas pessoas que são pobres em termos de riqueza material sofrem também de analfabetismo, trabalham duramente sob condições terríveis, não têm poder político, não têm acesso a advogado e são chutadas pela polícia.

A linha divisória entre "os que têm" e "os que não têm" não é apenas um clichê retórico ou slogan eloquente, mas sim, infelizmente, uma característica substancial do mundo em que vivemos. A conformidade de privações distintas na forma de exclusões congruentes é uma característica dominante da situação dos direitos humanos no sul da Ásia. Não pretendo discutir as implicações dessa congruência mais detalhadamente, embora talvez devesse mencionar que este será o tema principal de minha participação nas Conferências Nehru.[1] O que pretendo discutir, especificamente, é uma importante classe de privações que recebe uma atenção relativamente pequena, mas que possui um alcance massivo, nas diversas classes sociais. Ela também envolve, simultaneamente, inclusões injustas e exclusões debilitantes.

IDENTIDADES E IDENTIFICAÇÕES

Refiro-me a um aspecto complexo, mas de profundas consequências, de nossa liberdade de escolher como vemos a nós mesmos — nossas filiações, nossas associações e nossas identidades. Este é um campo no qual a privação tipicamente não mata (embora também possa fazê-lo, como pretendo discutir em seguida), mas tem o poder de asfixiar nossa voz, nossa independência e nossa capacidade de agir como cidadãos políticos de uma nação — ou do mundo.

Este é um aspecto que se tornou particularmente importante no contexto da crise e do confronto políticos atuais, com suas ramificações cada vez mais claras desde o 11 de setembro, mas cujas raízes se estendem muito longe no passado. O direito de ver nossa identidade do jeito que escolhemos pode parecer, à primeira vista, uma ideia tão abstrata que somos tentados a pensar que estou aqui forçando pessoas práticas como os senhores a perderem seu tempo discutindo algo tão conceitual.

Mas uma exclusão conceitual pode ter efeitos muito profundos sobre a forma com que vemos uns aos outros. Para dar um único exemplo, perceber a tragédia do 11 de setembro como tendo sido causada por, digamos, pessoas abrigadas ou protegidas por afegãos, coloca todo o povo do Afeganistão na mesma categoria descritiva, e isso pode ter um papel importante na aceitação por seres humanos normais com sensibilidades usuais — seja na América, na Europa ou mesmo no sul da Ásia — de que algumas pessoas inocentes naquele grupo identificado tenham de morrer em uma operação que deveria se seguir à matança de inocentes americanos por criminosos protegidos no Afeganistão. É claro que os inocentes afegãos não eram vistos como os verdadeiros alvos, mas sim como meras vítimas secundárias, cujas vidas não podiam ser poupadas se o objetivo era capturar ou matar Osama bin Laden, e acabar com sua organização terrorista. A genérica imposição de identidade dos afegãos não tem, é claro, nenhum valor militar direto, mas a aceitação civil ou a indulgência pública em relação a atos com consequências brutais sobre um grupo identificado pode causar efeitos graves.

O exemplo afegão comporta outras complexidades, as quais não devemos perder de vista, e sua ligação com mudanças internas no Paquistão é em si uma questão importante. Não devemos simplificar uma questão intricada, e, no entanto, ela ilustra — ainda que grosseiramente — um problema geral que é essencial para a compreensão (ou interpretação) de conflitos no mundo contemporâneo e da aceitação de brutalidades e desumanidades cometidas por diferentes grupos pelo mundo.

Isso é de particular relevância para o sul da Ásia, e tem sido assim há muito tempo. Muitos de nós que somos velhos o bastante para termos vivido a sangrenta década de 1940 conseguimos nos lembrar claramente da facilidade com que os tumultos pré-partição se apoiaram em contrastes de identidade recém-elaborados e que transformaram velhos amigos em novos inimigos, e assassinos em supostos camaradas. A carnificina que se seguiu teve muito a ver com a imposição de uma nova identidade, não contida por uma humanidade arrazoada ou por uma escolha refletida.[2]

Massacres similares têm ocorrido mais recentemente em várias partes do mundo, como Ruanda, Congo, Bósnia, Kosovo e em outros lugares sob o feitiço de novas identidades impostas. Por exemplo, a dramática amplificação da suposta gravidade da linha que divide, digamos, os hútus e os tútsis ("Nós, hútus, sempre odiamos os tútsis"), com a omissão de outros princípios classificatórios relacionados, digamos, a classe, ocupação ou localidade, que afetam todas as divisões entre hútus e tútsis, pode converter uma das muitas linhas divisórias coexistentes em uma divisão confrontadora explosiva e com poder incendiário.[3] A imposição de uma identidade não refletida pode matar como a peste.[4]

CIVILIZAÇÕES E CHOQUES

Para nos envolvermos com direitos humanos, temos de prestar mais atenção à maneira com que identidades gerais e supostamente proeminentes são impostas às pessoas. Um bom começo é observar o profundo impacto da ideia de "choque de civilizações" da maneira como foi elaborada por Samuel Huntington.[5] Podemos ser classificados de acordo com vários sistemas de divisão que competem entre si, cada um deles com ampla relevância em nossas vidas: nacionalidade, localidade, classe social, ocupação, língua, filiação político-partidária e muitas outras. Embora categorias religiosas tenham sido muito discutidas nos últimos anos, não se pode presumir que elas devam obliterar outras distinções, e muito menos que elas possam ser consideradas como o único sistema relevante de classificação das pessoas pelo globo terrestre.[6]

Mas a classificação civilizatória atualmente predominante, evocada com tanta frequência e com efeitos tão profundos sobre atitudes e políticas, segue rigorosamente as divisões religiosas. Samuel Huntington contrasta a civilização ocidental à "civilização islâmica", "civilização hindu", "civilização budista" etc., e embora categorias híbridas sejam acomodadas (civilização "chinesa" ou "japonesa", por exemplo), os supostos confrontos das diferenças religiosas são incorporados em uma concepção estruturada de uma só divisão, dominante e cristalizada.

Ao dividir a população do mundo em categorias que pertencem ao "mundo islâmico", ao "mundo cristão", ao "mundo hindu", ao "mundo budista" etc., o poder divisivo da prioridade classificatória é usado implicitamente para colocar firmemente as pessoas dentro de um único conjunto de caixas rígidas. Outras divisões (por exemplo, entre ricos e pobres, entre membros de diferentes classes sociais e ocupações, entre pessoas de afiliações políticas diversas, entre nacionalidades e localidades residenciais distintas, entre grupos linguísticos etc.) são todas submersas por esta suposta maneira proeminente de ver as diferenças entre as pessoas.

A fraqueza básica da tese do "choque de civilizações" está em seu programa de categorização das pessoas do mundo de acordo com um único — supostamente dominante — sistema de classificação. A deficiência da tese, portanto, começa muito antes de chegarmos ao ponto de indagar se civilizações devem *se chocar* — uma pergunta que é conceitualmente parasitária em relação à categorização.

Qualquer que seja a resposta que nos proponhamos a dar a esta questão ("civilizações se chocam?"), a forma de perguntar em si nos empurra para uma forma estreita, arbitrária e enganosa de pensar as pessoas do mundo. E seu poder de confundir pode jogar numa armadilha não apenas aqueles que gostariam de apoiar a tese (dos islâmicos fundamentalistas aos defensores da supremacia ocidental), mas também os que gostariam de questioná-la, mas respondem dentro dos termos preestabelecidos de referência.

Falar sobre o "mundo islâmico" ou o "mundo hindu" ou o "mundo cristão" já é reduzir as pessoas a esta única dimensão. Muitos oponentes da tese de Huntington (ou seja, os que afirmam que "o Ocidente não está em guerra com o mundo islâmico ou se chocando com ele") acabam, com efeito, desviando-se nessa atitude ao compartilhar a mesma categorização estreita. Quando, por exemplo, o primeiro-ministro Tony Blair oferece sua própria visão do "mundo islâmico" — um assunto no qual, ao que parece, ele se tornou especialista —, ele já assumiu essa maneira unidimensional de ver as pessoas do mundo. A mesma visão empobrecida do mundo dividida em caixas de civilizações é compartilhada por aqueles que pregam a amizade entre as civilizações e por aqueles que a veem se chocando.

Esta visão de categorização única é ao mesmo tempo um sério erro epistemológico e potencialmente um grande perigo ético e político, com consequências de longo alcance sobre os direitos humanos. As pessoas de fato veem a si próprias de muitas maneiras diferentes. Um muçulmano bengali não é apenas um muçulmano, mas também um bengali e um cidadão de Bangladesh, sem falar nas outras identidades que se relacionam à sua classe social, gênero, ocupação, ideologia, gosto etc. Um hindu nepalês não é apenas um hindu, mas possui também características políticas e étnicas que têm sua relevância, juntamente com outras identidades — centenas delas — que fazem dele quem ele é.

Trabalhadores sem-terra em luta contra latifundiários exploradores têm coisas em comum que atravessam as fronteiras religiosas e até as nacionais. De novo, essa não é a única identidade deles, mas não deixa de ser uma delas — e talvez até a dominante. A pobreza, também, pode ser uma grande fonte de solidariedade que atravessa as linhas divisórias. O tipo de divisão destacado pelos assim chamados ativistas da "antiglobalização" (que por acaso é um dos movimentos mais globalizados do mundo) tenta unir os desprovidos da economia mundial atravessando exatamente as linhas de divisão religiosas ou nacionais ou "civilizacionais". A multiplicidade de categorias age de modo contrário à separação rígida e suas implicações incendiárias.

Na raiz do conflito não questionado jaz uma pretensão — geralmente subentendida implicitamente em vez de articulada explicitamente — de que as pessoas do mundo podem ser unicamente categorizadas de acordo com algum sistema singular e abrangente de divisão. Essa tese singularmente divisiva não vai apenas contra a crença antiga, hoje em dia ridicularizada (não inteiramente sem razão) como sendo pouco inteligente, de que "nós, seres humanos, somos todos iguais", como também contra a compreensão, menos discutida, mas mais plausível, de que somos *diversamente diferentes*.

De fato, eu diria que a principal esperança de harmonia no mundo contemporâneo se encontra na pluralidade de nossas identidades, que se cruzam umas com as outras e agem contra as divisões rígidas em torno de uma linha única e endurecida de divisão impenetrável. Nossa humanidade compartilhada é desafiada brutalmente quando o confronto é unificado num só suposto sistema dominante de classificação; isso é muito mais divisivo do que o universo de categorizações plurais e diversas que dão forma ao mundo no qual vivemos. A diversidade plural pode ser muito unificadora, de uma forma que um sistema único de divisões predominantes não é.

INGENUIDADE CIVILIZACIONAL

Ao focalizar esta maneira única de dividir as pessoas do mundo, os defensores do "choque de civilizações" são muito superficiais. Por exemplo, ao descrever a Índia como uma "civilização hindu", a exposição de Huntington do suposto "choque de civilizações" precisa minimizar o fato de que a Índia tem uma população muçulmana (cerca de 125 milhões — mais do que as populações da Inglaterra e da França juntas) maior do que qualquer outro país no mundo, com exceção da Indonésia e do Paquistão. A Índia pode ou não ser inserida na definição arbitrária de "mundo muçulmano", mas permanece o fato de que ela tem quase tantos cidadãos muçulmanos quanto o Paquistão (e muito mais do que vários países do chamado mundo islâmico). E também é impossível pensar na "civilização indiana" sem levar em conta o papel importante dos muçulmanos na história da Índia. De fato, é fútil tentar entender a natureza e o alcance da arte, literatura, música ou comida indianas sem enxergar as extensivas interações que se entrecruzam através das barreiras das comunidades religiosas.

Os classificadores de civilizações (e também os que estão reescrevendo a história indiana sob o patrocínio oficial) têm de entender que a Índia não é apenas uma "civilização hindu". De fato, mesmo a característica do secularismo, do qual muitos indianos se orgulham — com razão, eu acho —, teve firmes antecedentes nos pronunciamentos oficiais de dois grandes imperadores da história da Índia, o imperador budista Ashoka e o imperador muçulmano Akbar.

Talvez valha a pena fazer uma pausa por um momento em Akbar por três razões distintas que se relacionam com a estratégia de classificação de Huntington. Primeiro, dado o papel delineador que Huntington vê na história tão especial da civilização ocidental como a campeã da liberdade individual e da tolerância ("o Ocidente era o Ocidente muito antes de ser moderno", segundo ele), talvez valha a pena mencionar que exatamente naquela época (década de 1590) em que Akbar fazia seu pronunciamento sobre tolerância religiosa (por exemplo, ninguém "deve sofrer obstrução em suas atividades religiosas, e qualquer pessoa tem permissão

44

de abraçar a religião que lhe aprouver"),[7] a Santa Inquisição ainda estava em cena e Giordano Bruno era queimado em praça pública por heresia em Campo dei Fiori, em Roma (ano de 1600). A face atual do "Ocidente" pode causar boa impressão agora, mas não tem sido sempre assim.

Segundo, Akbar continuou a ser muçulmano, mas com crenças políticas, sociais e até religiosas distintamente heterodoxas, e com uma bem articulada preferência pela "busca da razão" em vez da "confiança na tradição".[8] Se um muçulmano é uma entidade homogênea, sem nenhuma identidade política, social ou doutrinal distinta, então Akbar não poderia caber dentro da mesma caixa junto com os outros. Em contraste, vale a pena recordar neste contexto que embora o secularismo político e a heterodoxia religiosa de Akbar tivessem tanto defensores como detratores entre os grupos influentes de Délhi e Agra, mesmo assim, quando ele morreu, em 1605, o teólogo islâmico Abdul Haq, que havia sido um crítico de Akbar por muitas de suas crenças e pronunciamentos, teve de concluir que apesar de suas "inovações", Akbar havia permanecido um bom muçulmano.[9] Isso não é de forma alguma surpreendente se a religião de uma pessoa não é tida como a identidade que envolve todo o resto, mas isso com certeza surpreenderia alguns comentaristas contemporâneos apreciadores da dimensão única — tanto os fundamentalistas como os antifundamentalistas.

O terceiro ponto é meramente um ponto incidental de história. Quando Akbar organizou seu simpósio multirreligioso em Agra, entre os convidados figuravam não apenas expositores muçulmanos e hindus de diferentes escolas, mas também cristãos, judeus, parsis, jainas* e, segundo Abul Fazl (aliado intelectual de

---

* Parsis: seguidores do zoroastrismo persa que emigraram para a Índia nos séculos VII e VIII a fim de escapar da perseguição muçulmana; jainas: seguidores do jainismo, religião que surgiu na Índia no século V a.C. (N. T.)

Akbar), até mesmo os seguidores de Charvaka — uma das escolas indianas de pensamento ateísta que floresceu a partir do século VI a.c. É difícil reconciliar essa pluralidade espetacular com a visão monocultural e unirreligiosa da Índia de Huntington, mesmo que ignoremos completamente o grande papel dos muçulmanos na Índia.

LIBERDADE, DIREITOS E RESPONSABILIDADE

A ingenuidade civilizacional de Huntington não seria um problema sério se sua análise não tivesse dado às suas categorias civilizacionais uma posição unicamente dominante — e dominadora — na classificação das pessoas do mundo. É aí que a dificuldade se encontra. O ponto central, eu diria, é a necessidade de reconhecer a pluralidade de nossas identidades, e também o fato de que, como seres humanos responsáveis, temos de escolher ("por meio da razão", como Akbar recomendaria), em vez de "descobrir" de maneira inerte, que prioridades dar a nossas diversas associações e filiações. Em contraste, os teóricos dos "choques" inevitáveis tentam, na verdade, negar incansavelmente, ou ignorar implicitamente, a relevância dos princípios múltiplos de classificação, e em relação a isso, a necessidade de que todos nós assumamos a responsabilidade de decidir quais são as nossas prioridades.

Nossa identidade religiosa ou civilizacional pode ser muito importante, mas é apenas uma entre várias associações. A pergunta que temos de fazer não é, digamos, se o Islã (ou hinduísmo ou cristianismo) é uma religião amante da paz ou é combativa ("diga-nos o que ele é?"), o que é o ponto de ingresso de Blair nessa questão. A pergunta que temos de fazer é como um muçulmano religioso (ou um hindu ou um cristão) combina suas crenças e práticas religiosas com outros compromissos e valores e outras características de identidade pessoal. Tomar a filiação religiosa — ou "civilizacional" no sentido de Huntington — como uma identidade que engloba tudo é em si um erro absurdo. Já houve guerreiros ferozes e também grandes defensores da paz entre os membros devotos de todas as religiões, e em vez de perguntarmos qual deles é o verdadeiro crente e qual deles é um mero impostor, deveríamos aceitar o fato de que a fé religiosa de alguém não resolve em si mesma todas as decisões que temos de tomar em nossas vidas, inclusive aquelas que se referem a nossas prioridades políticas e sociais e as questões correspondentes de conduta e ação. Tanto os baluartes da paz e da tolerância quanto os patronos da guerra e da intolerância podem pertencer à mesma religião (à sua maneira, crentes verdadeiros) sem que isso seja visto como uma contradição. O domínio da identidade religiosa de alguém não necessariamente subjuga os demais aspectos do entendimento e de filiação dessa pessoa.

Embora esta não seja a ocasião para discutir isso, tal questão relaciona-se também com a política pública de colocar as crianças em escolas religiosas, onde o conhecimento da "própria cultura de uma pessoa" pode implicar às vezes grave redução de oportunidades educacionais que poderiam ajudar na escolha bem informada sobre como viver. O propósito da educação não é somente o de informar uma criança sobre culturas diferentes no mundo (inclusive a cultura à qual sua família possa, de um modo ou de outro, pertencer), mas também para ajudar a cultivar o uso da razão e o exercício da liberdade mais tarde na vida. Algo muito importante é perdido se as portas da escolha são firmemente fechadas no rosto de crianças pequenas, por conta de uma crença equivocada de que a tradição torna a escolha desnecessária (como alguns comentaristas têm, estranhamente, afirmado).[10]

Você pode estar pensando que me refiro às madrassas do Paquistão, ou às escolas religiosas daqui, mas estou na verdade falando também da Grã-Bretanha. A confusão sobre as identidades tem sido tal, assim como a força da crença implícita de que uma pessoa não tem nenhuma escolha sobre as prioridades quanto à sua identidade, que não se vê nada de errado na falta de opção para as crianças na nova resolução referente às "escolas baseadas na fé" (muçulmana, hindu ou cristã) na nova Grã-Bretanha multiétnica. O direito humano que ficou perdido é, claro, o direito das crianças a uma educação ampla que as prepare para escolher, e não apenas para seguir.

COMENTÁRIOS CONCLUSIVOS

O pensador francês Pierre Bourdieu argumentava, em um contexto diferente (mas igualmente relevante na presente discussão), que uma classificação oficial pode criar categorias que não teriam, exceto para aquela identificação social, muita substância. De acordo com seu argumento, uma categorização socialmente formulada acaba por "produzir uma diferença onde não existia nenhuma", e "a mágica social pode transformar pessoas dizendo que elas são diferentes". De fato, "o mundo social constitui diferenças pelo mero fato de esboçá-las".[11]

Quando aquele problema é composto pela perda de todas as categorias exceto uma — seja ela civilização, religião ou qualquer outra coisa —, o que ocorre é uma notável violação do direito humano de uma pessoa poder ver-se a si mesma com seus próprios olhos. Somos incluídos em uma única categoria e as demais categorias simplesmente deixam de existir (sendo que muitos de nós desaparecemos junto).

O principal problema desta perspectiva de "choque de civilizações" não se situa no pressuposto irrefletido de que tais choques devam existir (o que é um ponto subsequente e parasitário).

48

Ele se situa, na verdade, na suposta divisão das pessoas do mundo em uma forma especialmente profunda — em civilizações distintas (quer elas se choquem ou não). Essa categorização simplista produz uma compreensão profundamente enganosa das pessoas de várias partes do mundo e de suas diversas relações entre si, e isso também produz o efeito de aumentar um tipo particular de distinção — uma inclusão preordenada — que elimina todas as outras.

Não é de surpreender que os fundamentalistas — muçulmanos, hindus, supremacistas ocidentais ou quaisquer outros — gostem de pensar o mundo dessa forma, mas tamanho tem sido o poder dessa forma de pensar confusa e confundida que mesmo aqueles cujos instintos deveriam ser o de se oporem a essa diminuição dos seres humanos parecem ter caído totalmente na armadilha. Guerras têm sido deflagradas em seu nome, e identidades humanas têm sido subjugadas pelo mero poder da classificação dominante.

Para nos defender, temos de lutar pelo nosso direito de escolher as prioridades entre as nossas múltiplas associações, filiações e identidades. Temos o poder de decidir que grau de importância queremos dar a cada uma, se algum. Não se pode esperar que nossas crenças ou identidades religiosas, sejam elas escolhidas, sejam simplesmente herdadas, assumam poder total sobre nossas vidas e nossas decisões. Quando existe uma opção, negar sua existência não é apenas um fracasso científico, mas também a negação de um direito humano, o que por sua vez também conduz a uma negligência ética, pois permite a negação da responsabilidade que inescapavelmente acompanha o exercício da escolha.

Dirigir o foco somente para a grande classificação religiosa não significa apenas perder de vista outras questões e ideias significativas que impulsionam as pessoas, mas também diminuir a importância de outras prioridades à medida que se coloca uma lente de aumento artificial sobre a voz da autoridade religiosa. Os clérigos ou autoridades religiosas muçulmanas são desta forma tratadas como porta-vozes *ex officio* do chamado "mundo muçulmano" embora um grande número de muçulmanos tenha profundas diferenças com o que tem sido proposto por várias dessas pessoas.

O mesmo também se aplica ao fato de líderes religiosos hindus ou cristãos serem vistos como os porta-vozes de seus respectivos "rebanhos". A classificação unívoca não apenas transforma distinções provisionais em barreiras rigidamente inflexíveis como também confere uma voz de comando às figuras do *status quo* dessas categorias, enquanto outras são silenciadas e abafadas. É preciso lutar com clareza intelectual e determinação política pelos direitos humanos que estão sendo negados por essa atitude. Poucas coisas são tão importantes quanto esta no mundo contemporâneo — inclusive no sul da Ásia.

NOTAS

1. "Class in India", Conferências Nehru, Nova Délhi, 13 de novembro de 2001.

2. Discuti essa questão em "Reason before identity", *1998 Romanes Lecture* (Oxford e Délhi: Oxford University Press, 1999); e também em "The smallness thrust upon us", *The Little Magazine*, 2001, vol. 3, nº 2.

3. Ver Shaharyar M. Khan, *The shallow graves of Rwanda*, com prefácio de Mary Robinson (Nova York: I. B. Tauris, 2000).

4. Isso é discutido mais amplamente em "Other people", *2000 Lectures and Memoires* (Oxford: Oxford University Press, 2001), versão reduzida publicada em *The New Republic*, dezembro de 2000; e em "The smallness thrust upon us", *The Little Magazine*, 2001.

5. Samuel P. Huntington, *O choque de civilizações e a recomposição da ordem mundial* (Rio de Janeiro: Objetiva, 1997).

6. Discuti essa e outras questões relacionadas em minha conferência (*1998 Romanes Lecture*) em Oxford, publicada como "Reason before identity" (Oxford: Oxford University Press, 1999).

7. Tradução para o inglês em Vincent Smith, *Akbar: The Great Mogul* (Oxford: Clarendon Press, 1917), p. 257.

8. Ver Irfan Habib, ed., *Akbar and his India* (Délhi e Nova York: Oxford University Press, 1997), para um conjunto de bons ensaios que investigam as crenças e políticas de Akbar, assim como as influências intelectuais que o levaram a essa posição heterodoxa.

9. Ver Iqtidar Alam Khan, "Akbar's personality traits and world outlook: A critical reappraisal", em Irfan Habib, *Akbar and his India*, p. 78.

10. Discuti essa questão em "Other people" (2000).

11. Pierre Bourdieu, *Sociology in question* (Londres: Sage, 1993), pp. 160-1.

3. Qual é o propósito da democracia?

Muitas coisas notáveis aconteceram durante o século xx. No domínio das ideias políticas a mudança mais importante ocorrida talvez tenha sido o reconhecimento da democracia como uma forma aceitável de governo, que pode servir a qualquer nação — esteja ela na Europa, na América, na Ásia ou na África. Há apenas sessenta anos, Winston Churchill, o então primeiro-ministro da Grã-Bretanha, enquanto lutava bravamente pela democracia na Europa, insistia em dizer que o vasto império britânico não europeu, sobre o qual o sol não conseguia se pôr, não estava pronto ainda para democracia. Porém, poucos anos depois, aquela visão já estava obsoleta, e com razão.

Seria trágico, de fato, que este entendimento tão duramente conquistado fosse agora perdido na intensa dialética que cerca os últimos acontecimentos no Iraque. Questões podem e devem ser levantadas sobre se é possível a democracia (adaptando uma velha frase maoista) sair pelo cano de uma arma, especialmente quando a mira da arma parece tão confusa. Mas é extremamente preocupante verificar que a compreensível oposição ao unilateralismo global e à ação militar desinformada acaba assumindo a forma drástica de um questionamento sobre a possibilidade de haver democracia no Iraque ou, nesse contexto, um Oriente Médio democrático. Essa é uma razão imediata para retornar à velha pergunta: qual é o ponto da democracia? Há outras razões, claro. Deixe-me mencionar duas. Primeiro, apesar da aceitação normativa da democracia como uma forma apropriada de governo, permanece um ceticismo prático sobre sua eficácia nos países pobres. A democracia, muitos têm alegado, funciona muito menos bem do que o governo autoritário, especialmente na promoção do crescimento e desenvolvimento econômicos. O contraste entre China e Índia é apenas um dos muitos argumentos empíricos apresentados para apoiar esse ataque à democracia.

Uma segunda linha crítica envolve altas teorias de culturas e civilizações. O argumento é que a democracia é uma norma peculiar ao Ocidente — não afinada com os valores fundadores de outras sociedades. A tese de que a democracia é uma ideia essencialmente ocidental tem sido divulgada de diversas maneiras tanto por separatistas culturais não ocidentais quanto por teóricos ocidentais que escrevem sobre culturas que se chocam e civilizações em atrito.

Já escrevi anteriormente contra essa crítica cultural (em particular em meu ensaio "Democracy and its global roots" [Democracia e suas raízes globais], publicado em *The New Republic*, em outubro de 2003). Farei algumas reflexões a partir de evidências que apresentei naquele trabalho, juntamente com outros dados, mas tentarei também interpretar o quadro geral na perspectiva do tema central desta apresentação: *qual é o propósito da democracia?*

A democracia, é óbvio, não se apoia apenas em um único ponto, mas envolve muitos pontos inter-relacionados. Porém, vale a pena perguntar: Qual é o eixo *central* da democracia? Qual

53

é (tomando emprestada a frase de T. S. Eliot) o "ponto morto no mundo em rotação"?* Uma boa pista para o "ponto morto" pode ser encontrada, acredito, na análise do mais notável filósofo político do nosso tempo, John Rawls. A democracia, Rawls nos ensinou, tem de ser vista não apenas em termos de cédulas e votos — por mais importantes que sejam —, mas primariamente em termos de "racionalidade pública", inclusive a oportunidade para discussão pública e também como participação interativa e encontro racional. A democracia deve incluir, invocando uma frase de John Stuart Mill, um "governo através da discussão". De fato, eleição e votos são parte desse amplo processo público.

No campo da política, Rawls afirmou que a *objetividade* exige "uma estrutura pública de pensamento" que proporcione uma visão de concordância de julgamento entre agentes racionais. A racionalidade requer que os indivíduos tenham a vontade política de ir além dos limites de seus próprios interesses específicos. Mas ela também impõe exigências sociais para ajudar um discernimento justo, inclusive o acesso a informação relevante, a oportunidade de ouvir pontos de vista variados e exposição a discussões e debates públicos abertos. Em sua busca de objetividade política, a democracia tem de tomar a forma de uma racionalidade pública construtiva e eficaz.

A crença de que a democracia é uma ideia essencialmente ocidental — uma característica peculiar da história da civilização ocidental — está ligada com frequência à prática do voto e das eleições na Grécia antiga, especialmente em Atenas. Com certeza, há aqui uma prioridade. De fato, ao verificarmos a ampla tradição de debate público que ali floresceu de formas diversas, os elos primitivos dos gregos com a origem da democracia podem ser

---

* Tradução de Maria Amélia Neto para o poema "Burnt Norton", em *Quatro quartetos*, São Paulo: Ática, 1983. (N. T.)

vistos como ainda maiores. Mas saltar daí para a tese de que a democracia possui uma natureza essencialmente ocidental ou europeia é um pulo certeiro na confusão. Isso ocorre por três razões distintas.

A primeira dificuldade é principalmente classificatória e se refere à divisão do mundo em grandes categorias raciais que representam civilizações distintas, nas quais a Grécia antiga é vista como parte e parcela de uma identificável tradição "europeia" ou "ocidental". Nessa perspectiva classificatória, não é particularmente difícil considerar os descendentes de, digamos, godos e visigodos como herdeiros legítimos da tradição grega ("eles são todos europeus"), e haver grande relutância em admitir as ligações intelectuais dos gregos com os antigos egípcios, iranianos e indianos, apesar do grande interesse que os antigos gregos demonstraram em conversar com eles, e não em bater papo com os antigos godos. Como não consigo dizer as coisas sem rodeios, vou chamar a isso de dificuldade taxonômica, mas talvez coubesse aqui um comentário mais forte.

Segundo, apesar de Atenas ter sido de fato singular no início do ato de votar, houve muitos governos regionais que foram nessa direção nos séculos que se seguiram. Não há nada que indique que a experiência grega de governo eleitoral tenha tido muito impacto imediato sobre os países a oeste de Grécia e Roma, como, por exemplo, França, Alemanha ou Grã-Bretanha. Por outro lado, algumas cidades da Ásia — no Irã, Báctria* e Índia — incorporaram elementos de democracia em governos municipais em grande parte sob influência grega. Por exemplo, por vários séculos desde o tempo de Alexandre, o Grande, a cidade de Susa, no sudoeste do Irã, teve um conselho eleito, uma assembleia popular e

---

* Antiga nação da Ásia Central, parte da cultura persa, cujo território atualmente é parte do Afeganistão. (N. T.)

magistrados que eram propostos pelo conselho e eleitos pela assembleia. A luta por liberdade eleitoral que tem ocorrido hoje no Irã do aiatolá Khamenei (com os reformistas lutando com as costas pressionadas contra a parede) diz respeito aos direitos políticos que tiveram algum reconhecimento no Irã até mesmo 2 mil anos atrás.

A terceira dificuldade, que é particularmente central ao tema tratado aqui, refere-se à importante questão histórica de que enquanto o debate público florescia de várias maneiras na Grécia antiga, isso também ocorria em diversas outras civilizações antigas — às vezes de forma espetacular. Por exemplo, alguns dos primeiros encontros gerais abertos voltados especificamente para a resolução de disputas entre diferentes pontos de vista aconteceram na Índia nos chamados conselhos budistas, onde os partidários de diferentes pontos de vista reuniam-se para discutir suas diferenças.

O primeiro desses grandes conselhos teve lugar em Rajagriha, logo após a morte do Buda Gautama, 2500 anos atrás. O mais grandioso desses conselhos — o terceiro — ocorreu sob os auspícios do imperador Ashoka no século III a.C. em Paliputra, capital da Índia na época e que hoje se chama Patna. Ashoka também tentou codificar e propagar o que deve ter sido uma das mais antigas formulações de regras para discussão pública — um tipo de versão antiga das *Regras de ordem de Robert* do século XIX.* Ele exigia, por exemplo, "moderação com a linguagem de modo que a pessoa não fará a glorificação de sua própria seita ou facção nem o desmerecimento de outras seitas e facções em ocasiões impróprias, e deverá ser moderada mesmo nas ocasiões apropriadas". Mesmo quando engajados em discussões, "outras seitas e

---

* Famoso manual com instruções sobre como dirigir assembleias, publicado originalmente em 1876 pelo major Henry Martyn Robert, do Exército dos Estados Unidos, vastamente utilizado naquele país por entidades civis. (N. T.)

56

facções devem ser devidamente honradas de todas as maneiras e em qualquer ocasião".

Duvido que essas boas regras de engajamento verbal tenham sido de fato seguidas na maior parte do tempo nos debates populares, mas discussões públicas certamente receberam considerável defesa nas tradições indianas. Mesmo o grande conquistador Alexandre pode ser considerado um bom exemplo de apreciador do que os diplomatas de hoje chamariam de franca e ampla discussão, na época em que ele percorria o noroeste da Índia por volta de 325 a.c. Quando Alexandre perguntou a um grupo de filósofos jainistas por que eles não prestavam a devida atenção ao grande conquistador, recebeu a vigorosa resposta:

> Rei Alexandre, cada homem pode possuir somente o pedaço da superfície da terra no qual está de pé. Você é tão humano quanto qualquer um de nós, exceto que está sempre ocupado e com más intenções, a tantos quilômetros de distância de sua terra natal, um incômodo para si próprio a para os outros!... Logo você estará morto, e então possuirá somente o pedaço de terra em que será enterrado.

Arriano* nos conta que Alexandre respondeu a esta repreensão igualitária com a mesma forma de admiração que havia demonstrado em seu encontro com Diógenes, embora sua conduta real tenha permanecido completamente a mesma ("o exato oposto do que ele professava admirar").

De fato, a importância da discussão pública é um tema recorrente na história de vários países do mundo não ocidental. Para citar outro exemplo histórico, no Japão do ano 604 d.C., o

---

* Lúcio Flávio Arriano, historiador romano do século II, que escreveu sobre as campanhas de Alexandre. (N. T.)

príncipe budista Shotoku, que foi regente de sua mãe, a imperatriz Suiko, produziu a chamada Constituição dos Dezessete Artigos. A Constituição insistia, já no espírito da Magna Carta que seria assinada seis séculos mais tarde, em 1215, que "as decisões de assuntos importantes não deveriam ser tomadas por uma única pessoa. Deveriam ser discutidas com muitas pessoas".

Citando outro exemplo de um período muito posterior, quando na década de 1590 o grande imperador mogol Akbar fazia seus pronunciamentos na Índia sobre a necessidade de tolerância, e se ocupava com a promoção de diálogo entre pessoas de fé diversas (o que incluía hindus, muçulmanos, cristãos, parsis, jainos e judeus e mesmo — é importante citar — os ateus), a Santa Inquisição ainda florescia na Europa. Giordano Bruno era queimado em praça pública por heresia em Campo dei Fiori, em Roma em 1600, quando Akbar falava sobre tolerância e promovia diálogos entre pessoas de várias fés em Agra.

A discussão pública racional, em suas variadas formas, tem tido uma longa história no mundo, e essas tradições em diversas culturas tornam difícil a visão da democracia como uma ideia essencialmente ocidental. Esse reconhecimento não reduz, de forma alguma, a ampla relevância do fato de que os conceitos contemporâneos de democracia e discussão pública tenham sido profundamente influenciados pelas experiências e ideias da Europa e dos Estados Unidos destes últimos séculos. Mas extrapolar esta experiência para trás no tempo para construir uma longa dicotomia que corre através do passado é fazer história superficialmente.

Em sua autobiografia, *Long walk to freedom* [Longa caminhada para a liberdade], Nelson Mandela descreve como foi influenciado, quando menino, pela observação da natureza democrática dos encontros locais na sede do conselho em Mqhekezweni:

> Todo mundo que queria falar podia fazê-lo. Era a democracia em sua forma mais pura. Podia até existir uma hierarquia de impor-

tância entre os que falavam, mas todos eram ouvidos, chefes e súditos, guerreiros e curandeiros, lojistas e agricultores, donos de terra e trabalhadores [...]. A fundação do autogoverno era de que todos os homens eram livres para expressar suas opiniões e iguais em valor como cidadãos.

A "longa caminhada" de Mandela para a liberdade e sua busca pelo "ponto morto em um mundo em rotação" começaram claramente em sua terra natal.

Passo agora para a crítica da eficácia, baseada na alegação de que regimes autoritários funcionam melhor do que os democráticos no que se refere ao desenvolvimento econômico. Há dois pontos a serem apresentados em resposta. O primeiro é o ponto básico de valor de que os direitos democráticos estão entre os *componentes constitutivos* do desenvolvimento e eles não têm de ser justificados por sua contribuição indireta ao crescimento econômico. Cidadãos desprovidos de liberdade política — sejam eles ricos ou pobres — estão privados de uma liberdade básica e de um constituinte fundamental do bem-estar.

Segundo, a alegação empírica de uma relação negativa entre democracia e crescimento econômico não tem sido confirmada pelas extensivas comparações entre países que têm sido feitas. Essa alegação, repetida com frequência, baseia-se em um empirismo seletivo. E também, mesmo interpretando o sucesso da Coreia do Sul ou de Cingapura, a análise empírica precisa distinguir entre *post hoc* e *propter hoc*. Está cada vez mais claro — até pela experiência recente da Índia — que o sucesso econômico depende de um clima econômico favorável, e não de um clima político feroz.

Além disso, à parte do crescimento econômico, também há a questão da segurança humana. A democracia dá poder político ao vulnerável ao tornar o governante responsável pelos seus erros. O fato de nenhuma grande fome coletiva jamais ter ocorrido em um país democrático com imprensa relativamente livre ilustra o aspecto mais elementar desse poder protetor. Na verdade, a contribuição da democracia à segurança humana se estende muito além da prevenção da fome.

Os pobres, nas florescentes Coreia do Sul e Indonésia, podem não ter pensado muito em democracia enquanto a sorte sorria para todos, durante a década de 1980 e no início da década de 1990, mas quando a crise econômica chegou em 1997 (e divididos eles caíram), a democracia e os direitos políticos e civis foram desesperadamente lembrados por aqueles cujas vidas e meios econômicos foram duramente castigados. A democracia se tornou um assunto central hoje em dia nesses países, assim como em muitos outros da Ásia, África e América Latina.

Mas e a comparação específica entre China e Índia? Certamente, a China tem se dado melhor do que a Índia em muitos aspectos, não apenas no crescimento econômico recente, mas também quanto ao seu compromisso de educação básica e serviço de saúde para todos, que teve início no período maoista. Embora a China tenha tido a maior fome coletiva da história durante o período de 1958 a 1961 — uma fome relacionada diretamente à recusa do governo em corrigir seu curso por mais de três anos, uma recusa que não teria persistido em nenhuma democracia multipartidária eficaz —, ela acabou saindo daquela crise terrível. Quando as reformas políticas foram introduzidas na China em 1979, sua população já tinha uma expectativa de vida entre treze a catorze anos a mais do que a Índia. A expectativa de vida dos chineses — pelo menos 66 ou 68 anos em 1979 — era quase uma década e meia maior do que os míseros 54 anos na Índia.

Vieram então as reformas econômicas de 1979, quando a economia chinesa avançou e cresceu muito mais depressa, em contraste com o desempenho mais modesto da Índia. No entanto, apesar do crescimento econômico mais rápido da China, desde 1979 o ritmo de expansão da expectativa de vida na Índia tem sido cerca de três vezes mais rápido, em média, do que o da China. Comparando a expectativa de vida na China de hoje, que está por volta de setenta anos, com a da Índia que é de 73, conclui-se que a diferença a favor da China, que era de treze ou catorze anos em 1979, quando as reformas chinesas foram implementadas, foi reduzida pela metade (sete anos).

De fato, a expectativa de vida da China, de setenta anos, é mais baixa do que em partes da Índia. É particularmente significativo observar o estado indiano de Kerala — onde vivem 30 milhões de pessoas —, que se distingue pela combinação de democracia multipartidária no estilo indiano com o tipo de intervenção social no qual a China pré-reforma foi talvez a líder mundial. Na época das reformas econômicas de 1979, quando a China tinha uma expectativa de vida de mais ou menos 77 anos, Kerala tinha um número parecido. Agora, porém, a expectativa de vida de Kerala chega a 75 anos, um número substancialmente maior do que os setenta da China. Indo mais adiante, se observamos pontos específicos de vulnerabilidade, a mortalidade infantil na China tem declinado extremamente devagar desde as reformas econômicas, enquanto em Kerala ela tem caído acentuadamente. Enquanto Kerala tinha basicamente a mesma mortalidade infantil da China — 37 para cada mil — na época das reformas chinesas de 1979, o índice atual de Kerala de dez para cada mil é um terço do índice atual da China, de trinta para cada mil (que, aliás, está estagnado há pelo menos dez anos).

Há com certeza algum problema no "alcance" dos benefícios das reformas econômicas chinesas. Primeiro, as reformas levaram ao cancelamento do seguro-saúde público, o que obriga os indivíduos a pagarem, hoje, por convênios médicos particulares (exceto quando o empregador o assume, o que ocorre somente em uma pequena minoria dos casos). Esse retrocesso na cobertura do serviço de saúde recebeu pouca oposição pública — o que sem dúvida teria sido diferente em qualquer democracia multipartidária.

Segundo, a democracia também presta uma contribuição direta ao atendimento de saúde por trazer fracassos sociais para debate público. Os serviços de saúde na Índia são terríveis — discuti esse assunto em outras ocasiões mostrando como são inadequados, e, em dezembro de 2003, tive o duvidoso privilégio de apresentar em uma entrevista à imprensa em Calcutá as deprimentes descobertas do primeiro relatório de saúde do Pratichi Trust (uma organização que tive o privilégio de criar com a ajuda do dinheiro do Prêmio Nobel que recebi alguns anos atrás). Mas a possibilidade de tal crítica intensa é também uma oportunidade social para conseguir melhorias. Na verdade, a denúncia persistente das deficiências dos serviços de saúde indianos é, no final das contas, uma das fontes de dinamismo da Índia, refletida na redução acentuada da diferença entre China e Índia quanto à expectativa de vida e à ampliação da diferença (na direção oposta) entre China e Kerala. Esta tem sido beneficiada pela combinação dos benefícios de uma democracia vigorosa com os dos compromissos políticos e sociais similares aos que colocaram anteriormente a China à frente da Índia.

Termino com uma observação final sobre a relevância da democracia em nível global. Costuma-se dizer, com evidente justiça, que é impossível haver, em um futuro previsível, um Estado democrático global. Isso é de fato verdade, mas se a democracia é vista em termos de discussão pública, não é necessário colocar-se a questão da democracia no congelador por tempo indefinido. Muitas instituições têm aqui um papel a desempenhar, como as Nações Unidas, é claro, e também o esforço compromissado de organizações de cidadãos, de muitas ONGs e de parcelas independentes da mídia.

62

Há também um papel importante reservado à iniciativa pessoal de muitos ativistas e militantes. Washington e Londres podem ter ficado irritadas com a crítica que vem de várias partes do mundo contra a estratégia da coalizão no Iraque. Assim como Paris, Tóquio ou Chicago podem ter ficado chocadas com os espetaculares insultos dirigidos aos negócios globais durante os protestos antiglobalização (que são talvez os mais globalizados movimentos do mundo nos dias de hoje). Os pontos levantados pelos manifestantes não são, invariavelmente, sempre corretos, mas muitos deles levantam questões relevantes, contribuindo assim de forma construtiva para o debate público.

Isso é parte da maneira com que já se busca a democracia global sem esperar pelo Estado global. O desafio hoje é o fortalecimento daquele processo de participação. Não é uma causa insignificante. Nem culturalmente estreita.

4. Por que devemos preservar a coruja pintada

Todos nós reconhecemos, hoje em dia, que nosso meio ambiente é atacado com facilidade. Danificamos rotineiramente a camada de ozônio, aquecemos o globo, poluímos o ar e os rios, destruímos as florestas, esvaziamos os recursos minerais, levamos várias espécies à extinção e causamos outros tipos de devastação. O atual interesse pela "sustentabilidade" surge dessa tomada de consciência.

A necessidade de ação em conjunto foi poderosamente delineada em 1987 no manifesto pioneiro Nosso Futuro Comum, preparado pela Comissão Mundial sobre Meio Ambiente e Desenvolvimento, liderada por Gro Brundtland. O Relatório Brundtland definiu desenvolvimento sustentável como aquele que "atende às necessidades do presente sem comprometer a capacidade das futuras gerações de atender às suas próprias necessidades".

O desenvolvimento sustentável tornou-se o tema condutor de grande parte da literatura ambiental. Ele também inspirou significativos protocolos de ação conjunta, por exemplo, o que reduziu as emissões nocivas e outras fontes de poluição planetária.

A assinatura do Protocolo de Montreal sobre as Substâncias que Destroem a Camada de Ozônio, de 1987, agora ratificado por 186 países, pode ser vista, nas palavras de Lester Brown, como "um dos melhores momentos das Nações Unidas".[1] A ideia de desenvolvimento sustentável tem inspirado vários grandes encontros internacionais — da Conferência da Terra no Rio de Janeiro, em 1992, à Conferência sobre Desenvolvimento Sustentável em Johannesburgo, dez anos mais tarde. Esses encontros enfocavam temas diferentes, mas com uma preocupação em comum. O mundo tem boas razões para ser grato à nova preponderância dessa ideia. No entanto, é necessário indagar se a concepção de seres humanos nela implícita é suficientemente ampla. É certo que as pessoas têm "necessidades", mas elas também têm valores e, em particular, elas prezam sua capacidade de raciocinar, avaliar, agir e participar. Ver as pessoas somente em termos de suas necessidades pode nos proporcionar uma visão um tanto acanhada da humanidade.

Usando uma distinção medieval, não somos apenas *pacientes*, cujas necessidades exigem atenção, mas também *agentes*, cuja liberdade de decidir quais são seus valores e como buscá-los pode estender-se muito além da satisfação de nossas necessidades. Não deveríamos nos preocupar em preservar — e na medida do possível expandir — as liberdades substantivas atuais das pessoas "sem comprometer a capacidade das futuras gerações" de ter as mesmas — ou até mais — liberdades? A ênfase em "liberdades sustentáveis" pode não ser apenas conceitualmente importante (como parte de uma abordagem geral de "desenvolvimento como liberdade"), mas ter também implicações tangíveis de relevância imediata.

O foco da discussão em política ambiental tem sido com frequência concentrado nas instituições nacionais e internacionais apropriadas. O princípio que está por trás disso é bastante claro.

Como foi ressaltado, de forma pungente, no relatório *Ecossistemas e bem-estar humano*, produzido por uma equipe global para a Avaliação do Ecossistema do Milênio, em 2003, "chegar ao uso sustentável requer instituições efetivas e eficientes que possam prover os mecanismos através dos quais conceitos de liberdade, justiça, capacidades básicas e igualdade governem o acesso e uso dos serviços do ecossistema". Mas, junto com isso, tem crescido o interesse em explorar o papel da cidadania na conquista do desenvolvimento sustentável. Assim como instituições são necessárias para estabelecer regulamentos obrigatórios e prover incentivos financeiros, um compromisso mais forte com as responsabilidades da cidadania pode ajudar a aumentar o cuidado com o meio ambiente.

Andrew Dobson discute em *Citizenship and the environment* [Cidadania e o meio ambiente] não apenas o papel das responsabilidades associadas com a cidadania, mas até o esboço do que seria um conceito de "cidadão ecológico", que daria prioridade a considerações ambientais.[2] Não vou discutir se dividir um cidadão integrado em papéis de funções específicas é ou não a melhor maneira de proceder, mas Dobson está absolutamente correto ao enfatizar o alcance das responsabilidades cívicas no manejo dos desafios ambientais. Ele se preocupa especificamente em investigar e ressaltar o que os cidadãos podem fazer quando são movidos por entendimento social e reflexão racional, e não apenas por incentivos financeiros (agindo meramente como "atores com interesses pessoais racionais"): "Uma a uma, então, as colunas da sustentabilidade estão sendo erguidas; e considero a cidadania ecológica como um acréscimo essencial à coleção".

Esse senso de responsabilidade ecológica é parte de uma nova tendência que transpõe teoria e prática. No final de 2000, por exemplo, criticavam-se as políticas do governo britânico quando ele recuou, cedendo a piquetes e protestos, de um aumento proposto nos impostos sobre o petróleo, sem fazer nenhuma tentativa séria de trazer a questão do meio ambiente para a discussão pública. Como diz Barry Holden, em *Democracy and global warming* [Democracia e aquecimento global], "isso não quer dizer que a questão do meio ambiente teria necessariamente ganhado o dia", mas "sugere que isso poderia ter acontecido, se pelo menos tivesse sido levantada".[3] Há uma frustração crescente não apenas com a insignificância — ou total ausência — de iniciativas positivas para envolver os cidadãos nas políticas ambientais, mas também com o evidente ceticismo das autoridades públicas de que o apelo ao senso de responsabilidade social poderia dar resultado. Essa frustração é fácil de entender. Mas, ao mesmo tempo em que buscamos uma expansão do domínio do ativismo cívico, temos de nos indagar como a noção de sustentabilidade poderia ser ampliada à luz de nossa concepção de cidadão adequadamente responsável. Temos de examinar se a cidadania é puramente instrumental (só uma questão de maneiras e meios de conservar o meio ambiente) ou se é mais do que isso; e especialmente se a cidadania eficaz é parte e parcela do que queremos sustentar.

O conceito de sustentabilidade de Brundtland tem sido mais refinado e elegantemente ampliado por um dos mais notáveis economistas de nosso tempo, Robert Solow, em sua monografia *An almost practical step toward sustainability* [Um passo quase prático em direção à sustentabilidade], publicada há pouco mais de uma década. Solow vê a sustentabilidade como o requisito a ser deixado à próxima geração: "tudo o que for necessário para que ela consiga um padrão de vida pelo menos tão bom quanto o nosso e para que possa olhar para a geração seguinte da mesma forma". Essa formulação tem vários aspectos atrativos. Primeiro, ao focalizar nos padrões de vida sustentáveis (vistos como aquilo que proporciona a motivação para a preservação ambiental), Solow dá maior concretude à concentração de Brundtland na satisfação de necessidades. Segundo, na formulação lindamente recursiva de Solow, os interesses de todas as futuras gerações recebem atenção através das provisões a serem feitas por uma a uma de suas antecessoras.

Mas será que a reformulação de Solow incorpora uma visão adequadamente ampla da humanidade? Ainda que sua ênfase em manter os padrões de vida tenha claros méritos (há algo de profundamente atraente em tentar assegurar que as futuras gerações possam conseguir "um padrão de vida pelo menos tão bom quanto o nosso"), pode-se ainda perguntar se o conceito de padrão de vida é adequadamente inclusivo. Padrões de vida sustentáveis não são a mesma coisa que sustentar a liberdade das pessoas de ter — ou salvaguardar — as coisas que elas valorizam e às quais elas têm suas razões para dar importância. Os motivos que temos para valorizar algumas oportunidades em especial não precisam necessariamente se referir à sua contribuição aos nossos padrões de vida.

Para ilustrar esse ponto, considere a nossa responsabilidade em relação ao futuro de outras espécies, não meramente na medida em que elas melhorem nosso padrão de vida. Por exemplo, uma pessoa pode julgar que devemos fazer tudo o que for possível para assegurar a preservação de alguma espécie ameaçada de extinção, como, digamos, a coruja pintada. Não haveria nenhuma contradição se essa pessoa dissesse: "Nosso padrão de vida será muito pouco — ou praticamente nada — afetado pela presença ou ausência das corujas pintadas, mas tenho a convicção de que não deveríamos permitir que essa espécie seja extinta por razões que não têm nada a ver com os padrões de vida humanos".

O Buda Gautama elabora raciocínio similar ao argumentar, na *Sutta Nipata*, que, como somos muito mais poderosos do que outras espécies, temos algumas responsabilidades em relação a elas por causa dessa assimetria. E ele ilustra a questão fazendo analogia com a responsabilidade da mãe em relação a seu filho, não porque ela o deu à luz (uma conexão não evocada neste argumento em particular), mas porque ela pode fazer coisas que influenciam a vida do filho, positiva ou negativamente, que a criança por si mesma não pode. A razão para cuidar dos filhos, por esta linha de pensamento, não se refere ao nosso padrão de vida (embora este certamente seja afetado), mas à responsabilidade associada a nosso poder. Podemos ter muitas razões para nossos esforços preservacionistas — nem todas dependentes dos nossos padrões de vida e algumas delas ligadas precisamente ao nosso senso de valores e de responsabilidade fiduciária.

Que papel, então, deve caber aos cidadãos na política ambiental? Primeiro, deve envolver a capacidade de pensar, valorizar e agir, e isso requer conceber os seres humanos como agentes, em vez de meramente recipientes. Isso tem relevância para muitas discussões ambientais de importância crítica. Considere, por exemplo, o notável relatório da Royal Society, *Towards sustainable consumption* [Em direção a um consumo sustentável], publicado em 2000.

O relatório mostra, entre outras coisas, que as tendências atuais de consumo são insustentáveis, e que há necessidade de contenção e redução, a começar pelos países ricos. Em seu prefácio, Aaron Klug enfatiza a necessidade urgente de "grandes mudanças no estilo de vida na maioria dos países desenvolvidos — algo que nenhum de nós vai achar fácil". Esta é certamente uma tarefa difícil, mas, se as pessoas são de fato agentes racionais (em vez de meros recipientes necessitados), então uma abordagem possível pode estar na discussão pública e na emergência e sustentação de prioridades favoráveis ao meio ambiente, junto com uma ampliação do entendimento da nossa grave situação ecológica. Isso, também, deve levar-nos em direção a um reconhecimento da capacidade dos seres humanos de pensar e julgar por si mesmos — uma capacidade que valorizamos agora e uma liberdade que gostaríamos de preservar para o futuro.

Segundo, entre as oportunidades que temos razões para valorizar está a liberdade de participar. Se as deliberações participativas forem prejudicadas ou enfraquecidas, algo de valor estará perdido. Por exemplo, a recente diluição nos Estados Unidos dos regulamentos e exigências ambientais, que ocorreu com muito pouca oportunidade de discussão pública, não apenas ameaça o futuro, mas também reduz a cidadania dos americanos ao negar-lhes a oportunidade de participar.

Quando, no início de 2001, o presidente George W. Bush abandonou abruptamente o acordo ambiental firmado em Kyoto (o chamado Protocolo de Kyoto), uma pesquisa de opinião conduzida pela rede CNN/*Time* indicou que uma expressiva maioria dos americanos tinha uma visão muito diferente da do presidente. E, no entanto, não houve praticamente nenhuma tentativa séria por parte do governo dos Estados Unidos de levar em conta a opinião pública na decisão das políticas para o setor, ou de promover uma discussão entre os cidadãos.

Em vez de ampliar o alcance da discussão pública, os Estados Unidos têm recuado consideravelmente nesse sentido, nestes últimos anos. Tomando outro exemplo, a famosa e secreta "força-tarefa da energia" do vice-presidente Dick Cheney, cujo objetivo é o exame das diretrizes industriais, tem mostrado muito pouco interesse pela comunicação pública. De fato, Cheney tem relutado até mesmo em revelar quem são os membros da tal força-tarefa. Este e outros casos de distanciamento e segredo ilustram o quão ampla tem sido a renúncia da busca de participação pública. Alguns críticos temem, com razão, que tudo isso pode ser ruim para o futuro, mas devemos reconhecer também que o bloqueio das oportunidades de participação bem informada é em si mesmo perda de liberdade significativa e que isso já está ocorrendo. Algo tem deixado de ser sustentado — no presente momento.

Terceiro, se os objetivos ambientais são buscados através de procedimentos que invadem a vida privada das pessoas, a consequente perda de liberdade deve contar como perda imediata. Por exemplo, mesmo que a restrição à liberdade reprodutiva através do planejamento familiar coercitivo (como a política do filho único na China) no final ajude a manter os padrões de vida, é preciso também reconhecer que algo importante é sacrificado — em vez de mantido — através dessas políticas.

Existem, empiricamente, bons motivos para duvidar de que a coerção possa contribuir muito para a redução da fertilidade. A conquista dos chineses na redução da natalidade está de acordo com o que seria de esperar, por causa da influência de outros fatores sociais que tendem a levar a uma redução espontânea na frequência de nascimentos (como a expansão da educação feminina e do emprego remunerado). Na verdade, outras sociedades (como a de Kerala, na Índia) têm conseguido progresso similar sem coerção, com reduções de fertilidade comparáveis — ou até maiores. Mas, mesmo que se pudesse demonstrar que uma abordagem não participativa pode concretamente reduzir a fertilidade, deveria haver uma compensação pela perda de liberdade que ocorre de imediato através da própria coerção.

Quarto, o foco convencional nos padrões de vida agrega muitos detalhes para que se possa prestar atenção na importância de liberdades específicas. Pode haver perda de liberdades (e dos direitos humanos correspondentes) mesmo quando não há piora no padrão de vida total. A razão dessa distinção ética geral, que tem uma relevância ampla quanto à escolha social, pode ser ilustrada por um exemplo simples. Se reconhecermos que uma pessoa tem o direito moral de não ter fumaça jogada em seu rosto por um fumante qualquer, esse direito não é eticamente cancelado se a pessoa em questão é por acaso muito rica e abençoada por um alto padrão de vida.

No contexto ecológico, considere um meio ambiente deteriorado no qual é negado às futuras gerações respirar ar fresco (por causa de emissões especialmente deletérias), mas onde essas futuras gerações são tão ricas e tão bem servidas de outras amenidades que seu padrão de vida geral pode muito bem ser sustentado. Uma abordagem de desenvolvimento sustentável no modelo Brundtland-Solow pode recusar-se a ver algum mérito nos protestos contra as emissões com o argumento de que as futuras gerações terão de qualquer modo um padrão de vida pelo menos tão alto quanto o atual. Mas isso deixa de levar em conta a necessidade de políticas antiemissão que poderiam ajudar as futuras gerações a ter a liberdade de usufruir do ar fresco que gerações anteriores usufruíram.

A relevância da cidadania e da participação social não é apenas instrumental. Elas são partes integrais daquilo que devemos preservar. Temos de combinar a noção básica de sustentabilidade corretamente defendida por Brundtland, Solow e outros, com uma visão ampla dos seres humanos — uma visão que inclua os agentes cujas liberdades têm valor, não apenas como recipientes reduzidos a meros padrões de vida.

NOTAS

1. *Eco-economy: Building an economy for the earth* (Londres: Earthscan, 2003, 240 p.).

2. Oxford: Oxford University Press, 2003, 238 p.

3. Londres: Continuum, 2002, 208 p.

5. Por que equidade na saúde?*

"O mundo [...] não é uma hospedagem, mas um hospital", disse sir Thomas Browne mais de três séculos e meio atrás, em 1643. Essa é uma interpretação do mundo nada encorajadora, se não completamente surpreendente, por parte do prestigioso autor de *Religio Medici* e *Pseudodoxia Epidemica*. Mas Browne podia não estar totalmente enganado: mesmo hoje (e não apenas na Inglaterra do século XVII), a doença de uma forma ou de outra tem sido uma presença importante na vida de um número grande de pessoas. Na verdade, Browne pode ter sido um tanto otimista por evocar um hospital: grande parte das pessoas que estão mais doentes no mundo de hoje não têm tratamento para seus males, nem acesso a meios eficazes de prevenção.

Em qualquer discussão de equidade e justiça social, doença e saúde devem figurar como uma preocupação da maior importân-

---

* Pelas discussões que muito me ajudaram, sou grato a Sudhir Anand, Lincoln Chen, Anthony Culyer e Angus Deaton. Também gostaria de agradecer o apoio prestado pela Fundação Rockefeller, que financiou projeto sobre Equidade na Saúde no Centro de Estudos de População e Desenvolvimento da Universidade Harvard.

cia. Coloco isso como meu ponto de partida — a ubiquidade da saúde como uma consideração social — e começo ressaltando que a equidade na saúde não pode ser outra coisa senão um aspecto central da justiça dos mecanismos sociais em geral. O alcance da equidade na saúde é imenso. Mas há um aspecto recíproco desta conexão ao qual também devemos prestar atenção. Equidade na saúde não pode se preocupar somente com a saúde, isoladamente. Em vez disso, ela tem de estar em sintonia com a questão mais ampla de justiça social, incluindo a distribuição econômica, dando a devida atenção ao papel da saúde na vida e na liberdade humana. Equidade na saúde com certeza não se refere apenas ao acesso à saúde, muito menos ao enfoque ainda mais restrito do acesso aos serviços de saúde. Na verdade, equidade na saúde como conceito tem um alcance e uma relevância extremamente amplos.

Pretendo considerar três conjuntos de fatos. Primeiro, começarei com a discussão da natureza e da relevância da equidade na saúde. Segundo, identificarei e analisarei os motivos distintos nos quais se tem afirmado que a equidade na saúde é a questão política errada para se concentrar. Espero poder demonstrar que esses motivos de ceticismo não sobrevivem a uma análise pormenorizada. Finalmente, na seção em que abordo as considerações gerais e propostas particulares, farei comentários sobre as questões difíceis que têm de ser encaradas para uma compreensão adequada das demandas de equidade na saúde. É particularmente importante nesse contexto ver a equidade na saúde como uma disciplina muito ampla, que tem de acomodar considerações bastante diversas e discrepantes.

EQUIDADE DE SAÚDE E JUSTIÇA SOCIAL

Tentei argumentar, em uma obra anterior, *Desigualdade reexaminada*, que a teoria de justiça no mundo contemporâneo não poderia ter nenhuma plausibilidade séria se não valorizasse a igualdade em algum espaço — um espaço que seria visto como importante naquela teoria (Sen, 1992). Um defensor da igualdade de renda, um baluarte da democracia, um libertário e um conservador do direito à propriedade podem ter diferentes prioridades, mas cada um deseja a igualdade em algum aspecto que é visto como valioso — ou mesmo central — na sua respectiva filosofia política. O defensor da igualdade de renda irá priorizar uma distribuição equânime de rendimentos; o compromissado democrata insistirá na igualdade de direitos políticos para todos; o resoluto libertário exigirá liberdades iguais, e o conservador do direito à propriedade insistirá no mesmo direito para todos de utilizar sua propriedade, seja lá qual for. Todos eles dão valor — e não por mera coincidência — à igualdade em termos de alguma variável à qual é dada uma posição central em suas respectivas teorias de justiça. De fato, mesmo um foco agregador como o do utilitarismo de Bentham* envolve uma conexão com a igualdade, de modo que todos devam ser tratados do mesmo modo na obtenção de agregados simples (como a utilidade total).

Na verdade, a igualdade, como ideia abstrata, não tem muito poder de corte, e o verdadeiro trabalho começa com a especificação do que deve ser equalizado. O passo central, então, é a especificação do espaço no qual a igualdade deve ser buscada, e as regras contábeis equitativas que podem ser seguidas para chegar a preocupações agregadoras e também distributivas. O conteúdo das respectivas teorias volta-se para respostas a perguntas tais como "igualdade do quê?" e "equidade em que forma?" (Sen, 1980, 1992).

É aqui que a saúde se torna uma preocupação crítica, fazendo a equidade na saúde central para a compreensão de justiça

---

* Jeremy Bentham (1748-1832), jurista e filósofo inglês. (N. T.)

social. No entanto, é importante levar em conta que a saúde entra na arena da justiça social de várias formas distintas e que nem todas produzem exatamente a mesma leitura de arranjos sociais específicos. Em consequência, a equidade na saúde é inescapavelmente multidimensional. Se insistirmos em buscar uma congruência dos diferentes aspectos da equidade na saúde antes de emitirmos julgamentos inequívocos, ela vai resultar com frequência em uma partição incompleta ou ordenação parcial.

Isso não exime a disciplina da avaliação racional, ou mesmo da maximização (que pode enfrentar a incompletude através da articulação reticente), mas vai contra a expectativa de alguns de que em todas as comparações de estados sociais deve haver um ranking completo que coloque todos os estados alternativos em uma ordem simples (Sen, 1970, 1997).[1] De fato, mesmo quando dois estados alternativos são finalmente ranqueados de um modo claro e decisivo, tal ranking pode basear-se em uma ponderação relativa — e talvez até numa conciliação — entre considerações divergentes, que retêm sua relevância mesmo depois que seus pesos comparativos foram avaliados.

Quais são, então, as considerações diversas? Primeiro, a saúde está entre as mais importantes condições da vida humana e é um constituinte criticamente significativo das capacidades humanas que temos razões para valorizar. Qualquer concepção de justiça social que aceite a necessidade de uma distribuição equitativa e também de uma exploração eficiente das capacidades humanas não pode ignorar o papel da saúde na vida humana e as oportunidades de as pessoas obterem uma vida saudável, sem doenças e sofrimentos evitáveis ou mortalidade prematura. Equidade na realização e na distribuição de saúde, portanto, está incorporada e embutida em uma ampla noção de justiça.

Uma injustiça particularmente séria é a falta de oportunidade que alguns podem ter de obter boa saúde por causa de arranjos sociais inadequados, ao contrário, por exemplo, de uma decisão pessoal de não se preocupar particularmente com a saúde. Nesse sentido, uma doença que se deixa de prevenir ou tratar por razões sociais (como a pobreza ou a força brutal de uma epidemia localizada em determinada comunidade) e não por razões de escolha pessoal (por exemplo, fumo ou outros comportamentos arriscados de adultos) tem uma relevância particularmente negativa para a justiça social.

Isso leva a outra distinção entre a realização da saúde e a capacidade de obter boa saúde (que pode ou não ser praticada). Esta é, em alguns casos, uma importante distinção, mas na maioria das situações, a realização da saúde tende a ser um bom guia para as capacidades subjacentes, pois temos a tendência de dar prioridade à boa saúde quando temos real oportunidade de escolha (de fato, até mesmo o fumo e outros vícios podem também ser vistos em termos de "falta de liberdade" de vencer o hábito, o que levanta questões de influência psicológica sobre a capacidade — um assunto que não pretendo discutir aqui).

É importante distinguir entre realização e capacidade, por um lado, e os serviços sociais oferecidos para essa realização (como atendimento de saúde, por exemplo) por outro. O argumento pela equidade na saúde não pode ser apenas uma exigência sobre como o atendimento de saúde, especificamente, deve ser distribuído (ao contrário do que se presume algumas vezes). Os fatores que podem contribuir para a conquista e a perda de saúde vão muito além do atendimento de saúde, e incluem muitas influências de diversos tipos, variando desde predisposições genéticas, renda individual, hábitos alimentares e estilos de vida, por um lado, até o ambiente epidemiológico e condições de trabalho, por outro.[2] Recentemente, sir Michael Marmot (1991, 1995) e outros (Wilkinson, 1996) apontaram os efeitos de longo alcance da desigualdade social sobre a saúde e a sobrevivência. Temos de ir bem além da oferta e distribuição de atendimento de saúde para obter um entendimento adequado da realização da saúde e da capacidade de realização da saúde. Equidade na saúde não pode ser entendida em termos de distribuição de atendimento de saúde.

Segundo, como a justiça nos processos e procedimentos tem uma inescapável relevância para a justiça social, temos de ir além da realização e da capacidade para realizar a saúde. Como alguém que tem se esforçado bastante na tentativa de estabelecer a relevância da perspectiva da capacidade (inclusive a capacidade de realizar a saúde) na teoria da justiça, devo também enfatizar que a base informativa de justiça não pode consistir apenas em informação sobre capacidade, pois os processos também são importantes, além dos resultados (vistos isoladamente) e da capacidade de realizar resultados valorizados (Sen, 1985, 2000). Por essa razão, as desigualdades mesmo no atendimento de saúde (e não apenas na realização da saúde) também podem ter relevância para a justiça social e para a equidade na saúde, pois o aspecto processual da justiça e da igualdade exige alguma atenção, sem necessariamente ocupar o centro das atenções.

Permita-me ilustrar essa questão com um exemplo. Está provado que, em grande parte por razões biológicas, as mulheres tendem a ter melhores chances de sobrevivência e menor incidência de certas doenças durante a vida (de fato, até mesmo a ocorrência de aborto espontâneo diminui quando o feto é do sexo feminino). Essa é na verdade a razão pela qual a população feminina predomina em sociedades com pouco ou nenhum preconceito de gênero no atendimento de saúde (como na Europa Ocidental e na América do Norte), apesar do fato de que mais meninos do que meninas nascem em todas as partes do mundo (e uma porcentagem ainda maior de fetos masculinos é concebida).

Julgada puramente em termos da realização da saúde e longevidade, essa é uma desigualdade relacionada ao gênero, que está ausente apenas nas sociedades em que o preconceito contra mulheres no atendimento de saúde (e às vezes na nutrição também) faz com que a expectativa de vida feminina não seja mais alta do que a masculina. Mas seria moralmente inaceitável sugerir que as mulheres devessem receber atendimento de saúde pior do que os homens para que a desigualdade de realização da saúde e longevidade desaparecesse.[3] O compromisso com a justiça requer que nenhum grupo — nesse caso as mulheres — seja discriminado dessa forma, mas, para poder caminhar nessa direção, não podemos contar exclusivamente com a realização da saúde.

Terceiro, a equidade na saúde não pode apenas se preocupar ou com a igualdade na saúde ou com o atendimento de saúde, e deve levar em conta a maneira como a alocação de recursos e os arranjos sociais ligam a saúde a outros aspectos da organização da sociedade. Deixe-me ilustrar, mais uma vez, essa questão com um exemplo concreto. Suponha que as pessoas A e B tenham predisposições de saúde exatamente similares, inclusive a mesma tendência a uma doença particularmente dolorosa. Mas A é muito rico e consegue curar-se de sua doença ou tê-la totalmente sob controle graças a algum tratamento médico muito caro, enquanto B é pobre e, não podendo pagar o tratamento, sofre muito por causa de sua doença. Há uma clara desigualdade na saúde aqui. Além disso, se não aceitamos a atitude moral do rico de obter tratamento privilegiado, é plausível argumentar que houve alguma violação da equidade de saúde também. Em particular, os recursos utilizados para curar A poderiam ter sido usados para conceder algum alívio a ambos, ou no caso de indivisibilidade, para dar aos dois uma chance igual de se curar por meio de algum mecanismo probabilístico. Isso não é difícil de demonstrar.

Agora, considere uma mudança de política promovida por alguns defensores da igualdade que dão prioridade à redução da desigualdade de saúde. Isso irá impedir que o rico A compre a

79

cura que o pobre B não pode comprar. A vida do pobre B não foi afetada pela mudança, mas agora o rico A também sofre da doença dolorosa, e gasta seu dinheiro, digamos, tentando consolar-se em viagens caras de iate em mares exóticos. A medida de fato reduziu a desigualdade na saúde, mas pode-se dizer que melhorou a equidade na saúde? Para ver com clareza a questão que é levantada, perceba que não se pergunta se a situação inteira melhorou (seria difícil argumentar que sim), nem se pergunta se, levando-se todos os aspectos em consideração, o arranjo é justo (o que claramente não é — parece que seria uma mudança "Pareto inferior",* dado que A desejava usar seu dinheiro para comprar saúde e não um iate). O que pergunto, especificamente, é se há mais equidade na saúde no segundo caso do que no primeiro.

Eu diria que a equidade de saúde não foi elevada ao se fazer o rico A navegar por mares exóticos em seu caro iate, embora a desigualdade no espaço da saúde em si mesmo tenha sido reduzida. Os recursos que são agora utilizados pelo rico A para navegar no alto mar em seu iate poderiam ter sido usados para curar o pobre B ou o rico A, ou para dar a ambos algum alívio de suas doenças dolorosas. A redução da desigualdade na saúde não promoveu a equidade de saúde, pois esta requer pensar além, na possibilidade de fazer arranjos diferentes de alocação de recursos ou instituições ou políticas sociais. Concentrar-se apenas na desigualdade na saúde para atingir equidade de saúde é exatamente similar à abordagem para o problema da fome mundial (que não é desconhecido) de comer menos comida, ignorando o fato de que qualquer recurso geral pode ser usado para alimentar melhor os famintos.

---

* Uma mudança é "Pareto inferior" se o resultado é uma situação na qual ninguém melhora e pelo menos uma pessoa piora em relação ao estado de coisas anterior à mudança. O conceito deriva da formulação, pelo economista e sociólogo italiano Vilfredo Pareto (1848-1923), do critério de eficiência denominado "ótimo de Pareto". (N. R. T.)

A violação da equidade de saúde não pode ser julgada meramente a partir da desigualdade na saúde. De fato, pode-se afirmar que algumas das questões mais importantes na política de promoção de atendimento de saúde são profundamente dependentes da alocação geral de recursos para a saúde em vez de meros arranjos distributivos dentro do atendimento de saúde (como o "racionamento" de atendimento de saúde e de outros determinantes de saúde) no qual boa parte da bibliografia sobre justiça na saúde parece, neste momento, concentrar-se.

Recursos são substituíveis e mecanismos sociais podem melhorar a saúde dos despossuídos, não necessariamente em detrimento do atendimento de saúde de outras pessoas, mas também por meio de arranjos sociais diferentes ou de uma alocação de recursos modificada. A extensão da desigualdade na saúde não pode nos dar informação adequada para atingir a equidade na saúde.

Isso não quer dizer, é claro, que a desigualdade na saúde não seja um assunto de interesse. Ela tem importância em si mesma, e é com certeza uma parte importante de nosso entendimento de equidade na saúde, que é uma noção mais ampla. Se, por exemplo, houvesse graves desigualdades na realização da saúde, resultantes não de precondições irremediáveis, mas de falta de política econômica ou reforma social ou engajamento político, então a desigualdade na saúde seria materialmente irrelevante. Desigualdades na saúde não podem ser identificadas como iniquidade na saúde, mas elas são certamente relevantes para esta. Não há contradição nisso se reconhecermos a equidade na saúde como um conceito multidimensional.

ARGUMENTOS CONTRÁRIOS

A afirmação de que a equidade na saúde é importante pode ser contrariada a partir de diversas fundamentações, envolvendo argumentos empíricos e conceituais. Esses argumentos contrários têm sido apresentados de várias formas em discussões profissionais e leigas. Seria útil examiná-los e avaliar a relevância da equidade na saúde à luz dessas críticas. Para isso, levanto questões céticas como método de diálogo.

1. Serão as demandas distributivas, em geral, realmente relevantes? Seria possível afirmar que as exigências distributivas em geral, inclusive a equidade (não apenas a equidade na saúde), não possuem significância ética como princípio geral. Os utilitaristas, por exemplo, não se sentem particularmente incomodados com a desigualdade de utilidades e concentram-se, em vez disso, na maximização da soma total — independente da distribuição — de utilidades. A rejeição fundamental da desigualdade como assunto importante, entre outras coisas, reduziria a relevância da equidade de saúde.

Há diversos contra-argumentos diferentes que têm de ser considerados em resposta. Primeiro, como John Rawls (1971) argumentou ao criticar as afirmações do utilitarismo, a indiferença à distribuição não leva em conta com a adequada seriedade a distinção entre as pessoas. Se uma pessoa permanece miserável ou dolorosamente doente, sua privação não é obliterada ou remediada ou dominada pelo simples fato de fazer alguma outra pessoa mais feliz ou mais saudável. Cada pessoa merece consideração como uma pessoa em si, e isso vai contra a visão da indiferença na distribuição. O contra-argumento de Rawls é tão relevante para as desigualdades à saúde quanto para a desigualdade no bem-estar ou na utilidade.

Segundo, especificamente no campo da saúde, existem alguns limites acima dos quais uma pessoa não pode se tornar mais e mais saudável. Consequentemente, mesmo o aspecto "engenheiro" da estratégia de compensar a saúde doentia de algumas pessoas pela saúde cada vez melhor de outras tem alguns limites estritos.

Terceiro, mesmo que estivéssemos convencidos da visão da indiferença distributiva, ainda assim haveria alguma forma de consideração da equidade no tratamento de todas as pessoas do mesmo modo na obtenção de realizações agregadas (como faz o utilitarismo). A maximização da soma total independente da distribuição não é tanto uma negação de equidade, mas sim uma forma especial — e um tanto limitada — de acomodar a equidade dentro das exigências da justiça social.

2. *Serão as demandas distributivas realmente relevantes para a realização da saúde em particular?* A equidade pode ser importante em alguns campos, mas, quando se trata de saúde débil, qualquer redução da doença de qualquer pessoa deve ser vista como importante e deveria ter a mesma prioridade, independentemente de qual seja o nível geral de saúde ou de opulência dessa pessoa. A minimização do índice DALY (anos de vida ajustados pela incapacidade)* — índice muito utilizado hoje em dia —, independentemente de distribuição, é um bom exemplo dessa abordagem (Murray, 1994, 1996; Organização Mundial da Saúde, 2000).

Respondendo a essa indagação, seria útil começar pelo reconhecimento explícito de que qualquer melhora na saúde de alguém, dadas outras coisas, é um bom fundamento para o reconhecimento de que há alguma melhora social. Mas essa necessidade de responder às necessidades de saúde de todos não requer que a mesma importância seja dada ao avanço da saúde de todos — não importa quão doentes estejam.

---

* Tradução literal de Disability-Adjusted Life Years (DALY), índice adotado pela Organização Mundial da Saúde que mede o peso total de uma doença combinando o número de anos de vida perdidos devido a mortalidade prematura com os anos de vida produtiva perdidos em consequência da incapacidade resultante da doença. (N. T.)

De fato, como Sudhir Anand e Kara Hansen (1997, 1998) têm afirmado, a indiferença na distribuição é uma séria limitação da abordagem do DALY. O uso da indiferença distributiva no caso do DALY funciona, na verdade, de forma um tanto perversa, pois uma pessoa incapacitada, ou com doença crônica, e, portanto, já em desvantagem generalizada, também acaba recebendo menos atenção médica em outras enfermidades, no exercício da minimização do DALY, e isso tem o efeito de adicionar mais desvantagem relativa a uma pessoa já em desvantagem. A crítica de Rawls à indiferença distributiva do utilitarismo (por não levar em conta a distinção entre as pessoas com a adequada seriedade) se aplica aqui com força redobrada.

É interessante notar nesse contexto que os fundadores (como Alan Williams e Tony Culyer) da abordagem do QALY (os anos de vida ajustados à qualidade),* que tem alguma similaridade genérica com a abordagem do DALY, têm sido veementes a respeito da necessidade de ajustar os números de QALY por considerações distributivas.[4] De fato, Alan Williams afirma, ao expor seus pontos de vista sobre o que chama de "turno equitativo", que "há muito tempo" assumiu a "opinião de que a melhor maneira de integrar considerações de eficiência e equidade na provisão de atendimento de saúde seria anexar aos QALY ponderações pela equidade" (Williams, 1998; Culyer e Wagstaff, 1993; Culyer, 1995). Não há nenhuma razão em particular para fechar os olhos para a equidade na saúde quando eles estão abertos para a equidade em geral.

3. *Se assumimos as ideias amplas e gerais de equidade e justiça social, por que precisamos da noção mais restrita de equidade na saúde?* Pode-se afirmar que considerações relacionadas à equidade na saúde estão conceitualmente subordinadas a uma noção

---

* Tradução literal de Quality-Adjusted Life Years (QALY), índice que mede a qualidade de vida combinando a quantidade de anos de vida com a qualidade de vida em cada um desses anos. (N. R. T.)

mais ampla de equidade (relacionada, digamos, a utilidades ou direitos). Considerações de saúde podem figurar, entre outras coisas, na análise geral da equidade social, mas a equidade de saúde, nessa perspectiva, não tem um status por si próprio. Essa crítica teria considerável validade se a noção de equidade na saúde fosse concebida desvinculada da de equidade e de justiça em geral. Mas, como já foi afirmado neste ensaio, a disciplina da equidade na saúde não está confinada apenas às desigualdades na saúde. A equidade na saúde pode estar inserida em uma estrutura mais ampla de equidade geral, mas há algumas considerações especiais relacionadas à saúde que precisam forçosamente ser incluídas na avaliação da justiça como um todo. Ao fazer este exercício, a ideia de equidade na saúde motiva certas questões e algumas perspectivas específicas que enriquecem a noção mais abstrata de equidade em geral.

O fato de que a saúde é central em nosso bem-estar precisa ser enfatizado, bem como o reconhecimento igualmente básico de que as liberdades e possibilidades que somos capazes de exercer dependem de nossas realizações da saúde. O fato é que não somos capazes de fazer muita coisa se estamos incapacitados ou somos incessantemente atormentados pela doença, e podemos fazer de fato muito pouco se não estamos vivos.

Como Andrew Marvell observara em seu poema de 1681 "To his coy mistress" ["A uma esquiva dama"], "O túmulo é um aposento íntimo, sem jaça,/ Mas pessoa alguma, que eu saiba, ali se abraça".* A punição pela doença pode não se confinar apenas à perda do bem-estar, mas também à falta de liberdade de fazer aquilo que a pessoa percebe como seus próprios compromissos e responsabilidades (Sen, 1992; Barer, 1998).[5] Saúde e sobrevi-

---

* Conforme tradução de Aíla de Oliveira Gomes, em *Poesia metafísica: uma antologia*, São Paulo: Companhia das Letras, 1991. (N. T.)

vência são centrais na compreensão não apenas da qualidade de vida de alguém, mas também da capacidade desse alguém de fazer o que acha que deve ou deseja fazer. É difícil enfatizar suficientemente a relevância da equidade na saúde para a justiça social em geral.

4. *Não será verdade que a equidade na saúde se subordina a considerações de equidade na distribuição de recursos (como, por exemplo, de renda ou o do que Rawls chama de "bens primários")?*

Nessa linha de raciocínio tem-se afirmado que a equidade na saúde pode ter, em princípio, alguma importância, mas de tal forma que ela é empiricamente subordinada à atenção que devemos prestar à equidade na distribuição de recursos ou "bens primários", já que esses recursos econômicos e sociais determinam o estado de saúde das pessoas.

Em resposta, podemos começar reconhecendo que o estado de saúde de uma pessoa é influenciado por diversos fatores, que vão além dos sociais e econômicos. Uma abordagem adequada de política para a saúde tem de levar em conta não apenas as influências de fatores sociais e econômicos gerais, mas também uma variedade de outros parâmetros, como deficiências pessoais, predisposições individuais a doenças, riscos epidemiológicos de regiões específicas, influência de variações climáticas etc. Uma teoria apropriada da equidade na saúde tem de dar a estes fatores o que lhes é devido dentro da disciplina da equidade na saúde. Em geral, ao se conceber as políticas de saúde, é necessário distinguir entre a igualdade em realizações da saúde (ou capacidades e liberdades correspondentes) e a igualdade na distribuição do que podem ser genericamente chamados de recursos de saúde. Embora estes tenham relevância, venho defendendo — através de considerações sobre processos — que é a igualdade em realizações da saúde que ocupa o território central da equidade em geral e da equidade na saúde em particular.

86

CONSIDERAÇÕES GERAIS E PROPOSTAS PARTICULARES

Volto-me agora, por último, às questões e debates sobre asserções substantivas a respeito do conteúdo da equidade na saúde. A equidade na saúde deve ser vista, como tenho tentado demonstrar, como uma disciplina ampla, e não como um critério estreito e repetitivo. Assim, há espaço para muitas abordagens distintas dentro da ideia básica de equidade na saúde. Mas a amplitude da noção de equidade na saúde necessita, ela própria, de alguma defesa. Os problemas e dificuldades de tomar uma interpretação particularmente confinada de equidade na saúde não estão tipicamente na relevância do que tal interpretação afirma (isso, geralmente, não está em dúvida), mas no que ela nega. É possível aceitar a significância de uma perspectiva sem assumir que ela justifique a rejeição de outras formas de analisar a equidade de saúde, que também podem ser importantes.

Consideremos a poderosa ideia de Alan Williams (1997, 1998) do "turno equitativo", que se refere — mas substancialmente amplia — à abordagem da equidade na saúde tal como foi desenvolvida por Culyer e Wagstaff (1993). Williams desenvolve seu argumento a favor do turno equitativo com grande cuidado, apontando para a ética que está por trás da abordagem: "a noção do turno equitativo é baseada na visão de que todos nós temos direito a certo nível de realização no jogo da vida, e que todos que não conseguem atingir esse nível não têm sido tratados justamente, enquanto aqueles que o excedem não têm nenhum motivo de se queixar quando seu tempo se acaba" (1998, p. 319).

Desenvolvendo essa ideia, Williams chega à conclusão que "se pensarmos (como eu penso) que uma vida longa justa deveria ser definida em termos de expectativa de vida ao nascer ajustada pela qualidade, e que deveríamos estar preparados para fazer algum sacrifício para reduzir essa desigualdade, é bem plausível calcular-se um conjunto de pesos representando o valor social diferencial da melhora em anos de vida ajustados pela qualidade [QALY] oferecidos a diferentes tipos de pessoas em nossa situação atual". Por meio desse procedimento, Williams captura muito bem a importante questão da equidade relacionada ao fato de que as diferenças em termos de chances de obter um turno equitativo podem ser muito grandes entre as diferentes classes sociais.

Não há dúvida de que essa abordagem é bastante louvável, e em particular parece lidar com a desigualdade entre as classes de uma forma abrangente. No entanto, pode-se perguntar se isto é tudo o que é preciso apreender na aplicação da ideia de equidade na saúde. Para levantar uma questão elementar, permita-me retornar à questão dos menores riscos de saúde e maiores chances de sobrevivência que as mulheres têm em comparação com os homens. Williams nota esse fato e observa que "a diferença na expectativa de vida ao nascer entre homens e mulheres no Reino Unido é até maior que essa diferença entre as classes sociais". Ele vai mais adiante, afirmando que a diferença entre gêneros nos anos de vida ajustados pela qualidade [QALY] é comparativamente menor do que na expectativa de vida não ajustada (as mulheres parecem enfrentar mais dificuldades do que os homens durante a vida), mas também afirma que "enquanto quase 80% das mulheres sobreviverão tempo suficiente para aproveitar um turno equitativo (o que nesse caso calculei em torno de 60 QALYs), menos de 60% dos homens o farão".

Williams aponta, usando essa linha de raciocínio, que "nós, homens, não estamos conseguindo um turno equitativo!" (p. 327). As questões difíceis surgem depois que isso é reconhecido. O que devemos fazer então? Se, como a abordagem do turno equitativo presume, essa compreensão dos fatos deve guiar a alocação de serviços de saúde, então tem de haver desigualdade no serviço de saúde a favor dos homens para restabelecer o equilíbrio. Mas será que queremos, realmente, essa desigualdade? Não há nada na perspectiva da igualdade processual que resista a essa conclusão, que iria contra a provisão de atendimento de saúde com base no gênero da pessoa para uma idêntica enfermidade sofrida por um homem ou por uma mulher?

A questão da diferença entre gêneros ilustra um problema mais geral, ou seja, o de que as diferenças na expectativa de vida ajustada pela qualidade não precisam nos dar justificativa para ignorarmos as exigências de não haver discriminação em certos campos fundamentais de vida, o que inclui a necessidade de cuidados médicos para enfermidades tratáveis. Algumas vezes as diferenças são muito sistemáticas, como no caso dos contrastes de gênero, ou nas diferenças de faixa etária: de fato, como Williams observa, "qualquer que seja o grupo social a que pertençamos, os sobreviventes irão aos poucos melhorar suas chances de conquistar um turno equitativo, e à medida que suas perspectivas melhoram, as ponderações da equidade ligadas a elas devem declinar" (pp. 326-7).

O "turno equitativo" é um argumento persuasivo, mas não é o único. Não nos recusamos, por exemplo, a considerar *Rei Lear* uma tragédia só porque Lear teve, antes de Shakespeare começar sua história, uma vida longa e boa, com muitos "anos de vida ajustados pela qualidade", que representam mais que um "turno equitativo".

Este problema não é exclusivo da proposta de Williams, mas se aplica genericamente a todas as abordagens que insistem em assumir uma visão unidimensional da equidade na saúde em termos de realização da saúde (ou a capacidade de realizar a saúde). Por exemplo, isso se aplica da mesma forma à política descrita por Culyer e Wagstaff (1993) em seu ensaio corretamente elogiado sobre "equidade e igualdade em saúde e atendimento de saúde", no qual eles concluem que "equidade na saúde deveria

[...] acarretar na distribuição de atendimento de tal maneira que se chegasse o mais perto possível de uma distribuição igualitária da saúde". Mas será que realmente deveríamos? Uma checagem de gênero, seguida pela preferência a ser dada a pacientes do sexo masculino, além de outras discriminações explícitas como essas para se chegar "o mais perto possível de uma distribuição igualitária da saúde" pecam pela falta de algumas qualidades que tendemos a associar ao processo de equidade na saúde.

Devo esclarecer que não estou recomendando que se dê prioridade à equidade nos processos em detrimento de todas as outras considerações, inclusive a equidade na saúde e a capacidade de realizar boa saúde. Culyer e Wagstaff estão certos ao resistirem a essa ideia, e eles não teriam feito melhor se tivessem dado absoluta prioridade, em geral, à equidade no atendimento de saúde, sem considerarem as consequências. Eles nos levam não da frigideira para o fogo, mas do fogo para a frigideira. Mas não quero estar nem no fogo nem na frigideira.

A equidade na saúde é uma disciplina ampla e inclusiva, e qualquer critério unifocal como o do "turno equitativo" ou da "distribuição igualitária da saúde" só pode acabar deixando de fora muitas questões relevantes (Anand e Walloo, 2000). Os aspectos assertivos do que Williams, Culyer, Wagstaff e outros recomendaram merecem reconhecimento e apoio, mas isso não implica negar a relevância de outras pretensões (o que eles parecem querer, dada a prioridade incondicional que dão ao critério unifocal).

Para concluir, a equidade na saúde tem muitos aspectos, e é mais bem vista como um conceito multidimensional. Ela inclui questões sobre a realização da saúde e a capacidade de realizar a boa saúde, não apenas sobre a distribuição de atendimento de saúde. Mas ela também inclui a justiça processual e, portanto, deve associar importância à não discriminação na entrega de atendimento de saúde. Além disso, um engajamento adequado com a equidade na saúde também requer que as considerações sobre saúde sejam integradas a questões mais amplas de justiça social e equidade como um todo, prestando a atenção adequada à versatilidade dos recursos e ao alcance e impacto diversos dos diferentes arranjos sociais. Dentro dessa área ampla de equidade na saúde, é possível, claro, propor critérios específicos que colocarão mais foco sobre certas questões e menos em outras. Não estou tentando propor, aqui, alguma fórmula proeminente que seria totalmente certa e superior a todas que poderiam ser propostas (embora fosse, suponho, realmente magnífico poder determinar uma resposta canônica a esta complexa indagação). Meu objetivo, no entanto, tem sido identificar algumas considerações relevantes para a equidade na saúde, e também defender uma posição contrária a todo tipo de estreitamento arbitrário do domínio desse conceito imensamente rico.

A equidade na saúde é uma disciplina ampla, e esse reconhecimento básico tem de preceder a aceitação qualificada de todo critério estreito para propósitos específicos e, eventualmente, funcionais. As fórmulas especiais têm sua utilidade, mas o modelo geral e inclusivo não é, por causa disso, dispensável. Precisamos dos dois.

NOTAS

1. Discuti a necessidade de ordenações incompletas e articulações reticentes em *Collective choice and social welfare* (1970) e "Maximisation and the act of choice" (1997).

2. A importância da distinção entre saúde e atendimento de saúde para a determinação de políticas públicas tem sido bem discutida, entre outros temas, por Ruger (Jennifer Prah Ruger, "Aristotelian justice and health policy: Capability and incompletely theorized agreements", Harvard University, dissertação de doutorado, 1998).

3. Este assunto é discutido no capítulo 6.

4. Os intérpretes das estratégias de QALY e DALY têm discutido suas diferenças de forma proeminente em debates recentes entre Nova York e Genebra. Não pretendo, porém, abordar essas diferenças neste ensaio.

5. Em *Health, health care and health economics* (1998), ver Gavin Mooney, "Economics, communitarianism, and health care"; Claude Schneider-Bunner, "Equity in managed competition"; Han Bleichrodt, "Health utility indices and equity considerations"; Jeremiah Hurley, "Welfarism, extra-welfarism and evaluative economic analysis in the health sector"; Thomas Rice, "The desirability of marked-based health reforms: A reconsideration of economic theory".

REFERÊNCIAS

Anand, P., e Walloo, A. (2000). "Utilities versus right to publically provided goods: Arguments and evidence from health care rationing." *Economica*, 67: 543-77, 666.

Anand S., e Hansen K. (1997). "Disability adjusted life years: A critical review." *Journal of Health Economics*, 16 (6): 685-702.

Anand S., e Hansen K. (1998). "DALYs: Efficiency versus equity." *World Development*, 26 (2): 307-10.

Barer, M. L., Getzen, T. E., e Stoddart, G. L. (eds.) (1998). *Health, health care and health economics*. Nova York: Wiley.

Culyer A. J. (1995). "Equality of what in health policy? Conflicts between contenders." *Discussion Paper*, n. 142, Centre for Health Economics, University of York.

Culyer A. J., e Wagstaff A. (1993). "Equity and equality in health and health care." *Journal of Health Economics*, 12: 431-57.

Marmot, M. G., Bobak, M., e Davey Smith, G. (1995). "Explorations for social inequalities in health." In *Society and health* (eds. Amick B. C., Levine S., Tarlov A. R., e Chapman, D.). Londres: Oxford University Press.

Marmot, M. G., Davey Smith, G., Stansfeld, S. A. et al. (1991). "Health inequalities among British civil servants: The Whitehall II study." *The Lancet*, 337: 1387-93.

Murray, C. J. L., (1994). "Quantifying the burden of disease: The technical basis for disability adjusted life years." *Bulletin of World Health Organization*, 72.

Murray, C. J. L., e Lopez A. D. (1996). *The global burden of disease*. Cambridge, MA: Harvard University Press.

Organização Mundial da Saúde (2000). *World Health Report*. Genebra: OMS.

Rawls, J. (1971). *A theory of justice*. Cambridge, MA: Harvard University Press.

Sen, A. (1970). *Collective choice and social welfare*. San Francisco: Holden-Day (republicado, Amsterdã: North-Holland, 1979).

Sen, A. (1980). "Equality of what?" In *Tanner Lectures on human values*, vol. I (ed. McMurrin, S.). Cambridge: Cambridge University Press.

Sen, A. (1985). "Well-being, agency and freedom: The Dewey Lectures 1984." *Journal of Philosophy*, 82: 169-221.

Sen, A. (1992). *Desigualdade reexaminada*. Rio de Janeiro: Record, 2001.

Sen, A. (1997). "Maximisation and the act of choice." *Econometrica*, 65: 745-79.

Sen, A., (2000). "Consequential evaluation and practical reason." *Journal of Philosophy*, 97: 477-502.

Wilkinson, R. G. (1996). *The unhealthy societies: The afflictions of inequality*. Nova York: Routledge.

Williams, A. (1997). "Intergenerational equity: An exploration of the 'fair innings' argument." *Journal of Health Economics*, 6: 117-32.

Williams A. (1998). "If we are going to get fair innings, someone needs to keep the score." In *Health, health care and health economics* (eds. Barer, M. L., Getzen, T. E., e Stoddart, G. L.). Nova York: Wiley, p. 330.

6. Mortalidade como um indicador de sucesso e fracasso econômico*

Sinto-me muito honrado por esta oportunidade de proferir a primeira Conferência Innocenti.** A folha de serviços dedicados e construtivos prestados pela Unicef às crianças mais necessitadas do mundo através de programas imaginosos, bem concebidos e eficientes tem merecido grande admiração pelo mundo afora. É também um prazer fazer esta conferência na linda cidade de Florença, e especificamente neste maravilhoso edifício, com sua própria e distinta história.

A ocasião, no entanto, é triste para mim. Depois que esta conferência foi programada, perdemos James Grant, o grande lí-

---

* O autor é grato a Jean Drèze, Giovanni Andrea Cornia e Michael Ellman pelas proveitosas conversas travadas com eles. Também deseja agradecer aos Suntory and Toyota International Centres for Economics and Relates Disciplines (Sticerd), da London School of Economics, pelos meios oferecidos para a pesquisa realizada para este trabalho. As opiniões expressadas nesta conferência são do autor e não refletem necessariamente os posicionamentos ou concepções da Unicef.

** As Conferências Innocenti são uma das atividades do Centro de Pesquisa Innocenti, da Unicef, sediado em Florença e criado em 1988 para ampliar a capacidade de pesquisa da Unicef. (N. T.)

der do Fundo das Nações Unidas para a Infância (Unicef), que ganhou a admiração de todos que o conheceram pessoalmente, e também daqueles que o conheceram através de seu trabalho — suas notáveis e significativas realizações. Jim foi uma figura que muito inspirou a todos nós.

Pessoalmente, lembro-me de ter sido carinhosamente encorajado por James Grant quase duas décadas atrás, quando eu tentava estudar a fome e a privação econômica e social geral. A última vez que o vi foi em um encontro em Harvard menos de um ano atrás — um encontro em sua homenagem. Jim já estava muito doente, mas, em sua resposta aos discursos que celebravam sua pessoa, conseguiu transmitir muito otimismo — um otimismo bem refletido que nunca o abandonou, desde o momento em que identificou o quão terrível era o mundo, como precisava de mudanças, e como essas mudanças poderiam de fato ser alcançadas. Sentiremos sempre sua falta, mas a melhor forma de homenageá-lo será dar continuidade e apoio à obra que ele tão robustamente iniciou.

O aspecto mais terrível da situação que James Grant identificou não é primariamente o da "pobreza", definida em termos de baixo poder aquisitivo. Existe, é claro, muita pobreza neste mundo em que vivemos. Muito pior que isso é o fato de tantas pessoas — inclusive crianças de classes sociais desprivilegiadas — serem forçadas a levar vidas miseráveis e precárias e a morrer prematuramente. Essa situação se relaciona em geral a baixa renda, mas não somente. Ela também reflete uma provisão inadequada de saúde pública e apoio nutricional, deficiência de previdência social e ausência de responsabilidade social e de governança cuidadosa.

Uma mudança massiva pode ser alcançada por meio de programas bem concebidos de intervenção pública e de esforços nacionais e internacionais, e esse trabalho pode frutificar antes mesmo que o nível geral de renda possa ser radicalmente elevado. É essa combinação de otimismo e realismo que levou Jim Grant a organizar ação pública e programas internacionais para reduzir a doenças passíveis de prevenção, a subnutrição evitável e a mortalidade desnecessária. Os sucessos conquistados têm sido amplos e magníficos.

No processo desse intenso trabalho prático, Grant também proporcionou uma eficiente reorientação do conceito de pobreza. Em vez de concebê-la em termos de estatísticas frias e não raro desarticuladas de baixa renda, ele via a pobreza à luz dos fatos diretamente relevantes e imediatamente concretos de vidas diminuídas, existências agonizantes e mortes fora de hora. Essa é uma real mudança de perspectiva. Esta conferência é em parte uma tentativa de explorar essa abordagem sagaz de forma mais explícita.

Em outros estudos (Sen, 1980, 1985a, 1985b, 1987a, 1992a), tentei apresentar a ideia de que no julgamento do benefício ou privação de uma pessoa, temos de transferir nossa atenção de uma exclusiva concentração em renda e bens consumíveis (frequentemente usados em análises econômicas) para as coisas que têm valor intrínseco para as pessoas. Renda e bens consumíveis são valorizados, sobretudo como "instrumentos" — como meios para outros fins. Nós os desejamos pelo que podemos fazer com eles; possuir bens ou renda não tem valor em si mesmo.

Na verdade, buscamos renda primeiramente pela ajuda que ela pode nos proporcionar na obtenção de uma boa vida — uma vida que tenhamos motivos para valorizar. Essa visão sugere que nos concentremos nas características da qualidade de vida, a qual — como Aristóteles analisou (em *Ética a Nicômaco* e na *Política*) — consiste de funcionamentos específicos: o que podemos *fazer* e *ser*. Desde que um aumento na renda desde níveis muito baixos ajude uma pessoa a ser mais bem nutrida, e não esfomeada e excluída (possivelmente morta), uma renda mais alta seria instrumentalmente válida. Por outro lado, ser capaz de evitar inanição, fome e morte prematura é válido em si mesmo.

Essa perspectiva alternativa sugere que ao avaliar vantagem e desvantagem deveríamos olhar para a possibilidade de a pessoa fazer e ser o que tem motivos para valorizar — as "capacidades" de cada pessoa. Esta "perspectiva da capacidade' conduz a um foco empírico muito diferente daquele que resulta de visões mais ortodoxas na bibliografia da economia da pobreza e do bem-estar, já que renda pessoal baixa é apenas um dos fatores que influenciam a privação das capacidades básicas.[1] A abordagem que fundamenta a obra de Jim Grant tem alguma similaridade com essa perspectiva, embora sua estratégia tenha se baseado não tanto em uma teoria fundacional, mas na razão prática com imediata aplicabilidade.[2]

CONTRAQUESTÕES

Podemos começar com a questão: por que deveria — ou como poderia — a mortalidade ser um indicador de sucesso econômico? As estatísticas de mortalidade, pode-se sugerir, pertencem ao território do demógrafo, não do analista econômico.[3] Economia não tem a ver com mortalidade. Há algum "erro de categoria" aqui?

Certamente, mortalidade não é em si mesma um fenômeno econômico. Mas a conexão está no fato de que as influências que aumentam ou reduzem a mortalidade com frequência têm causas distintamente econômicas, e há, portanto, uma razão autoevidente para não se descartar a mortalidade como um teste de desempenho econômico.

É aqui que devemos começar, mas, para podermos ir além desse pensamento autoevidente, temos de levantar alguns pontos

97

específicos que podem ser usados para questionar esse ponto de vista. Identificarei as seguintes indagações como possíveis pontos de partida dessa inquirição dialética. 1. Por que a redução da mortalidade é tão importante? E quanto a outros objetivos? Por que não olhar para todas as capacidades valiosas e não somente para a conquista de ter escapado da mortalidade? 2. Mesmo se quisermos que nossa análise de políticas seja informada por considerações de mortalidade e morbidade, por que não podemos nos concentrar naqueles aspectos do desempenho econômico (como os de renda nacional e sua distribuição e o nível de pobreza) que se relacionam diretamente a questões como a morbidade e mortalidade, em vez de "extrapolar" e focar na mortalidade em si como critério de desempenho econômico? 3. Não seria melhor olhar para a morbidade em vez de para a mortalidade, já que o sofrimento das pessoas se relaciona com a doença, e depois da morte presume-se que já não haja mais dor? 4. Mesmo que o certo seja de fato olhar para a mortalidade, não será esta uma variável muito lerda para poder ser útil como indicador econômico, já que precisamos de uma variável focal que seja sensível e de resposta rápida, nos permitindo ajustar políticas econômicas em tempo?

Estas são questões sérias e desafiadoras e pretendo me esforçar para respondê-las.

POR QUE A MORTALIDADE É TÃO SIGNIFICATIVA?

É verdade que temos a tendência de aceitar como certa a assim chamada "condição humana" e não ansiamos pela imortalidade com frequência. Embora alguns possam cometer a imprudência de achar que a imortalidade poderia ser até agradável, outros parecem acabar aceitando que ela não só é inalcançável como possivelmente nem seria algo tão bom assim. "Quando me pego ressentido por não ser imortal", confessou Arnold Toynbee (1969), "eu paro, só de pensar na perspectiva de ter de fazer o meu imposto de renda todos os anos infinitamente." Talvez existam perigos até maiores em viver perpetuamente do que o de ter de preencher para sempre os formulários da receita federal (apesar de que no atual clima político dos Estados Unidos este não seja um pensamento nada fácil). Mas como a imortalidade não é uma opção, então a questão é a diferença entre uma vida longa e curta, e em particular a diferença que faz a possibilidade de morrer prematuramente, numa idade comparativamente jovem.

Não há dúvida de que uma vida longa é uma aspiração de todos nós. Embora não seja claramente a única coisa que buscamos, uma vida longa é entre outras coisas algo valorizado universalmente e com muita intensidade. Isso não apenas porque a vida, como estado do ser, tem valor em si mesmo, mas também porque ela é um requisito necessário para a realização dos planos e projetos que temos nossos motivos para valorizar. Os mortos não podem fazer mais nada. Como Andrew Marvell disse à sua "esquiva dama", mais de três séculos atrás: "O túmulo é um aposento íntimo, sem jaça,/ Mas pessoa alguma, que eu saiba, ali se abraça".*

Não sei o quão "esquiva" a dama de Marvell era de fato, nem a importância de tal "abraço" na sua vida, mas ele estava certo ao sugerir que damos valor à vida pelas coisas que podemos fazer enquanto vivos. O valor da vida deve refletir a importância das diversas capacidades para as quais ela é um requisito necessário.

---

* Sobre a tradução desse poema, ver nota na p. 85. (N. T.)

As grandes mudanças na mortalidade que continuam a acontecer pelo mundo não envolvem a extensão da vida a longevidades extremas, mas relacionam-se à prevenção da mortalidade prematura — de bebês, de crianças e de adultos jovens ou de meia idade. O Eclesiastes provavelmente estava certo ao afirmar que há "um tempo para nascer e um tempo para morrer", mas muitas das mortes que poderiam ser evitadas na verdade ocorreram — como Jim Grant sabia tão bem — muito antes da "hora de morrer".

Não pretendo com isso negar que possa haver bons motivos para que uma pessoa busque terminar sua própria vida (por exemplo, quando está passando por intensa dor e sofrimento, sem chance de recuperação), mas aqueles que estão menos doentes e menos miseráveis também têm em geral a tendência de viver mais longamente. Portanto, a extensão da expectativa de vida não tem apenas, tipicamente, valor em si mesma, mas também por suas características *associadas* (como a diminuição da morbidade).

Devo voltar, agora, à relação entre mortalidade e morbidade, mas o ponto mais geral sobre as características associadas também se aplica a outros correlativos da morbidade, inclusive variáveis tais como alfabetização de adultos, educação feminina, taxa de natalidade, taxa de fertilidade etc., que não são tão diretamente ligadas à mortalidade como o é a morbidade.[4]

A questão aqui não é tanto a de afirmar que a expectativa de vida pode também adequadamente representar esses outros avanços, mas apenas que pode haver com frequência uma tensão relativamente limitada entre a vantagem de elevar a expectativa de vida e muitas outras realizações elementares centrais para o processo de desenvolvimento. Não se trata de negar a possibilidade de conflito potencial entre longevidade e outros elementos constitutivos da qualidade de vida. Mas a extensão desse conflito é em grande parte moderada pelas relações positivas entre várias das capacidades mais básicas.

Essas conexões causais e associativas são importantes de notar, pois os dados de mortalidade são mais prontamente disponíveis do que as informações sobre muitos dos outros tipos de conquistas relacionadas. No contexto prático, esta pode ser uma consideração muito importante e em parte motivou, sem dúvida, a poderosa e pungente utilização por James Grant da informação de mortalidade (embora ele também tenha usado outros dados possíveis de obter, como a frequência de doenças evitáveis e de subnutrição).

A significância da informação sobre mortalidade está, portanto, em uma combinação de considerações, que incluem: 1) a importância intrínseca que associamos — e temos razões para associar — à vida, 2) o fato de que muitas outras capacidades que valorizamos são contingentes à nossa condição de estarmos vivos, e 3) mais o fato de que os dados específicos sobre a mortalidade por idade podem, até certo ponto, servir como uma medida aproximada dos fracassos e avanços associados, os quais podem ser importantes para nós.

POR QUE NÃO SOMENTE AS VARIÁVEIS ECONÔMICAS?

É certamente verdadeiro que as taxas de mortalidade são afetadas pela pobreza e pela privação econômica. A renda pessoal é inquestionavelmente um determinante básico da sobrevivência ou morte, e mais genericamente da qualidade de vida de uma pessoa. Entretanto, a renda é somente uma variável entre muitas que afetam nossas chances de desfrutar a vida, e algumas dessas outras variáveis são também influenciáveis pela política econômica.

O Produto Nacional Bruto *per capita* pode ser um bom indicador da renda média real de uma nação, mas as rendas verdadeiras usufruídas pelas pessoas vão depender também do padrão distributivo da renda nacional. E também a qualidade de vida de uma pessoa depende não meramente de sua renda pessoal, mas também de várias condições físicas e sociais. Por exemplo, a atmosfera epidemiológica em que se vive pode ter um impacto bastante substancial sobre a morbidade e a mortalidade. A disponibilidade de atendimento de saúde e a natureza do seguro médico — público e privado — estão entre as influências mais importantes sobre a vida e a morte. Da mesma forma outros serviços sociais, incluindo educação básica, ordenamento da vida urbana, acesso à ciência médica moderna. Existem, portanto, muitos fatores não incluídos na contabilidade da renda pessoal que podem estar envolvidos de forma importante na vida e na morte dos indivíduos. O ponto aqui não é a irrelevância de variáveis econômicas como renda pessoal (elas certamente não são irrelevantes), mas sua severa inadequação na apreensão de muitas das influências causais sobre a qualidade de vida e as chances de sobrevivência das pessoas.

CRESCIMENTO DO PIB *PER CAPITA* E EXPECTATIVA DE VIDA NA GRÃ-BRETANHA

Para ilustrar, considere a Figura 1, que apresenta o crescimento por década do Produto Interno Bruto *per capita* real no Reino Unido para cada uma das seis primeiras décadas do século xx e também o crescimento por década na expectativa de vida ao nascer para cada uma dessas seis décadas na Inglaterra e no País de Gales.[5]

Há dois aspectos bastante notáveis nessas experiências de expectativa de vida. O primeiro é que o aumento do padrão da expectativa de vida é quase exatamente oposto à expansão do

FIGURA 1. Crescimento por década do PIB *per capita* real (Reino Unido) e aumento por década da expectativa de vida ao nascer (Inglaterra e País de Gales), 1901-60

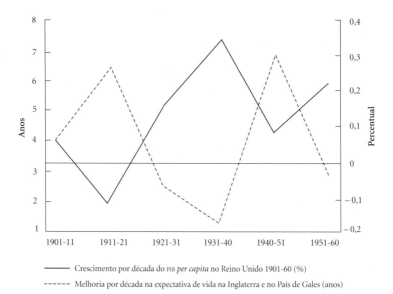

—— Crescimento por década do PIB *per capita* no Reino Unido 1901-60 (%)
------ Melhoria por década na expectativa de vida na Inglaterra e no País de Gales (anos)

Fontes: Os dados sobre crescimento são de Madison (1982) e a informação sobre expectativa de vida é de Preston et al. (1972).

Produto Interno Bruto *per capita*. Qualquer que tenha sido o motivo que levou a grandes avanços em algumas décadas, certamente não foi o crescimento econômico mais rápido nelas registrado. É possível, claro, sugerir que a explicação está em uma relação retardatária, de modo que os aumentos no PIB *per capita* em uma década podem ser vistos como determinantes dos avanços correspondentes na expectativa de vida na década seguinte. Essa possibilidade não pode ser excluída com base nesses dados apenas, mas na verdade ela não é muito consistente com outras informações que temos sobre a relação entre mudanças de renda e taxas de mortalidade.

Uma luz interessante sobre os movimentos de aumento da longevidade é fornecida pelos eventos das respectivas décadas.

Nesse sentido, pode ser útil dar uma olhada na Figura 2. Aumentos de expectativa de vida são razoavelmente moderados (adição de um a quatro anos) para cada década, *exceto* nas décadas de 1911-21 e 1941-51, quando esses aumentos pularam para quase sete anos por década. Essas foram, como sabemos, as décadas de guerra. A expectativa de vida ao nascer mal poderia ter aumentado por causa das guerras mesmas. É evidente que os dados da expectativa de vida no início e no final de cada década não refletem a mortalidade na guerra, pois eles são calculados em termos de mortalidade específica por idade no *ponto* de observação, ou seja, em 1921 e 1951, no final das décadas de guerra. A pergunta é: por que as taxas de mortalidade específicas por idade caíram tão depressa entre o começo e o final das décadas de guerra?

A explicação, como tentei comentar em outros trabalhos (Sen, 1987b; Drèze e Sen, 1989), quase certamente está na melhoria da distribuição de alimentos e serviços de saúde públicos através

FIGURA 2. Melhoria na expectativa de vida na Inglaterra e no País de Gales, 1901-60

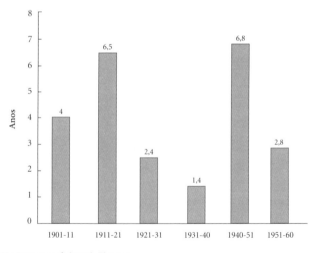

Fonte: Ver Preston et al. (1972), Figura 1.

destas décadas, eventualmente associados aos esforços de guerra. Embora o suprimento total de alimentos por pessoa tenha caído durante as guerras, a incidência de subnutrição também *declinou* por causa do uso mais eficiente dos sistemas de distribuição públicos associados com os esforços de guerra e a distribuição mais igualitária de alimentos através dos sistemas de racionamento.[6] O Serviço Nacional de Saúde também emergiu na Grã-Bretanha na década de 1941-51. Também é possível, como Jay Winter (1986) afirma, que tenha havido mais espírito de compartilhamento nos anos de guerra, e mais ações cooperativas podem ter ocorrido em tais períodos. Então, estamos vendo as influências nas taxas de mortalidade que se referem à organização econômica e ao ambiente social, e não apenas o nível médio da renda real *per capita*.

RENDA E EXPECTATIVA DE VIDA: COMPARAÇÕES DE CORTE TRANSVERSAL

A Figura 2 pode, é claro, dar a impressão de que o crescimento econômico é ruim para a expectativa de vida e este pensamento deve também ser evitado. De fato, há muitas evidências de que os aumentos da expectativa de vida estão em geral positivamente associados ao crescimento econômico, *dadas outras suposições*, mas estas suposições também são matéria de política econômica e, portanto, necessitam ser consideradas nas decisões sobre políticas.

Em Drèze e Sen (1989),[7] fizemos uma distinção entre dois tipos de sucesso na rápida redução da mortalidade, que chamamos respectivamente de processos "mediados pelo crescimento" e "induzidos por assistência". O primeiro opera principalmente através do rápido crescimento econômico, tendo como bons exemplos a redução da mortalidade na Coreia do Sul e em Hong

Kong. Seu sucesso depende de um processo de crescimento ter ampla base e ser participativo (a orientação para o emprego tem muito a ver com isso), e também de os recursos gerados pelo crescimento econômico serem utilizados para expandir serviços sociais relevantes (geralmente no setor público), em particular o atendimento de saúde e educação.

Nesse contexto, vale a pena mencionar uma relação estatística para a qual Sudhir Anand e Martin Ravallion (1993) encontraram considerável evidência. Eles descobriram, com base em comparações entre países, que a expectativa de vida tem uma relação significativamente positiva com o PNB *per capita*, mas que a relação funciona sobretudo através do impacto do PNB sobre (1) a renda especificamente dos pobres e (2) o gasto público, especificamente cm saúde pública. De fato, assim que essas duas variáveis são incluídas na relação estatística, a conexão entre PNB *per capita* e expectativa de vida desaparece por completo.

Isso não implica, claro, dizer que a expectativa de vida não aumenta com o crescimento do PNB *per capita*, mas indica que a conexão funciona através do gasto público em atendimento de saúde e remoção de pobreza. Isso também ajuda a explicar por que alguns lugares, como a Coreia do Sul e Hong Kong, têm podido elevar a expectativa de vida tão rapidamente por meio do crescimento econômico (com os frutos do crescimento sendo largamente compartilhados através de seu caráter participativo — relacionado parcialmente à natureza orientada para o emprego daquele crescimento — e do uso dos recursos gerados para a expansão do atendimento de saúde) enquanto outros — como o Brasil — têm sido mais lentos na expansão da expectativa de vida, apesar de suas rápidas taxas de crescimento econômico.

Em contraste com o mecanismo "mediado pelo crescimento", o processo "induzido por assistência" não opera através do crescimento econômico rápido. Ele é bem exemplificado por lugares como Sri Lanka, a China pré-reforma, Costa Rica, ou o estado indiano de Kerala, que tiveram reduções muito rápidas nas taxas de mortalidade sem muito crescimento econômico. Esse é um processo que não espera por crescimentos dramáticos dos níveis *per capita* de renda real, e funciona através da prioridade dada ao fornecimento de serviços sociais (particularmente o atendimento de saúde e a educação básica), que reduzem a mortalidade e aumentam a qualidade de vida.

Mas como pode o processo "induzido por assistência" funcionar em países pobres, se recursos são, com certeza, necessários para expandir os serviços públicos, inclusive o atendimento de saúde e a educação? De onde vai vir o dinheiro? Na verdade, este processo é viável apesar da pobreza dos países de baixa renda exatamente porque os serviços sociais mais relevantes (como atendimento de saúde e educação) usam mão de obra intensivamente e, portanto, são relativamente baratos nas economias pobres e de baixos salários.[8] Uma economia pobre pode ter menos dinheiro para gastar em atendimento de saúde e educação, mas ela também precisa de menos dinheiro para fornecer os mesmos serviços que custariam muito mais em países ricos. Preços e custos relativos são parâmetros importantes ao determinar o que um país pode gastar, se houver um compromisso político apropriado.

Também é importante notar, nesse contexto, que apesar da conexão geral entre renda real *per capita* e expectativa de vida, que se reflete em muitas comparações entre países, existem lacunas significativas nessa relação. A Figura 3 compara PNB *per capita* e expectativa de vida em algumas economias selecionadas. É bastante intrigante perceber que as populações do Sri Lanka, China e o estado indiano de Kerala têm longevidade muito mais alta do que as da África do Sul, Brasil e Gabão, embora o PNB *per capita* destas economias seja muitas vezes mais alto do que o daquelas. Estas economias exibem sucessos de organização econômica

FIGURA 3. PNB *per capita* (em dólares americanos) e expectativa de vida ao nascer em alguns países selecionados, 1992

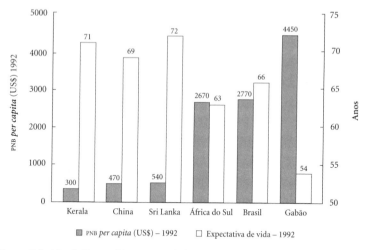

Fontes: Relatórios de Desenvolvimento Mundial (Banco Mundial) e Relatórios de Desenvolvimento Humano (Programa das Nações Unidas para o Desenvolvimento — PNUD).

de um tipo que não é visto nas primeiras. Esses contrastes são de considerável relevância política e demonstram a importância do processo "induzido por assistência" (mais do que o "mediado pelo crescimento").

DESIGUALDADE DE GÊNERO E MORTALIDADE DIFERENCIAL

A existência de um forte preconceito de gênero contra as mulheres (e contra as meninas pequenas, em particular) tem sido muito discutida na bibliografia sobre desenvolvimento.[9] O preconceito de gênero é, porém, muito difícil de identificar, pois várias das discriminações são sutis ou ocultas, e localizam-se no cerne dos comportamentos familiares mais íntimos. Informação sobre mortalidade pode ser usada para iluminar alguns dos aspectos mais comuns da desigualdade relacionada ao gênero. De fato, mesmo a simples estatística do número de mulheres em relação ao de homens na população total pode proporcionar algumas ideias sobre a discriminação de longo prazo contras as mulheres em muitas sociedades.

Acredita-se com frequência que deve haver mais mulheres do que homens no mundo, pois este é o caso na Europa e na América do Norte, que têm em média uma proporção de mulheres para homens de 1,05 aproximadamente. Na verdade, existem aproximadamente apenas 98 mulheres para cada cem homens no mundo como um todo. Essa diferença no número de mulheres é mais aguda na Ásia e no norte da África. Por exemplo, o número de pessoas do sexo feminino para cada cem do sexo masculino no total da população é: 97 no Egito e Irã, 95 na Turquia, 94 na China, 93 na Índia, 92 no Paquistão e 84 na Arábia Saudita (embora as últimas estatísticas tenham mostrado uma diferença menor por causa da presença de trabalhadores imigrantes do sexo masculino que vieram de outros lugares para trabalhar na Arábia Saudita). A Figura 4 mostra as proporções dos sexos masculino e feminino em diferentes regiões do mundo, onde se pode ver como são variáveis. Taxas de mortalidade diferenciadas de mulheres e homens — hoje e no passado — têm muito a ver com essas diferenças na "proporção entre homens e mulheres" na população.

Quando oferecidos atendimento de saúde e outras formas de cuidado similares, as mulheres tendem a ter uma taxa de mortalidade menor do que os homens em quase todas as faixas etárias. Isso parece ter uma base biológica (até abortos de fetos femininos têm uma probabilidade menor de ocorrer comparados com os de fetos masculinos), embora o diferencial seja algumas vezes aumentado por influências sociais como, por exemplo, a propensão maior de homens morrerem de causas violentas, e,

FIGURA 4. Proporção entre mulheres e homens no total da população

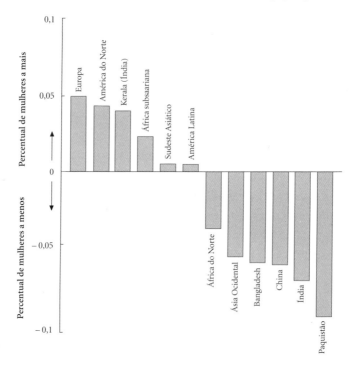

Fontes: Sen (1993a) e as fontes de dados lá citadas.

até recentemente, a incidência maior do hábito do fumo entre homens do que entre mulheres. Em todos os lugares do mundo, nascem mais bebês do sexo masculino do que do sexo feminino (isso pode ser, de certo modo, uma forma de a natureza compensar as chances menores de sobrevivência dos meninos), mas a proporção do sexo masculino continua caindo à medida que nos movemos para faixas etárias mais altas devido às taxas maiores de mortalidade entre os homens. O número maior de mulheres do que de homens na população da Europa e da América do Norte resulta principalmente da chance maior de sobrevivência das mulheres, embora esse excedente, de certo modo, também tenha sido causado pela maior mortalidade de homens nas guerras recentes, envolvendo os povos europeus (principalmente na Segunda Guerra Mundial) e os norte-americanos (sobretudo as guerras da Coreia e do Vietnã).

No entanto, devido ao "preconceito de gênero" contra as mulheres em muitas partes do mundo, as mulheres recebem menos atenção e atendimento do que os homens, e as meninas, particularmente, recebem muito menos suporte do que os meninos. Como consequência disso, as taxas de mortalidade feminina excedem com frequência as de mortalidade masculina naqueles países. As variações entre mulheres e homens na Figura 4 refletem essas diferenças em operação por longo tempo.[10]

Para se ter uma ideia da magnitude do fenômeno, é possível calcular, usando-se um de vários métodos, o número de "mulheres faltantes" como resultado de elevação diferencial de mortalidade feminina relacionada ao preconceito de gênero.[11]

Em princípio, o conceito de "mulheres faltantes" é uma tentativa de quantificar a diferença entre o número real de mulheres nesses países comparado com o número que seria de esperar na ausência de preconceito de gênero. Por exemplo, se tomamos a proporção de mulheres em relação aos homens na África subsaariana como padrão (há relativamente pouco preconceito de gênero em termos de atendimento de saúde e status social na África subsaariana), então aquela proporção de 1,02 pode ser usada para calcular o número de mulheres faltantes em países com número reduzido de mulheres.

Outros padrões também podem ser usados, e mais ambiciosamente é possível estimar a diminuição provável nas taxas de mortalidade específicas por idade para as mulheres se tivessem tido acesso ao mesmo atendimento que os homens. As técnicas de estimativa podem variar, mas a motivação básica é a de ter uma ideia do significado quantitativo do número que falta de mulheres por causa da assimetria de gênero, dado pela diferença entre 1) o número de mulheres que se poderia esperar naquele país se não houvesse preconceito de gênero em matéria de vida e morte (ou suposições "contrafactuais" específicas) e 2) o número real de mulheres naquele país (como observado).

Por exemplo, com a proporção entre mulheres e homens na China de 0,94, há uma diferença total de 8% (da população masculina) entre aquela proporção e o padrão subsaariano usado para comparação, ou seja, 1,02. Tomando a população total da China, de 1,162 bilhões em 1992, podemos dizer que há um total de 563 milhões de mulheres e 599 milhões de homens. O número de "mulheres faltantes" seria então de 8% da população masculina, de 599 milhões. Isso nos dá um número de 48 milhões de mulheres faltantes na China em 1992.[12]

As estatísticas completas de números dramaticamente altos de "mulheres faltantes" e das variações na proporção entre mulheres e homens em diferentes partes do mundo nos chamam fortemente a atenção para a necessidade de nos dirigirmos às causas desse processo. A razão imediata é, claro, o descuido com os interesses das mulheres (em saúde, educação e outros aspectos do bem-estar) na alocação de recursos na família e na sociedade.

Mas o que causa esse descuido relativo? Alguns veem esse fenômeno como o resultado de um menor "poder de barganha" por parte das mulheres nos arranjos familiares, e alguns vão localizar essa diferença no passado, desde a organização das sociedades primitivas, as quais teriam dado uma grande importância à força física e à habilidade da caça e da coleta de alimentos. Outros veem o fenômeno como consequência da grande vulnerabilidade que resulta da gravidez e amamentação.

Nenhuma dessas explicações é realmente satisfatória e algumas delas tendem a racionalizar o que podem ser nada mais do que costumes e preconceitos que teriam sobrevivido de um passado difícil de compreender. Ao explicar a preferência de meninos sobre as meninas nas sociedades contemporâneas, alguns têm apontado o potencial mais alto de ganho dos meninos e também a possibilidade de que os pais possam ter mais apoio de filhos do sexo masculino.[13] Aqui, novamente, fica difícil encontrar com certeza uma boa explicação para as terríveis desigualdades observadas nas relações entre os gêneros.

Acho que é importante distinguir entre a *origem* do preconceito de gênero e sua *sobrevivência continuada*. É muito difícil especular sobre as origens de um fenômeno como esse quando ele se mantém, ao que parece, por vários milhares de anos. Porém, a sobrevivência continuada desse preconceito é mais discutível. Nesse contexto, na minha própria tentativa de compreender esses fenômenos, tenho tentado levar em conta tanto 1) as influências sociais de convenções e preconceitos estabelecidos quanto 2) as influências econômicas de oportunidades desiguais oferecidas aos homens *vis-à-vis* às mulheres, levando-se especialmente em conta a maneira pela qual a sociedade é atualmente organizada.[14]

A importância da cooperação no sucesso da vida familiar (argumento baseado na eficiência) pode ser utilizada em uma situação de assimetria social e preconceito para obrigar as mulheres a cooperarem em termos muito desiguais (de forma muito injusta). Esse é um problema geral que se aplica até mesmo na Europa e na América do Norte em várias áreas (como a divisão de tarefas familiares, a provisão de apoio para treinamento de alto nível etc.), mas em países mais pobres a desvantagem das mulheres pode até aplicar-se às áreas básicas do atendimento de saúde, apoio nutricional e educação elementar. O descuido com as meninas e bebês do sexo feminino pode estar, em geral, relacionado ao status social inferior das mulheres.[15]

Do ponto de vista de políticas públicas, é preciso examinar não apenas a gênese do preconceito antifeminino, mas também as influências possíveis que podem ajudar a mudar a situação. Aparentemente, o que faz grande diferença é a disseminação da educação, especialmente a educação feminina. Na mudança histórica do papel e da posição da mulher na Europa, a disseminação da educação desempenhou, ao que parece, um papel dos mais importantes. Outro fator é a independência econômica das mulheres, o que depende por sua vez tanto da natureza dos direitos de propriedade quanto das oportunidades de emprego remunerado abertas às mulheres. Outro é o direito à propriedade para mulheres (incluindo a propriedade de terras). As estatísticas de mortalidade relacionadas às diferenças de gênero sugerem a necessidade de examinar e escrutinizar essas diferentes relações.

POSSIBILIDADES DE POLÍTICAS PÚBLICAS: O CASO DE KERALA

Um caso extremamente importante para ser examinado nesse contexto é o do estado de Kerala, na Índia. É um estado bastante grande em área, com 29 milhões de habitantes (mais do que o Canadá) e sua experiência não deve ser desprezada só pelo fato de ser um estado dentro de um grande país, em vez de ser ele próprio um país (a população de Kerala é, na verdade, maior do que a da maioria dos países do mundo). Como se pode verificar na Figura 4, a proporção entre mulheres e homens em Kerala é de 1,04 (similar à da Europa e América do Norte — e maior do que a verificada no "padrão" da África subsaariana) e lá não há "mulheres faltantes", no sentido definido neste estudo.[16] E, no entanto, o nível do PIB ou PNB não é particularmente alto em Kerala. Na verdade, o produto interno bruto de Kerala é inferior à média já muito baixa para a Índia como um todo. Há aqui uma questão econômica e social de grande interesse, que é capturada pelas estatísticas de mortalidade e sobrevivência, e isso nos leva bem além do quadro de avanços em termos de padrões econômicos, tais como o PNB ou PIB *per capita.*

Várias linhas de explicação sobre a ausência de preconceito de gênero em Kerala têm sido discutidas na bibliografia específica.[17] É plausível argumentar que o sucesso de Kerala refere-se a seu alto nível de educação básica. As taxas de alfabetização entre mulheres adultas estão em torno de 86%, e entre mulheres jovens, perto de 100%.[18] O estado tem também uma proporção alta de mulheres empregadas em cargos remunerados e de responsabilidade.

Além disso, parte da comunidade de Kerala — a casta dos Nairs — teve por um longo tempo uma tradição de herança matrilinear de propriedade.[19] A política no estado teve também uma forte dose de radicalismo por muito tempo, com um impacto direto nesse sentido. O movimento educacional ali tem sido também muito auxiliado pelo ativismo da política de esquerda (o movimento comunista, bastante forte em Kerala, tem sido mais pró-educação do que em outros lugares na Índia).[20] Essas diferentes linhas de explicação — com seus respectivos interesses quanto a políticas — são sugeridas para consideração pela natureza distinta das estatísticas de mortalidade de Kerala.[21]

A experiência de Kerala sugere que o "preconceito de gênero" contra as mulheres pode ser radicalmente mudado pela ação pública envolvendo tanto o governo quanto o próprio público — especialmente através da educação feminina, de oportunidades para as mulheres obterem empregos de responsabilidade, de direitos legais sobre a propriedade para as mulheres e de políticas igualitárias esclarecidas. De forma correspondente, o problema das "mulheres faltantes" pode também ser amplamente solucionado por meio de programas sociais e radicalismo político. Movimentos de mulheres podem desempenhar um papel importante na realização desse tipo de mudança e na obtenção de maior atenção por parte do processo político, em países pobres, para as profundas desigualdades que afetam as mulheres. Também é interessante notar, nesse contexto, que variáveis estreitamente econômicas, como PNB e PIB *per capita*, nas quais grande parte do padrão da economia do desenvolvimento se concentra, proporcionam um quadro muito enganoso do progresso econômico e social.

ESTATÍSTICAS DE MORTALIDADE E DESIGUALDADES RACIAIS

Dados sobre mortalidade e sobrevivência também podem ser usados para levantar questões apontadas sobre a natureza e alcance da desigualdade entre grupos raciais, por exemplo, nos Estados Unidos. A extensão da pobreza dos afro-americanos nos Estados Unidos pode vir a surpreender, principalmente àqueles que tendem a se concentrar, sobretudo, nos dados econômicos, tais como a renda *per capita*. A Figura 5 mostra as frequências de sobrevivência até diversas idades específicas de 1) afro-americanos do sexo masculino (isto é, de homens negros dos Estados Unidos) e 2) residentes do Harlem do sexo masculino (uma área majoritariamente negra de Manhattan), comparadas com números não somente referentes a brancos americanos, mas também a cidadãos da China, Kerala e até de Bangladesh (nos anos 1980).

Não é de surpreender que as chances de sobrevivência sejam muito piores para os afro-americanos em geral, e para os residentes do Harlem em particular, em comparação com a população branca dos Estados Unidos, mas ambos os grupos ficam atrás da população correspondente da China e de Kerala também. Os homens do Harlem são ultrapassados em termos de sobrevivência até mesmo pelo povo faminto de Bangladesh. Apesar de os

FIGURA 5. Variações nas taxas de sobrevivência masculina por sexo e região

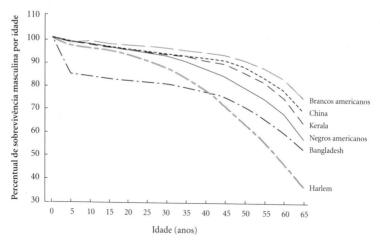

Fonte: Sen (1993a), que também explica as fontes de dados.

altos níveis de mortalidade infantil tornarem a princípio piores as chances de Bangladesh, os altos índices de mortalidade por idades específicas do Harlem fazem com que as chances cumulativas de sobrevivência destes afundem para abaixo dos índices referentes aos homens da faixa etária de mais de trinta anos de Bangladesh. Por outro lado, qualquer comparação referente à renda *per capita* revela que os moradores do Harlem são bem mais ricos do que os de Bangladesh (e também do que a população chinesa e de Kerala).

A Figura 6 apresenta comparação similar para o sexo feminino. Nesse caso, o Harlem está em situação melhor do que a de Bangladesh, embora muito pior do que a das brancas americanas e também das chinesas e mulheres de Kerala. A margem do Harlem sobre Bangladesh está relacionada de perto à alta mortalidade infantil feminina nesta última (um dos aspectos do fenômeno de preconceito de gênero, conforme discutido anteriormente). A distância entre as mulheres do Harlem e de Bangladesh vai se es-

FIGURA 6. Variação nas taxas de sobrevivência feminina por sexo e região

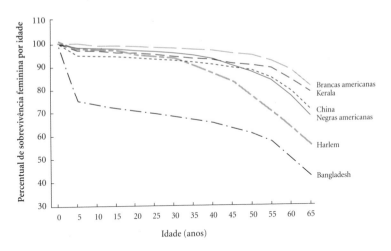

Fonte: Idem Figura 5.

treitando invariavelmente à medida que se aproxima dos grupos etários mais altos. Os residentes do Harlem passam rapidamente para trás do povo de Kerala e dos chineses, assim como os negros americanos em geral também acabam passando.[22]

Os residentes do Harlem combinam as desvantagens de raça com os problemas específicos de privação de bairro pobre. Embora continue impressionante que suas chances de sobrevivência fiquem atrás das dos homens de Bangladesh, é talvez mais surpreendente ainda que a população negra dos Estados Unidos, *em geral*, tenha chances menores de atingir a idade madura do que as pessoas muito mais pobres — tanto mulheres como homens — de Kerala ou da China. Em termos de chances de sobrevivência até a velhice, um aspecto da privação com base racial que pode ser identificado aqui fica totalmente perdido nas análises baseadas apenas nos dados referentes à renda.

As Figuras 5 e 6 indicam que a privação é particularmente séria para os homens negros no Harlem e americanos em geral. O maior risco de morte violenta dos jovens negros é um fator muito discutido nesse contexto. Mas seria equivocado presumir que a desigualdade entre brancos e negros seja mais forte entre os homens *em geral* comparados com as mulheres, nos Estados Unidos. A Figura 7 mostra as proporções entre as taxas de mortalidade de negros e brancos para o país como um todo (com base em uma pesquisa de amostragem). Enquanto os homens negros americanos têm 1,8 vez a taxa de mortalidade dos brancos, as mulheres negras têm quase três vezes a mortalidade das mulheres brancas. Também é importante notar que ajustadas para as diferenças de renda familiar, enquanto a taxa de mortalidade é de 1,2 para os homens negros, ela é de 2,2 para as mulheres negras. Parece, então, que mesmo levando-se em conta os níveis de renda, as mulheres negras morrem em proporções muito maiores (de parto e de outras causas) do que as mulheres brancas nos Estados Unidos de hoje.

FIGURA 7. Proporções entre as taxas de mortalidade de negros e brancos (com idades de 35 a 54 anos) reais e ajustadas pela renda familiar

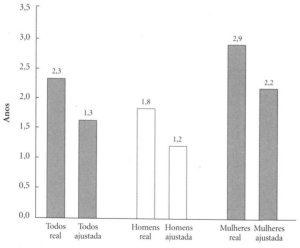

Fonte: Owen (1990).

Comparações desse tipo, baseadas em dados de mortalidade, são importantes por causa da luz que lançam sobre as desigualdades existentes nas chances de sobrevivência. Elas também são importantes por causa das questões que levantam sobre políticas públicas. Se a privação relativa dos negros transcende os diferenciais de renda de modo tão significativo, a correção dessa desigualdade precisa envolver as políticas públicas que se estendem muito além da mera criação de oportunidades de renda para a população negra. É necessário abordar questões tais como serviços de saúde, educação, riscos da vida urbana e outros parâmetros sociais e econômicos que influenciam as chances de sobrevivência. O quadro dos diferenciais de mortalidade apresenta uma possibilidade de entrada no problema da desigualdade racial nos Estados Unidos que permaneceria totalmente perdida se nossas análises econômicas ficassem confinadas somente às variáveis econômicas tradicionais.

POR QUE NÃO MORBIDADE EM VEZ DE MORTALIDADE?

Ao defender um uso muito mais amplo das estatísticas de mortalidade nas análises econômicas, devemos considerar suas relativas desvantagens não apenas quanto às variáveis econômicas tradicionais como a renda, mas também quanto aos dados de saúde que poderiam parecer uma fonte ainda mais promissora de informação sobre o bem-estar do que as estatísticas sobre mortes. É natural pensar que deve ser melhor olhar para a *morbidade* do que para a mortalidade, já que o sofrimento das pessoas relaciona-se à doença e depois da morte — imagina-se — já não há mais agonia (embora os florentinos possam dizer que Dante Alighieri não concordaria com isso).

Não há como negar que uma boa informação sobre morbidade seria de extrema utilidade. O problema, porém, é que os dados sobre morbidade — reunidos por meio de questionários — tendem a sofrer de preconceitos importantes. As pessoas têm percepções variadas sobre as doenças conforme seus hábitos e seu conhecimento médico. Nos lugares onde o atendimento médico é bom e amplamente disseminado, as pessoas têm uma percepção maior da morbidade, embora possam estar em bom estado de saúde. O acesso ao diagnóstico e ao atendimento médico tende a reduzir a morbidade real, mas, ao mesmo tempo, a aumentar a compreensão que as pessoas têm da doença (inclusive o conhecimento das próprias enfermidades). Em contraste, uma população que tem pouca experiência de atendimento médico e amplos problemas de saúde como condição padrão de existência pode ter uma percepção muito baixa de seu estado doentio.

A Figura 8 apresenta taxas comparativas de morbidade percebida nos Estados Unidos e na Índia como um todo, e também em dois Estados indianos: Kerala (um estado com muito atendimento educacional e de saúde — discutido anteriormente) e Bihar (um estado atrasado com alta taxa de analfabetismo e ausência de postos médicos, clínicas e hospitais). A taxa de morbidade relatada, porém, é muito mais alta em Kerala do que na Índia como um todo (apesar de todo o atendimento médico e da alta expectativa de vida em Kerala), e muito mais baixa em Bihar do que na média do país (apesar do atraso médico e da baixa expectativa de vida em Bihar). De fato, Kerala, que tem de longe a mais alta longevidade entre os estados indianos, também tem incomparavelmente a maior taxa de morbidade relatada. E, no outro extremo, os estados do bloco do norte da Índia (Bihar, Uttar Pradesh, Madhya Pradesh, Rajastão) têm a mais baixa longevidade e também a menor morbidade relatada.

FIGURA 8. Incidência de morbidade relatada: Estados Unidos, meio rural em Kerala, meio rural na Índia e meio rural em Bihar

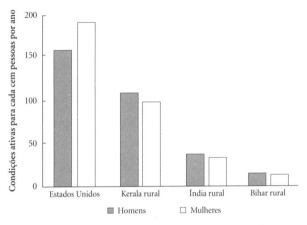

Fontes: Para os Estados Unidos, NCHS (1986), Pesquisa de Amostragem Nacional 1974. Os dados referentes à Índia são das Pesquisas de Amostragem Nacional e foram processados para este formato por Chen e Murray (1992).

Essa aparente deturpação persiste em comparações internacionais com os Estados Unidos também. De fato, como indica a Figura 8, os Estados Unidos têm índices ainda *mais altos* de morbidade relatada do que Kerala.[23] Novamente, alta expectativa de vida e altos índices de morbidade relatada caminham juntos — e não em direções opostas.

Essas observações relacionam-se a uma questão metodológica geral, ou seja, de "objetividade posicional", assunto que tentei discutir em outro trabalho.[24]

A objetividade das observações posicionais desempenha um papel crucial no processo de aquisição de conhecimento, e, portanto, serve como um bloco na construção de nossos entendimentos e percepções. Quando observamos o mundo, inclusive a nós mesmos, o que discernimos e valorizamos é fortemente influenciado pelas outras coisas que sabemos e por nossas outras experiências. Nossas análises observacionais a partir de "posições" particulares podem ser bastante "objetivas" daquele ponto de vista, e, no entanto, muito distantes do que poderíamos saber se estivéssemos diferentemente localizados.

A informação sobre morbidade que é obtida a partir de nossa própria percepção de doenças e enfermidades é mediada por nossas compreensões e interpretações posicionais. Quando uma comunidade possui poucos locais de atendimento de saúde e pouca educação geral e médica, a percepção de doença pode ser muito limitada, e o conhecimento de enfermidades específicas pode estar particularmente ausente. E, no entanto, os membros dessa comunidade podem ter muito mais doenças em termos de um critério médico mais geral. Quando taxas altas de mortalidade estão combinadas com baixa percepção de morbidade, é grande a necessidade de questionar as informações sobre a morbidade.[25] Podemos ter uma ideia muito melhor da capacidade das pessoas de evitar a morte e as doenças graves se olharmos para a informação real de mortalidade, em vez da autopercepção das enfermidades.[26]

Mesmo quando os dados referentes à morbidade não são baseados em avaliações subjetivas, mas no cuidado real ao doente, eles ainda tendem a refletir a disponibilidade de atendimento médico (mais baixa em Bihar do que em Kerala, que por sua vez é mais baixa do que nos Estados Unidos etc.) Se uma povoação ganha um hospital, mais pessoas são tratadas e, portanto, mais estatísticas ficam disponíveis sobre o número de pessoas que estão doentes e sendo tratadas. Mas isso não deve ser visto como um aumento da morbidade em si mesma.

LERDEZA E VELOCIDADE DE MOVIMENTO

Chego, enfim, ao seguinte argumento: mesmo que a mortalidade seja um ponto sensível a se considerar na análise econômica, ela é por certo uma variável muito *lerda* para que possa ter alguma utilidade como indicador econômico? Variáveis como renda ou emprego nacional podem se mover bem rapidamente e podem, portanto, servir como guias de mudança de políticas públicas. Em contraste, diz-se que a mortalidade se move devagar, já que ela depende de muitas variáveis que são difíceis de mudar, inclusive a constituição humana (a expansão da média de expectativa de vida para além dos oitenta anos nem aparece como possibilidade em um futuro previsível). Isso deve ser um empecilho para o uso das estatísticas de mortalidade como indicador econômico. Essa linha de raciocínio tem vários defeitos. Talvez a questão mais imediata refira-se ao fato de que as taxas de mortalidade podem variar com muita rapidez quando se movem em direção ascendente devido a uma crise econômica. Épocas de fome coletiva proporcionam uma classe de exemplos nos quais o movimento da mortalidade pode ser desastrosamente rápido, e elas decerto pedem uma resposta econômica imediata.[27] Mas também há exemplos de outros tipos de mudanças econômicas e sociais nas quais as taxas de mortalidade subiram de modo igualmente veloz. As experiências recentes da ex-União Soviética e do Leste Europeu oferecem inúmeros casos terrivelmente angustiantes desse tipo.

A Figura 9 mostra a sequência temporal de taxas brutas de mortalidade na Rússia, com um aumento abrupto a partir de 1989 e uma escalada extremamente acelerada a partir de 1992.[28] Os números da expectativa de vida também caíram de forma correspondente com grande rapidez nesses países.[29] Enquanto a natureza das crises econômicas nesses países tem recebido muita atenção ultimamente, a informação sobre mortalidade aponta para aspectos da crise que outros dados podem não revelar.[30] Em particular, a rápida deterioração dos serviços de saúde e dos centros médicos, o colapso do sistema geral de previdência social e as mudanças nos ambientes sociais e físicos são candidatos naturais à investigação imediata nesse contexto.

FIGURA 9. Taxa bruta de mortalidade real e esperada na Rússia, 1980-93

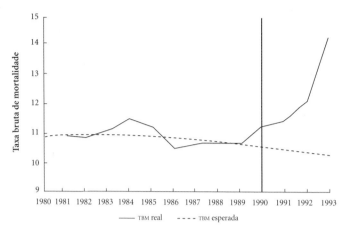

Fonte: Cornia e Paniccià (1995).

Mudando para um aspecto diferente da questão da velocidade, o que é considerado "veloz" deve depender do espaço que consideramos e a normalização que utilizamos. Taxas de crescimento do PNB parecem rápidas o suficiente, mas, se avaliarmos a velocidade pela taxa com a qual as diferenças internacionais podem ser encurtadas, elas podem não ser de forma alguma tão rápidas quanto as mudanças dos números sobre expectativa de vida que são na realidade observados.

Em uma passagem surpreendente e bem pensada, a questão básica foi identificada por Mahbub ul Haq (1963), na época um nome de destaque na área de planejamento econômico no Paquistão: "Se a Índia e o Paquistão conseguirem manter um crescimento anual de 5% e atravessarem mais ou menos o mesmo período de 'decolagem' que Rostow identifica em muitos dos países ocidentais, a renda *per capita* depois de outros vinte anos não será mais alta do que a atual renda *per capita* do Egito".[31]

Embora o reconhecimento da "lentidão" do movimento da renda *per capita* ainda não tenha mudado, em assuntos de vida e morte, muitos países em desenvolvimento têm tido um progresso grande e — numa escala relativa — extraordinariamente rápido. Quase todos os países pobres têm hoje uma expectativa de vida mais alta do que a maioria dos países ricos tinha não muito tempo atrás.[32] Considerações de velocidade não nos dão fundamento para nos afastarmos de nosso interesse básico nos assuntos de vida e morte.

NOTAS CONCLUSIVAS

Não tentarei resumir esta conferência, mas vou aproveitar esta oportunidade para apontar alguns aspectos da análise que foi apresentada. O foco básico se ateve na demonstração de como e por que as estatísticas de mortalidade podem ser úteis na formulação de decisões de políticas econômicas sobre um campo extenso, que cobre desde o desempenho geral até questões distributivas referentes a classe social, gênero e raça. Tenho argumentado que a informação sobre mortalidade tem 1) importância intrínseca (porque uma vida mais longa é valorizada em si mesma), 2) significado capacitador (pois estar vivo é uma condição necessária para nossas capacidades) e 3) relevância associativa (já que outras realizações valiosas relacionam-se — negativamente — às taxas de mortalidade).

Não se sugere aqui que o uso de variáveis econômicas mais tradicionais deva ser abandonado na análise econômica em favor apenas da informação sobre mortalidade. Ao contrário, trata-se de suplementar aquela abordagem informacional tradicional com uma nova perspectiva que pode ser epistemologicamente rica e de importância prática. Renda pessoal é decerto um determinante básico até de morte ou sobrevivência, e mais genericamente da qualidade de vida de uma pessoa.

No entanto, a renda é apenas uma variável entre muitas outras que afetam nossas chances de apreciar a vida e algumas dessas outras variáveis são também influenciáveis pela política econômica. A qualidade de vida depende de várias condições físicas e sociais, como, por exemplo, o ambiente epidemiológico no qual uma pessoa vive. A disponibilidade de atendimento de saúde e a natureza do seguro de saúde — tanto público quanto privado — estão entre as influências importantes na vida e na morte. Da mesma forma o são outros serviços sociais, como a educação básica e a ordem da vida urbana, e o acesso ao conhecimento médico moderno em comunidades rurais. As estatísticas de mortalidade chamam nossa atenção para todas essas questões referentes a políticas públicas.

A informação sobre mortalidade pode iluminar também a natureza das desigualdades sociais, como o preconceito de gênero e as disparidades raciais. Preconceitos em arranjos econômicos são frequentemente mais visíveis através da informação diferencial sobre mortalidade.

Embora a informação sobre mortalidade possa ser, por princípio, bem suplementada — e até certo ponto suplantada — pela informação sobre morbidade, os dados típicos sobre morbidade não são, para este objetivo, realmente confiáveis. A objetividade que eles refletem é posicionalmente contingente e pode ser difícil de usar para propósitos comparativos. As estatísticas de mortalidade podem às vezes nos dar uma ideia melhor do nível de saúde e doença de uma população do que os dados de morbidade reunidos da forma usual.

Dados sobre mortalidade não são apenas ricos em termos de informação, eles podem também mudar com velocidade suficiente para proporcionar orientação em uma situação econômica e social que se altera rapidamente. As experiências recentes da ex-União Soviética e do Leste Europeu levantam essa questão. Essas alterações na mortalidade podem chamar a atenção para a necessidade de uma mudança na política pública que não pode ser presumida exclusivamente com base nas estatísticas de renda e outras variáveis econômicas padrão. Além disso, em termos de comparações de longo prazo, quando os dados sobre mortalidade e longevidade são colocados em escalas relativas, eles podem registrar maior sensibilidade do que os níveis relativos de renda. As estatísticas de mortalidade podem formar um componente da maior importância para a base informacional da análise econômica. Minha tentativa foi discutir e ilustrar a natureza e o alcance dessa perspectiva informacional.

NOTAS

1. A base lógica que fundamenta o uso da perspectiva da capacidade e as questões técnicas e de medida levantadas por ela estão discutidas em Sen (1980, 1985a, 1987a, 1992a, 1992b). Ver também investigações relacionadas em Streeten et al. (1981), Stewart (1985), Roemer (1986), Erikson e Aberg (1987), Drèze e Sen (1989), Griffin e Knight (1990), PNUD (1990), o número especial (com colaborações de G. A. Cohen, Philippe Van Parijs e outros) de *Recherches Économiques de Louvain*, vol. 56 (1990), Crocker (1991), Desai (1991), Anand e Ravaillon (1993), Nussbaum e Sen (1993), Herrero (1995) e Streeten (1995) e o simpósio sobre a perspectiva da capacidade, editados respectivamente por Lenti (1995) e Balestrino e Carter (1997), entre outras contribuições.
2. Grant (1978) discute suas motivações e a conexão entre teoria e aplicação. Ver também Morris (1979) e Erikson e Aberg (1987).
3. Discuti a conexão entre os dois territórios em Sen (1995).
4. Por exemplo, para o grupo de 88 países de "baixa renda" e "renda média baixa", conforme definição do Banco Mundial (em seu *Relatório de Desenvolvimento Mundial* de 1994), a ordem da correlação de expectativa de vida é: 0,86 com total alfabetização de adultos, 0,82 com alfabetização de mulheres adultas, 0,88 com baixa taxa de natalidade, 0,89 com baixa taxa de fertilidade e 0,95 com o "Índice de Desenvolvimento Humano" (das Nações Unidas), que inclui muitas variáveis além da expectativa de vida. Esses resultados são baseados em dados apresentados no *Relatório de Desenvolvimento Mundial* de 1994 e no *Relatório de Desenvolvimento Humano* de 1994.

5. Os dados de expectativa de vida referem-se à Inglaterra e ao País de Gales, e não ao Reino Unido como um todo, mas esses dois países formam a maior parte da população da Grã-Bretanha. Também a contagem da década para expectativa de vida envolve 1940 e 1960 (em vez do que teriam sido os anos de censo normal de 1941 e 1961). Quanto a esse contraste, ver também Drèze e Sen (1989).

6. Ver também Titmuss (1950), Hammond (1951), Winter (1986) e Drèze e Sen (1989).

7. Ver em especial o capítulo 10.

8. As questões básicas, inclusive a relevância dos preços relativos, foram discutidos em Drèze e Sen (1989).

9. Uma das clássicas contribuições nesse assunto é Bosemp (1971). Tentei discutir as principais questões e também partes desta extensa bibliografia em Sen (1990); ver também Drèze e Sen (1989, 1995). A bibliografia sobre o assunto é bastante vasta atualmente, mas uma ideia das principais linhas de argumentação pode ser encontrada em Loutfi (1980), Buvinic et al. (1983), Bardhan (1984), Jain e Banerjee (1985), Sen e Sen (1985), Chen (1986), Das Gupta (1987), Basu (1992), Foibre et al. (1992), United Nations ESCAP (1992), Dasgupta (1993) e Argwal (1995).

10. Porém, deve-se também observar que: 1) países com longevidade mais alta tendem a ter, levando-se outros fatores em consideração, uma proporção um pouco mais alta de mulheres em relação aos homens (uma vez que as vantagens da sobrevivência das mulheres se acumulam durante toda a vida); 2) a mortalidade mais alta dos homens em guerras tem algum efeito nesses coeficientes; e 3) a "proporção entre mulheres e homens" ao nascer tende a variar um pouco em diferentes regiões (por exemplo, o número excedente do sexo masculino ao nascer parece bem menor na África subsaariana do que na Europa e na Ásia).

11. Sobre isso, ver Sen (1985a; 1992b); ver também Kynch (1985), Drèze e Sen (1989), Coale (1991) e Klasen (1994).

12. Ver Drèze e Sen (1989). Outras técnicas também podem ser utilizadas para fazer esse cálculo, algumas envolvendo o uso de informação histórica. Taxas de mortalidade específicas por idade podem ser obtidas de dados históricos — talvez da Europa do século XIX — para se ter alguma ideia sobre a mortalidade feminina mais alta devido ao preconceito de gênero na saúde e outros atendimentos na Ásia e no Norte da África de hoje. Sobre esse assunto, ver Coale (1991) e Klasen (1994). Enquanto o uso das proporções na África subsaariana revela um número total de "mulheres faltantes" no mundo que excede os 100 milhões, as estimativas de Coale e Klasen revelam números em torno de 60 milhões e 90 milhões respectivamente. Esses são, de qualquer forma, números muito altos, e a relação de países em termos de proporção de mulheres faltantes é bastante similar sob os diferentes procedimentos.

13. Ver, por exemplo, Rosenweig e Schultz (1982).

14. Discuti essa questão em Sen (1990).

15. Outras linhas de explicação também são possíveis, algumas delas discutidas em Drèze e Sen (1989), capítulo 4; ver também a extensa bibliografia citada ali.

16. Sobre essa questão, ver também Klasen (1994).

17. Ver, por exemplo, Drèze e San (1989), e também Sen (1992; 1994) e a literatura ali citada.

18. É interessante mencionar que a mudança mais espetacular em direção à disseminação da educação, incluindo educação feminina, foi iniciada pelo monarca do reinado local de Travancore, uma muito jovem rainha chamada Rani Gouri Parvathi Bai, que realizou um grande pronunciamento em 1816, definindo um programa de educação pública. Kerala beneficiou-se, a esse respeito, do fato de estar fora do Império Britânico, uma vez que os monarcas locais tanto de Travancore como de Cochin, que compreendiam boa parte da área atual de Kerala, eram muito favoráveis à educação.

19. O fato de que Kerala esteve aberta ao contato internacional por um longo tempo também teve uma grande importância quanto a isso. Havia a presença de cristãos em Kerala pelo menos desde o século IV (muito antes do que na Inglaterra); judeus também viviam ali desde logo após a queda de Jerusalém, e mercadores árabes estão por lá há um milênio. Kerala também se beneficiou das atividades de missionários (em média uma em cada cinco pessoas em Kerala é cristã).

20. Quanto a isso, ver Ramachandran (1997).

21. Acredita-se que posição e poder relativos melhores das mulheres têm influenciado a diminuição da taxa de fertilidade de Kerala: uma "taxa total de fertilidade" de cerca de 1,8, bem abaixo do nível de substituição, e também mais baixa do que os 2,0 da China (sem nenhuma das tentativas de coerção de "um filho por família" da China e medidas relacionadas), e mais baixa do que as taxas de fertilidade dos Estados Unidos e da Suécia (ambas em torno de 2,1). A importância do papel de agente social das mulheres nessa redução das taxas de fertilidade é bastante defendida pela bibliografia sobre desenvolvimento, embora questionamentos sobre esse assunto tenham sido levantados em estudos recentes; ver o conjunto de ensaios em Jeffery e Basu (1997). Com base nas comparações interdistritais dentro da Índia, Murthi, Guio e Drèze (1995) oferecem boas evidências definitivas sobre o grande impacto da alfabetização feminina na redução da fertilidade e na mortalidade infantil. A participação de mulheres no trabalho fora de casa (e a independência econômica que resulta disso) também aparece como uma das maiores influências na redução da fertilidade. Ver também Drèze e Sen (1995, 1997).

22. Kerala, é importante ressaltar, fica acima da China em termos de taxas de sobrevivência de mulheres (embora a ordem seja inversa no caso dos homens) e

isso de novo se relaciona ao fenômeno já discutido aqui da ausência de preconceito de gênero em Kerala.

23. A comparação com os Estados Unidos é baseada em pesquisas sobre as mesmas doenças; a esse respeito, ver Chen.

24. O problema é discutido em Sen (1993); ver também "Objectivity and position: Assessment of health and well-being", em Chen e Kleinman (1994).

25. Tem-se afirmado que nos Estados Unidos a maior autopercepção da morbidade, apesar da baixa mortalidade, pode refletir o fato de que as pessoas que sobrevivem à morte prematura frequentemente permanecem vulneráveis a doenças, e algumas dessas condições de saúde podem exigir muitos cuidados médicos. Portanto, pode-se dizer que a morbidade medicamente reconhecida pode não ser tão diferente, afinal, da autopercepção de morbidade. Há, certamente, a necessidade de se olhar esse aspecto das reais experiências médicas de diferentes sociedades, mas isso não elimina a dificuldade de interpretar a morbidade autopercebida quando a compreensão da doença varia muito (por exemplo, com postos de atendimento médico e centros educacionais). Além disso, embora seja correto que uma pessoa que morre de certa doença (em vez de sobreviver a ela) precisa de menos atenção médica — na verdade de nenhuma — no futuro, a seriedade da doença que matou essa pessoa não deve ser minimizada só porque a finalidade do cuidado médico foi atingido. Em termos do bem-estar da população, a informação sobre mortalidade tem uma relevância dupla: 1) ela nos fala sobre a tristeza da morte, e 2) possivelmente serve como um sinal razoável da presença de doença significativa (com aspectos negativos, além da morte, como o sofrimento e a miséria).

26. Na defesa do uso da autopercepção de morbidade, tem-se afirmado algumas vezes que podemos mesmo estar tão doentes quanto achamos que estamos, e é difícil prescindir da autopercepção na compreensão das enfermidades; para uma defesa filosófica poderosa de uma posição similar, ver Kleinman (1994). Ver também Kleinman (1986). Há certa força nesse argumento, mas o ponto em questão não é a autopercepção da enfermidade, mas a interpretação dessa informação. Nesse sentido, os aspectos posicionais têm de ser considerados. Dados de mortalidade nos ajudam, entre outras coisas, a identificar as características posicionais e, portanto, a enriquecer a interpretação da autopercepção das doenças. Eles podem ser, claro, suplementados por observações médicas diretas sobre doença e subnutrição (quanto a esses assuntos, ver também Osmani 1992 e Dasgupta 1993).

27. Tentei discutir questões de políticas públicas na prevenção da fome em Sen (1981) e Drèze e Sen (1994).

28. A tabela é obtida da Figura 2 em Cornia e Paniccià (1995). Ver também Unicef (1994).

29. Ver Ellman (1994).

30. A esse respeito, ver Ellman (1994) e Cornia e Paniccià (1995).

31. Tempos mais tarde, Haq seria o primeiro a desenvolver os influentes *Relatórios de Desenvolvimento Humano*, de 1990 em diante, para o Programa de Desenvolvimento das Nações Unidas. A necessidade de mudar o foco da atenção das taxas de crescimento do PNB já é mencionada na inteligente observação de Mahbub ul Haq mais de três décadas antes.

32. Alguns até chegaram bem perto da expectativa de vida europeia contemporânea, como, por exemplo — para mencionar somente alguns —, Costa Rica, China, Sri Lanka e Kerala, embora eles não tenham chegado nem perto do PNB *per capita* europeu.

REFERÊNCIAS

Agawval, B. (1995). *A field of one's own*. Cambridge: Cambridge University Press.

Anand, S., e Ravallion, M. (1993). "Human development in poor countries: On the role of private incomes and public senices." *Journal of Economic Perspectives*, vol. 7 (inverno).

Balestrino, A., e Carter, I. (eds.) (1996). "Functionings and capabilities: Normative and policy issues." *Notizie di Politeia*, nº especial, vol. 12 (com colaborações de A. Balestrino, S. Bavetta, I. Carter, L. Casini e I. Bernetti, E. Chiappero Martinetti, E. Granaglia, S. Razavi, e A. Sen).

Bardhan, P. (1984). *Land, labor and rural poverty*. Nova York: Columbia University Press.

Basu, A. (1992). *Culture, the status of women and demographic behaviour*. Oxford: Clarendon Press.

Boserup, E. (1971). *Woman's role in economic development*. Londres: Allen & Unwin.

Buvinic, M., Lycette, M., e McGreevy, W. P. (eds.) (1983). *Women and poverty in the Third World*. Baltimore, MD: Johns Hopkins University Press.

Chen, L. C., Kleinman, A., e Ware, N. (eds.) (1994). *Health and social change in international perspective*. Cambridge, MA: Harvard University Press.

Chen, L., e Murray, C. (1992). "Understanding morbidity change." *Population and Development Review*, vol. 18 (setembro).

Chen, M. A. (1986). *A quiet revolution: Women in transition in rural Bangladesh*. Dhaka: BRAC.

Coale, A. J. (1991). "Excess female mortality and the balance of the sexes: An estimate of the number of 'missing females'." *Population and Development Review*, vol. 17.

Cornia, G. A., e Paniccià, R. (1995). "The demographic impact of sudden impoverishment: Eastern Europe during the 1989-1994 transition." *Innocenti Occasional Papers, Economic Policy Series*. Unicef International Child Development Center, Florença, vol. 49.

Crocker, D. (1991). "Toward development ethics." *World Development*, vol. 19.

Dasgupta, P. S. (1993). *An inquiry into well-being and destitution.* Oxford: Clarendon Press.

Das Gupta, M. (1987). "Selective discrimination against female children in rural Punjab." *Population and Development Review*, vol. 13.

Desai, M. (1991). "Human development: Concepts and measurement." *European Economic Review*, vol. 13.

Drèze, J., e Sen, A. (1989). *Hunger and public action.* Oxford: Clarendon Press.

Drèze, J., e Sen, A. (1995). *India: Economic development and social opportunity.* Oxford: Clarendon Press.

Drèze, J., e Sen, A. (1997). *Indian development: Selected regional perspectives.* Oxford: Clarendon Press.

Ellman, M. (1994). "The increase in death and disease under 'katastroika'." *Cambridge Journal of Economics*, vol. 18.

Erikson, R., e Aberg, R. (1987). *Welfare in transition: A sum? Of living conditions in Sweden (1968-81).* Oxford: Clarendon Press.

Folbre, N., Bergmann, B., Agarwal, B., e Flore, M. (eds.) (1992). *Women's work in the world economy.* Londres: Macmillan.

Grant, J. (1978). *Disparity reduction rates in social indicators.* Washington, D. C.: Overseas Development Council.

Griffin, K., e Knight, J. (eds.) (1990). *Human development and the international development strategies for the 1990s.* Londres: Macmillan.

Haq, Mahbub ul (1963). *The strategy of economic planning: A case study of Pakistan.* Oxford: Oxford University Press.

Hammond, R. J. (1951). *History of the Second World War: Food.* Londres: HMSO.

Herrero, C. (1995). "Capabilities and utilities." Mimeogr., Universidade de Alicante e IVIE.

Jain, D., e Banerjee, N. (eds.) (1985). *Tyranny of the household: Investigative essays in women's work.* Nova Délhi: Vikas.

Jeffery, R., e Basu, A. (eds.) (1997). *Girls' schooling, women's autonomy and fertility change in South Asia.* Nova Délhi: Sage.

Klasen, S. (1994). "'Missing women' reconsidered." *World Development*, vol. 22.

Kleinman, A. (1986). "Uses and misuses of the social sciences in medicine." In *Metatheoly in social science: Pluralisms and subjectivities* (eds. Fiske, D. W., e Shweder, R. A.). Chicago: University of Chicago Press.

Kleinman, A. (1994). "Objectivity and position: Assessment of health and well-being." In Chen e Kleinman (1994).

Kynch, J. (1985). "How many women are enough?" In *Third World Affairs 1985.* Londres: Third World Foundation.

Lenti, R. T. (ed.) (1995). "Symposium on poverty." *Gimnale degli Economisti,* vol. 53 (com colaborações de A. Balestrino, E. Chiappero-Martinetti, G. A. Cornia, E. Granaglia e A. Sen).

Loutfi, M. (ed.) (1980). *Rural work: Unequal partners in development.* Genebra: ILO.

Madison, A. (1982). *Phases of capitalist development.* Nova York: Oxford University Press.

Morris, M. D. (1979). *Measuring the condition of the world's poor.* Oxford: Pergamon.

Murthi, M., Guio, A. -C., e Drèze, J. (1995). "Mortality, fertility, and gender bias in India." *Population and Development Review,* vol. 21.

Nussbaum, M., e Sen, A. (eds.) (1993). *The quality of life.* Oxford: Oxford University Press.

Osmani, S. R. (ed.) (1992). *Nutrition and poverty.* Oxford: Clarendon Press.

Owen, M. W., Teutsch, S. M., Williamson, D. F., e Marks, J. S. (1990). "The effects of known risk factors on the excess mortality of black adults in the United States." *Journal of American Medical Association,* vol. 263, n° 6, 9 de fevereiro.

PNUD (1990). *Relatório de Desenvolvimento Humano 1990.* Nova York.

Preston, S., Keyfitz, N., e Schoen, R. (1972). *Causes of death. Life tables for national populations.* Nova York: Seminar Press.

Ramachandran, V. K. (1997). "Kerala's development achievements." In Drèze e Sen (1997).

Roemer, J. (1986). "An historical materialist alternative to welfarism." In *Foundations of social choice theory* (eds. Elster, J., e Hylland, A.). Cambridge: Cambridge University Press.

Rosenweig, M. R., e Schultz, T. P. (1982). "Market opportunities, genetic endowment, and intrafamily resource distribution." *American Economic Review,* vol. 72.

Sen, A. (1980). "Equality of what?" In *Tanner Lectures on human values,* vol. I (ed. McMurrin, S.). Cambridge: Cambridge University Press.

Sen, A. (1981). *Poverty and famines.* Oxford: Clarendon Press.

Sen, A. (1985a). *Commodities and capabilities.* Amsterdã: North-Holland.

Sen, A. (1985b). "Well-being, agency and freedom: The Dewey Lectures 1984." *Journal of Philosophy*, vol. 82, abril.

Sen, A. (1987a). *The standard of living*. Cambridge: Cambridge University Press.

Sen, A. (1987b). *Hunger and entitlements*. Helsinki: WIDER.

Sen, A. (1990). "Gender and cooperative conflict." In *Persistent inequalities* (ed. Tinker, I.). Nova York: Oxford University Press.

Sen, A. (1992a). *Desigualdade reexaminada*. Rio de Janeiro: Record, 2001.

Sen, A. (1992b). "Missing women." *British Medical Journal*, vol. 304, março.

Sen, A. (1993a). "The economics of life and death." *Scientific American*, maio.

Sen, A. (1993b). "Positional objectivity." *Philosophy and Public Affairs*, vol. 22.

Sen, A. (1994). "Population: Delusion and reality." *The New York Review of Books*, 22 de setembro.

Sen, A. (1995). "Demography and welfare economics." *Empirica*, vol. 22.

Sen, G., e Sen, C. (1985). "Women's domestic work and economic activity." *Economic and Political Weekly*, vol. 20.

Stewart, F. (1985). *Planning to meet basic needs*. Londres: Macmillan.

Streeten, P. (1995). *Thinking about development*. Cambridge: Cambridge University Press.

Streeten, P., Burki, S. J., Haq, M. ul, Hicks, N., e Stewart, F. (1981). *First things first: Meeting basic needs in developing countries*. Nova York: Oxford University Press.

Titmuss, R. M. (1950). *History of the Second World War: Problems of social policy*. Londres: HMSO.

Toynbee, A. J. (1969). "Why and how I work." *Saturday Review*, 5 de abril.

Unicef (1994). "Crisis in mortality, health and nutrition." *Regional Monitoring Report n. 2*. Florença: Unicef.

United Nations ESCAP (1992). *Integration of women's concerns into development planning in Asia and the Pacific*. Nova York: ONU.

Winter, J. M. (1986). *The Great War and the British people*. Londres: Macmillan.

SEGUNDA PARTE
OS DESAFIOS ÉTICOS DE UM
CONTINENTE PARADOXAL

Bernardo Kliksberg

7. O que significa viver na América Latina, a mais desigual das regiões? O caso da saúde pública

O CONTEXTO LATINO-AMERICANO E A SAÚDE: UMA RELAÇÃO COMPLEXA

No cenário internacional renovado em que vivemos, surgem mudanças fundamentais na visão de como saber se as sociedades estão realmente progredindo e de como mensurar o desenvolvimento. Elas estão relacionadas com as profundas frustrações experimentadas nas últimas décadas por muitas sociedades, dentre elas várias latino-americanas, que, avaliadas pelos critérios usuais de taxas de crescimento anual, Produto Interno Bruto *per capita*, baixos níveis de inflação, pareciam exibir todos os sinais do progresso, mas nas quais, no entanto, produziram-se profundos processos de deterioração nas bases econômicas, com parcelas crescentes da população sendo excluídas.

A América Latina aparece no pensamento emergente como um exemplo claro de uma região onde, como afirma o prêmio Nobel de economia Joseph Stiglitz (2002), as formas convencionais de abordar o desenvolvimento e de mensurá-lo foram desmentidas pela realidade. Ele se baseia no seu próprio caso: "Eu defenderia que devemos reexaminar, refazer e ampliar os conhecimentos acerca da economia do desenvolvimento que são vistos como verdade enquanto planejamos a próxima série de reformas".

A nova visão, que começa a ganhar força, crescentemente, amplia totalmente as dimensões a serem levadas em conta para saber se uma sociedade progride ou não, e inclui, ao lado dos indicadores econômicos comuns, aspectos que têm a ver com o desenvolvimento social, o desenvolvimento ambiental, o acesso à cultura, as liberdades e a construção da cidadania. Sabemos se há progresso quando aumentam, solidamente, o que Amartya Sen chamou de "graus de liberdade", as reais opções de que dispõe cada ser humano para desenvolver todas as suas potencialidades. Essa visão retoma plenamente a valorização do papel da saúde pública. A forma como uma sociedade trata de seus membros nessa área essencial é um "indicador de choque" crucial, de em que medida ela está, ou não, realmente avançando. A saúde é uma meta prioritária em si, mas, ao mesmo tempo, o pilar estratégico para que haja uma verdadeira liberdade.

Como observa Amartya Sen no capítulo 5 ("Por que a equidade na saúde?"), "as liberdades e possibilidades que somos capazes de exercer dependem de nossas realizações da saúde".

Ao mesmo tempo, o novo pensamento sobre desenvolvimento está atribuindo outro significado, diferente do convencional, ao peso dos recursos humanos de uma sociedade na busca de metas de produtividade, avanço tecnológico, competitividade e crescimento. As principais diferenças de desempenho nacional, no atual cenário econômico internacional, baseiam-se na "qualidade da população" de um país. As duas expressões fundamentais dessa qualidade são os níveis de educação e de saúde. A saúde, fortemente influenciada pela educação, é, por sua vez, sua pedra fundamental. A acumulação de capital em ambas as dimensões mostrou-se uma alavanca-chave do desenvolvimento nas economias mais bem-sucedidas, como a nórdica e algumas do Sudeste Asiático. O informe da comissão presidida por Jeffrey Sachs, "Macroeconomia e saúde" (Organização Mundial da Saúde, 2002), ensina que todos os países bem-sucedidos realizaram previamente grandes investimentos em melhorias na saúde pública. Os avanços na saúde foram, no seu caso, pré-requisito para o desenvolvimento, e não apenas uma consequência deste.

A saúde tem aparecido, crescentemente, como referência essencial para saber se realmente há progresso e, ao mesmo tempo, como um meio decisivo para a sua obtenção. Esses são avanços de grande transcendência. No entanto, reforça-se a visão de que atingir as metas desejáveis em saúde representa um desafio da mais alta complexidade porque elas estão fortemente ligadas a um conjunto amplo de fatores que têm a ver com o funcionamento global das sociedades. As características daquilo que existe ao seu redor, em aspectos como a pobreza, a desigualdade, amplitude e qualidade da infraestrutura, situação das famílias, desenvolvimento das comunidades, meio ambiente e outras, são decisivas.

O tema crucial da desigualdade na saúde tem demonstrado ser, particularmente, de extrema complexidade. A experiência latino-americana indica que melhorias significativas podem ser alcançadas em indicadores médios ao mesmo tempo em que se aprofundam as distâncias, no interior desses mesmos países, com fortes efeitos sobre amplos setores. É imprescindível, como propõe Mirta Roses (2003), saber se afastar da "tirania das médias".

Conforme ela mesma sugere, pode ser preferível, no que se refere à expectativa de vida ou outros parâmetros, nascer em um país de menor renda *per capita* mas que tenha mais igualdade do que em outro com maior renda *per capita* mas com maior defasagem na remuneração. Como indicam várias pesquisas, o coeficiente de Gini pode ser muito útil para se entender a situação da saúde numa determinada população. Dessa maneira, considerando as diferenças entre os diversos estados do Brasil — um dos países com níveis mais elevados de desigualdade nesse campo —, Erick Messias (2003) calcula que cada aumento de 0,01 no Gini significa uma queda de 0,6 ano na expectativa de vida.

Isso nos leva a colocar uma pergunta absolutamente estratégica: quais são as implicações, para a saúde pública e suas perspectivas na América Latina, do fato de estar inserida na região considerada unanimemente como a mais desigual do mundo? Em complementação: o que significa, em termos de saúde pública, estar em um contexto onde os níveis de desigualdade não melhoram significativamente, tendo até mesmo mostrado uma tendência a se acentuar em alguns países?

Quais podem ser as implicações de tudo isso na definição de políticas e estratégias voltadas para se atingir as metas do milênio na área da saúde?

Esse tema essencial pode ter uma dupla leitura. As desigualdades na saúde se mostram fortemente influenciadas pelas profundas desigualdades reinantes nas sociedades latino-americanas. Por outro lado, em todas as propostas surgidas para enfrentar e superar essas desigualdades, a definição de estratégias realmente efetivas terá necessariamente de enfocar avanços na saúde.

Como indica Sen no capítulo 5, "qualquer concepção de justiça social que aceite a necessidade de uma distribuição equitativa e de uma exploração eficiente das capacidades humanas não pode ignorar o papel da saúde na vida humana e as oportunidades de as pessoas obterem uma vida saudável, sem doenças e sofrimentos evitáveis ou mortalidade prematura".

Uma das principais vias para enfrentar os inaceitáveis e regressivos patamares da desigualdade da região é a democratização estrutural da saúde pública.

Estão em curso, na América Latina, mudanças de grande envergadura no que se refere à percepção dos caminhos que levam ao desenvolvimento e do significado deste último, mudanças que inauguram um novo contexto para as lutas pela saúde pública. Há um avanço democrático de grande significado. As sociedades civis têm uma participação cada vez mais ativa, e exigem que se passe de uma democracia passiva para uma democracia ativa. Crescem as pressões públicas em favor de um Estado mais transparente, descentralizado, aberto. Começa a se mobilizar, de forma ascendente, o capital social da sociedade. Surge uma nova expectativa em relação ao próprio papel das políticas públicas. Suas visões marginalistas perderam credibilidade devido aos seus resultados frágeis, e se espera uma nova rearticulação entre políticas públicas ativas, forças produtivas e sociedade civil.

Esses desenvolvimentos têm como item básico de sua agenda o mais absoluto rechaço aos atuais níveis de desigualdade. Instituições indicam, como no caso do Banco Mundial em um relatório sobre o tema (2004), que "o elevado nível de desigualdade é rechaçado de forma generalizada em quase todos os países: 80% a 90% dos cidadãos consideram que os índices de desigualdade imperantes são injustos ou muito injustos".

Novas configurações de forças nos espaços democráticos da América latina estão sendo gestadas, com clara visão inovadora em relação ao modelo de desenvolvimento e um vigoroso posicionamento antidesigualdade. Elas estão ensejando programas de mudanças de grande envergadura. O mesmo Banco Mundial chama a atenção para esse processo, observando que "há uma mudança em curso, especialmente em nível subnacional, a partir da qual novas alianças entre a elite progressista, os funcionários públicos, a classe média e os pobres impulsionam a criação de instituições mais inclusivas e eficientes" (2004).

Trata-se de uma conjuntura carregada de mudanças de grande magnitude, onde surgem, também, grandes riscos e desafios para a saúde pública.

O presente trabalho tem como finalidade contribuir para a busca de políticas renovadoras no campo decisivo da saúde, o qual deveria constituir uma prioridade ética para a região. Para isso, propõe-se a abranger vários aspectos. Primeiramente, apresentando um quadro das tendências recentes em matéria de desigualdade na região, e dos diferentes significados que essa desigualdade tem para o desenvolvimento. Em segundo lugar, pretende-se abordar brevemente alguns indicadores referentes à desigualdade na saúde e observar a influência exercida sobre eles por algumas das tendências observáveis em matéria de desigualdade em geral. Em terceiro, apresentar as novas visões que as sociedades começam a ter a respeito de políticas públicas e as potencialidades do capital social, dos atores centrais para o futuro da região. Por último, sugerir algumas considerações estratégicas que podem ser úteis para o debate sobre novos rumos de ação em políticas de saúde pública.

TENDÊNCIAS EM DESIGUALDADE

A defasagem de renda

Um relatório apresentado em conjunto pela Comissão Econômica para a América Latina e o Caribe (Cepal), o Instituto de Pesquisa Econômica Aplicada (Ipea, do Brasil) e o Programa das Nações Unidas para o Desenvolvimento (PNUD) (2003) sobre a situação da região em relação às metas do milênio destaca que em todos os países da América Latina, sem exceção, os coeficientes de Gini (que medem a desigualdade na distribuição de renda) superam as médias internacionais e da Organização para Cooperação e Desenvolvimento Econômico (OCDE). O Banco Mundial (2004), em seu informe sobre a desigualdade, afirma que "a América Latina padece de uma enorme desigualdade [...]. Trata-se, além disso, de um fenômeno espalhado, que marca todos os aspectos da vida, como o acesso à educação, à saúde e aos serviços públicos; o acesso à terra e a outros ativos; o financiamento dos mercados de crédito e trabalhistas formais e a participação e influência política". A comparação de dados não deixa margem para dúvidas sobre a correção dessas afirmações. Veja-se a Tabela 1, que compara os coeficientes de Gini e a defasagem de renda entre países da América Latina, Estados Unidos, países nórdicos, Canadá, Espanha e Itália.

TABELA 1. Indicadores de desigualdade de alguns países da América Latina e países desenvolvidos

	COEFICIENTE DE GINI	10% MAIS RICOS EM RELAÇÃO AOS 10% MAIS POBRES
América Latina e Caribe		
Brasil (2004)	57,0	51,3
Guatemala (2002)	55,1	48,2
Colômbia (2003)	58,6	63,8
Chile (2003)	54,9	33,0
México (2004)	46,1	24,6
Argentina (2004)	51,3	40,9
República Dominicana (2004)	51,6	28,5
Costa Rica (2003)	49,8	37,8
Uruguai (2003)	44,9	17,9
Panamá (2003)	56,1	57,5
Venezuela (2003)	48,2	48,3
Peru (2003)	52,0	30,4
Equador (1998)	53,6	44,9
Paraguai (2003)	58,4	65,4
Nicarágua (2001)	43,1	15,5
Bolívia (2002)	60,1	168,1
Honduras (2003)	53,8	34,2
El Salvador (2002)	52,4	57,5
Jamaica (2004)	45,5	17,3
Trinidad e Tobago (1992)	38,9	12,9

continua

continuação

	COEFICIENTE DE GINI	10% MAIS RICOS EM RELAÇÃO AOS 10% MAIS POBRES
Outros países		
Estados Unidos (2000)	40,8	15,9
Itália (2000)	36,0	11,6
Noruega (2000)	25,8	6,1
Suécia (2000)	25,0	6,2
Canadá (2000)	32,6	9,4
Finlândia (2000)	26,9	5,6
Dinamarca (1997)	24,7	8,1
Espanha (2000)	34,7	10,3

Fonte: PNUD, *Relatório de Desenvolvimento Humano 2007-8.*

Como se pode ver, os coeficientes latino-americanos são muito superiores aos dos Estados Unidos e Espanha. Há uma acentuada concentração de renda. No Brasil, os 10% mais ricos possuíam 44,8% da renda total, enquanto na Espanha a taxa era de 26,6%. Os 20% mais pobres, por sua vez, mais do que duplicavam, na Espanha, a renda que possuíam no Brasil. Em consequência, enquanto no Brasil a distância entre os 10% mais pobres e os 10% mais ricos era de 51,3 vezes; na Espanha, 10,3 vezes. Em outros países, como Coreia (7,8), Noruega (6,1), Suécia (6,2) e Finlândia (5,6), ela era ainda menor.

Apesar das melhoras registradas nos últimos anos, em que a região conheceu altas taxas de crescimento, e de importantes mudanças políticas que geraram políticas públicas renovadoras, de acordo com a Cepal (2009), no final de 2007 a renda média por pessoa dos domicílios situados entre os 10% mais ricos superava dezessete vezes a dos domicílios dos 40% mais pobres. Na Colômbia, essa relação subia para 25 vezes, caindo para nove no Uruguai. A renda *per capita* dos 20% mais ricos, por sua vez, superava vinte vezes a dos 20% mais pobres, proporção que chegava a 33 vezes no caso de Honduras.

Pode-se ver, na Figura 1, a estrutura da distribuição da renda por decis em 2007:

FIGURA 1. América Latina (18 países): estrutura da distribuição de renda por decis, em torno de 2007[1]

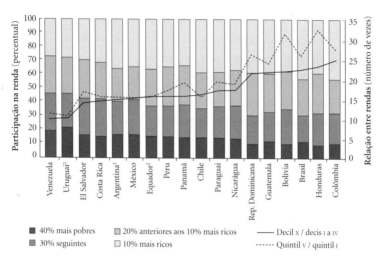

1. Domicílios do conjunto do país em ordem de renda *per capita*.
2. Área urbana.

Fonte: Cepal, com base em tabulações especiais dos censos dos respectivos países.

Vendo-se em conjunto, os 10% mais ricos detêm 35% da renda total. No Brasil e na Colômbia, a taxa supera os 40%. Por outro lado, os 40% mais pobres só detêm 15% da renda total. Em Honduras, na Bolívia e na República Dominicana, essa taxa cai para apenas 11%.

O péssimo coeficiente de Gini da região como um todo, que era de 52,2 nos anos 1990, superando amplamente o da Ásia (41,2), o dos países da OCDE (34,2) e do Leste Europeu (32,8), passou em 2007 para 0,515. A Cepal (2009) observa: "Essas cifras representam uma redução de apenas 3%, que não pode, de nenhuma forma, ser interpretada como uma mudança significativa dos padrões distributivos prevalecentes na região".

As desigualdades múltiplas

O aspecto mais divulgado da desigualdade latino-americana é o da distribuição de renda, mas ele não é o único, nem mesmo o mais grave. A desigualdade se faz presente em todas as principais dimensões da vida cotidiana da região. Outra de suas expressões é a extrema concentração de um ativo produtivo fundamental que é a terra, a cujo acesso estão excluídos amplos setores da população rural.

Segundo cálculos de Deininger e Olinto (2002) e do PNUD (1993), a comparação dos Gini relativos à distribuição da terra é a que se vê na Tabela 2:

TABELA 2. Coeficientes de Gini da distribuição da propriedade da terra

REGIÃO	D&O[1]	PNUD[2]
América Latina	0,81	0,74
Oriente Médio e África do Norte	0,67	0,56
América do Norte	0,64	
África Subsaariana	0,61	0,51
Europa Ocidental	0,57	
Sul e Leste da Ásia	0,56	0,52

1. Médias do período 1950-94
2. Valores em torno do ano de 1981.

Fontes: Deininger e Olinto (2002) e PNUD (1993), mencionados pelo Banco Mundial, *Desigualdade na América Latina e no Caribe*.

Pode-se observar que a concentração é ainda mais forte do que no caso da renda. O Gini da terra na América Latina é muito pior que os de todas as demais regiões do planeta.

Uma dimensão-chave das desigualdades reside no campo da educação. Houve avanços muito importantes, na região, em áreas como alfabetização e matrículas na escola primária. A grande maioria das crianças entra na escola, mas as taxas de desistência e de repetência são muito altas. E isso gera baixos índices de escolaridade.

Muitos países atingiram o ensino universal no caso do primário, mas há outros onde as taxas de matrículas são inferiores a 90%, como na Colômbia, Nicarágua, Paraguai e República Dominicana. Os que não entram na escola provêm, na quase totalidade, dos setores mais desfavorecidos.

Embora as crianças latino-americanas entrem na escola primária, continuam elevadas as taxas de repetência e de abandono, além de ser baixa a taxa de conclusão desse ciclo educativo. Isso faz com que, na Nicarágua, 49,8% das crianças que entram na escola primária não a concluam; em Honduras a taxa é de 38,3%; na Guatemala, 37,4%; em El Salvador, 33,6%; e no Equador, 27,4%. São crianças pobres que, em muitos casos, precisam trabalhar desde muito cedo. Estima-se que cerca de 20% dos menores de catorze anos trabalham no Peru, no Equador e na Bolívia. Pesa também, no caso, a desnutrição, que afeta 16% das crianças da região.

Na Guatemala, o percentual de pessoas entre vinte e 24 anos dos 20% mais ricos que concluíram a escola primária é três vezes maior do que na parcela dos 20% mais pobres; 83% da população entre vinte e 24 anos dos 20% mais ricos a concluiu, enquanto entre os 20% mais pobres a taxa é de apenas 25% (Unesco, 2007).

Apenas dois países, Argentina e Brasil, passaram de 75% em matrículas na educação secundária. Na Colômbia, Equador, El Salvador, Guatemala, Nicarágua e República Dominicana, a cobertura do secundário é inferior a 60%. Estima-se que, na maior parte dos países da região, somente metade, ou menos, dos estudantes matriculados no ensino secundário chegam a concluí-lo. O dado é pior na Guatemala, Honduras e Nicarágua, onde 75%, ou mais, da população entre vinte e 24 anos de idade não conta com educação de segundo grau completa. O abandono, nesse ciclo, está também fortemente relacionado com o trabalho infantil, a pobreza em geral e a ausência de um núcleo familiar sólido.

Em Honduras, 43% dos 20% mais ricos concluíram o segundo grau, enquanto nos 20% mais pobres a taxa é de 1,2%. A conclusão do secundário é 35 vezes mais elevada entre os mais ricos do país do que entre os mais pobres.

A disparidade em anos de escolaridade e na posse de diploma de conclusão do curso tem peso enorme nas chances futuras dos jovens, prenunciando os caminhos da desigualdade. Sem doze anos de escolaridade, é muito difícil, na região, escapar da pobreza. Como constata a Cepal (2009): "As deficiências educacionais condenam os jovens ao desemprego ou às ocupações informais e outras de baixa produtividade, reproduzindo-se as armadilhas da transmissão geracional da pobreza".

De um modo geral, a desigualdade na educação pesa fortemente para a disparidade de renda na região. Seu peso é maior do que nos países da OCDE devido à maior rentabilidade relativa que a educação possui na América Latina. Os valores, para a América Latina, são, segundo Psacharopoulus e Patrinos (2002), 26,6% no ensino primário, 17% no secundário e 19,5% no ensino superior, ante 13,4%, 11,3% e 11,6% nos países da OCDE.

Às desigualdades já mencionadas, somam-se as que vigoram no campo da saúde, que examinaremos no capítulo seguinte, e outras que não foram objeto de levantamento estatístico detalhado mas que são nitidamente visíveis e têm efeitos profundos.

Uma delas é a que se faz presente na área de acesso ao crédito. Sendo as pequenas e médias empresas um fator decisivo para a criação de empregos na região, as estimativas indicam que os 60 milhões de pequenas e médias empresas existentes recebem apenas 5% do crédito concedido pelas instituições financeiras. Eis aí outra forte concentração.

Mais uma desigualdade pode ser detectada no acesso às tecnologias avançadas. O número de usuários da internet está fortemente concentrado nas camadas superiores. Apenas 11% dos latino-americanos estão conectados à internet, ante 61% da população nos países da OCDE (Razo, 2008). Na Argentina, por exemplo, calcula-se que mais de oito entre dez pessoas dos setores mais privilegiados usam a internet, contra um entre dez entre os menos favorecidos. Advertências têm sido lançadas, na região, em relação à silenciosa instituição de um "fosso digital", com a formação de um amplo setor de "analfabetos informáticos".

Fatores como a limitação da rede telefônica entre os setores mais pobres, além do custo significativo dos computadores, dificultam aos estratos com menos recursos o acesso à internet, além das pequenas empresas. Apenas 19% da população possui telefone fixo e só 13% têm computador.

As desigualdades na América Latina expressam-se de maneira ainda mais aguda nos campos étnico e racial. Calcula-se que mais de 80% dos 40 milhões de indígenas da região vivem em situação de pobreza extrema. São muito contrastantes, igualmente, as disparidades, nos indicadores básicos, entre a população branca e a afro-americana. Soma-se a isso a permanência de importantes discriminações de gênero no mercado de trabalho e em outros campos.

Os custos das desigualdades

Todas as desigualdades acima mencionadas, entre outras mais, interagem diariamente, reforçando-se umas às outras. Traçam destinos marcados. Quando se nasce em uma família desarvorada pela pobreza, as possibilidades de se ter uma boa saúde e o rendimento educacional são limitados. A escolaridade será baixa, o acesso a um emprego estável será muito difícil, a remuneração, muito esporádica e muito reduzida, assim como a possibilidade de constituir família com esses problemas. Efetivamente, mesmo em algumas populações socialmente mais avançadas da região, como a do Uruguai, os estudos indicam que as taxas de escolaridade dos filhos de famílias pobres tendem a não ser superiores às taxas de seus pais. Cria-se um círculo de ferro determinado pela falta de oportunidades.

Poucos anos atrás, havia no *establishment* de economistas quem defendesse com unhas e dentes as "funcionalidades" das desigualdades. Costumava-se afirmar que elas contribuíam para uma acumulação de capitais em certos grupos, capitais que depois seriam reinvestidos acelerando o crescimento, ou que elas constituíam uma etapa necessária do progresso. Hoje em dia, diante de suas evidentes disfunções, o consenso sofre uma forte virada. O Banco Mundial, que já foi um palco habitual de controvérsias, afirma (2004): "A maioria dos economistas (e outros cientistas sociais) considera agora a desigualdade como um possível freio ao desenvolvimento".

Com efeito, inúmeras pesquisas mostram como são custosos, para a região, esses níveis de desigualdade, e o seu profundo impacto no travamento das possibilidades de um crescimento sustentável.

Quando se analisa a América Latina, menciona-se com frequência a existência da pobreza e da desigualdade. Mas, na verdade, as pesquisas evidenciam uma situação diferente. Se existe pobreza, é porque existe desigualdade. Esta é um fator-chave para entender por que um continente tão privilegiado em recursos naturais e com possibilidades tão amplas em todos os campos conhece percentuais tão elevados de pobreza.

Segundo as análises da Cepal, a pobreza, hoje, supera em termos absolutos a de 1980. Naquele ano, havia 136 milhões de pobres. No final de 2008, a cifra era menor percentualmente, mas superior em números de pessoas: o total passava de 182 milhões. Entre elas, encontram-se aquelas que estão presas à indigência (pobreza extrema), que passaram de 62 milhões em 1980 para 71 milhões em 2008. O Banco Mundial (2009) calcula que a crise mundial fará com que o número de pobres aumente em 8 milhões em 2009.

Birdsall e Londoño (1997) procuraram determinar econometricamente o impacto da desigualdade sobre a pobreza, chegando à simulação que se vê na Figura 2:

FIGURA 2. O impacto da desigualdade sobre a pobreza na América Latina, 1970-95

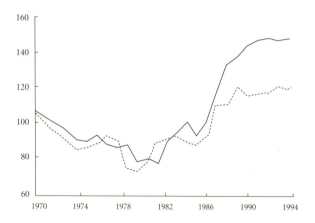

Fonte: Birdsall e Londoño (1997), "Asset inequality matters: An assessment of the World Bank's to poverty reduction", *American Economic Review*, maio.

A primeira curva do gráfico mostra a tendência da pobreza na região, a qual, como se pode observar, eleva-se continuamente desde o começo dos anos 1980, com pequenas variações. A segunda curva simula qual teria sido a evolução da pobreza caso a desigualdade tivesse se estabilizado nos níveis do começo dos anos 1970 (antes das ditaduras militares e das políticas ortodoxas) e não continuasse a crescer. Ela era bastante considerável, porém sofreu um aumento bem maior nas décadas mais recentes. Segundo essas estimativas, a pobreza hoje estaria na metade do que realmente está. Ocorreu um "excesso de pobreza" causado pelo aumento da desigualdade, que acabou por duplicá-la. No mesmo sentido, fazendo-se o exercício com dados de diferentes regiões, observa-se que, se a América Latina tivesse um padrão de desigualdade igual ao do Sudeste Asiático, a pobreza seria muito menor (ver Birdsall e Kliksberg, 1999).

Albert Berry (1997) chega a uma conclusão semelhante em seus trabalhos, identificando a existência, na América Latina, de uma ampla margem daquilo que ele chama de "pobreza desnecessária", causada pela participação excessivamente baixa dos setores menos favorecidos da população no conjunto da renda. Tanto Berry como Altimir e outros pesquisadores veem o aumento da desigualdade como algo estreitamente vinculado às políticas aplicadas nas últimas duas décadas, que geraram efeitos dessa ordem. Para Stiglitz (2002), o caso argentino exemplifica claramente as desvantagens dessas políticas. Ali, com efeito, sua aplicação, rigidamente ortodoxa, na década de 1990, levou a uma brutal polarização social. Nesse período, 7 milhões de pessoas, ou seja, 20% da população, deixaram de ser da classe média para se tornar pobres, e o coeficiente de Gini passou de 0,42, em 1992, para 0,47, em 1997.

Chris Patten (2004), comissário da União Europeia, afirma que, "se a renda na América Latina fosse distribuída tal como no leste da Ásia, a pobreza na região seria apenas um quinto do que é hoje". Ele destaca que "isso é importante não apenas do ponto de vista humanitário mas também de uma perspectiva prática politicamente interessada. Se a pobreza fosse reduzida pela metade, o mercado duplicaria de tamanho".

Nancy Birdsall (1998) vê na desigualdade o grande entrave para o crescimento econômico da região. Ela enfatiza que "po-

154

de-se afirmar que as taxas de crescimento na América Latina não podem superar 3% ou 4%, bem distante do necessário, enquanto não se puder contar com a participação e o aporte da metade da população que conforma a parcela com percentuais mais baixos da renda". Procurando entender por que a América Latina está tão distante de poder cumprir as metas do milênio no que se refere à redução da pobreza, a Cepal, o Ipea e o PNUD (2003) identificam na desigualdade a razão principal. Por meio de detalhadas simulações econométricas, essas instituições chegaram à conclusão de que o impacto de uma diminuição das desigualdades sobre a pobreza seria muito maior do que o do crescimento. O crescimento é necessário, mas, nas atuais condições de iniquidade, este dificilmente chegaria até os pobres. Sua estimativa é de que, caso o Brasil não opere mudanças em suas desigualdades, o país levará, ao ritmo de crescimento que conheceu nos anos 1990, 48 anos para diminuir a pobreza em dois pontos percentuais. Nas mesmas condições, o México demoraria 44 anos para conseguir diminuir a pobreza em 3,2 pontos. Os resultados de suas projeções destacam especialmente que:

> Na maioria dos países avaliados, bastaria que o coeficiente de Gini se reduzisse em um ou dois pontos para que a incidência da pobreza se reduzisse na mesma proporção do que em vários anos de crescimento econômico positivo. Os resultados dos esforços pela redução da pobreza na América Latina e no Caribe tem sido desalentadores, em grande medida porque não foi possível controlar os elevados níveis de desigualdade da região.

Em direção semelhante, o diretor geral do Grupo de Avaliação Independente do Banco Mundial, Vinod Thomas (2006), afirma: "A ideia de que se pode crescer primeiro para depois se preocupar com a distribuição revelou-se um conceito equivocado".

Esse cenário de desigualdades agudas, persistentes, com enorme peso no aumento tanto da pobreza quanto das dificuldades para um crescimento sustentável, e de grande influência nas carências que afligem a vida cotidiana da maioria da população é o contexto em que se desenvolve a saúde pública na América Latina. A desigualdade interfere nas condições da saúde e é uma das forças mais poderosas na criação de condições propícias para um problema fundamental: a iniquidade na saúde, que será analisada a seguir.

A SAÚDE PÚBLICA NA REGIÃO MAIS DESIGUAL DO MUNDO

Para além das médias

A saúde pública conheceu grandes avanços na região. Os grandiosos esforços realizados nesse campo pelos governos democráticos e por inúmeros setores da sociedade civil, nos quais entidades modelares como a Organização Pan-Americana da Saúde (OPAS) desempenharam um papel pioneiro e uma forte liderança, estiveram na base desses progressos sustentáveis. Ainda assim, a desigualdade na saúde continua a ser um problema de amplas proporções e alta gravidade, uma espécie de problema quase "irredutível".

Para começar, trata-se de um tema "obscuro". Com frequência, as análises enfatizam apenas os avanços nas médias gerais de indicadores de saúde nos diferentes países. Isso permite estabelecer uma dimensão de iniquidade que é a que surge de comparações entre esses países. Mas ela é apenas "a ponta do iceberg". As iniquidades fundamentais são subterrâneas, passam por baixo dessas médias. Elas aparecem quando se põe em prática a saudável recomendação de Roses, de nos distanciarmos da "tirania das médias". Como ele bem observa (2003), referindo-se à mortalidade infantil na região:

> Embora tenha sido evidente a redução da magnitude global do risco de ocorrência de mortes antes do primeiro ano de vida, observou-se que em todos os grupos de países as desigualdades da mortalidade infantil não se alteraram muito no mesmo período. Os resultados mostram que é possível alcançar grandes êxitos com medidas que afetam a tendência principal (médias e medianas) de um determinado indicador da saúde sem que haja uma repercussão equivalente na magnitude relativa dos hiatos (distribuições) entre os grupos diversos da população e dentro deles.

Como já se assinalou (Alleyne, 2002), esse problema evoca o mesmo espírito da Declaração de Alma-Ata quando esta clama por "saúde para todos" em vez de colocar o foco apenas na obtenção de médias positivas.

Quando se desmembram os dados relativos à saúde dentro de cada país levando em consideração critérios como estrato socioeconômico, localização geográfica, gênero, etnia, cor e idade, entre outros, ergue-se um panorama em que se tornam visíveis as disparidades de acesso a esse direito básico que faz parte da dignidade humana.

As desigualdades na saúde em ação

A pesquisa sobre o assunto — que tem crescido de forma significativa — vem dando conta da profundidade do problema. Apresento a seguir algumas de suas descobertas, altamente ilustrativas.

a. Os diferenciais na mortalidade infantil

O número médio de crianças que morrem antes de chegar aos cinco anos de idade na região é de 26 a cada mil. Nos países da OCDE, a taxa é de onze. Há grandes diferenças entre os países, como se pode verificar na Tabela 3:

TABELA 3. Taxa de mortalidade infantil de crianças menores de 5 anos de idade, 2006 (a cada 1000 nascidas vivas)

PAÍS	CRIANÇAS QUE NÃO CHEGAM AOS 5 ANOS DE IDADE (DE CADA 1000)
Argentina	17
Chile	9
Uruguai	15
Costa Rica	12
México	35
Panamá	23
Brasil	20
Colômbia	21
Venezuela	21
Peru	25
Equador	24
Paraguai	22
República Dominicana	29
El Salvador	25
Nicarágua	36
Bolívia	61
Honduras	27
Guatemala	41

Fonte: OPAS, *Situación de Salud en las Américas: Indicadores Básicos 2008.*

A mortalidade infantil vai de nove por mil, no Chile, a 61 por mil, na Bolívia.

Também são grandes as diferenças entre os diferentes estratos sociais.

TABELA 4. Desigualdades na mortalidade infantil

PAÍS	ANO DA PESQUISA	TAXAS DE MORTALIDADE MENORES DE 5 ANOS (POR CADA 1000 NASCIDOS VIVOS)	
		20% MAIS POBRES	20% MAIS RICOS
Brasil	1996	99	33
Colômbia	2005	39	16
Peru	2004-5	63	11
Paraguai	1990	57	20
República Dominicana	1996	90	27
Nicarágua	2001	64	19
Bolívia	2003	105	32
Guatemala	1998-9	78	39
Haiti	2005-6	125	155

Fonte: PNUD, *Relatório de Desenvolvimento Humano 2007-8*.

Na parcela dos 20% mais ricos da população da Bolívia, 32 a cada mil crianças morrem antes de completar cinco anos de idade; entre os 20% mais pobres, o número triplica: 105 a cada mil. No Peru, a mortalidade infantil até cinco anos entre os 20% mais pobres é mais do que cinco vezes superior à encontrada entre os 20% mais ricos: 63 ante onze. No Brasil, é o triplo: 99 ante 33.

b. Fosso étnico

Essas gravíssimas realidades se refletem também no campo étnico, de modo bastante concreto. As taxas são muito piores entre as crianças indígenas, como se vê na Figura 3:

FIGURA 3. Mortalidade infantil entre as populações indígena e não indígena na América Latina (países selecionados) por área de moradia da mãe (falecimentos por 1000 nascidos vivos)

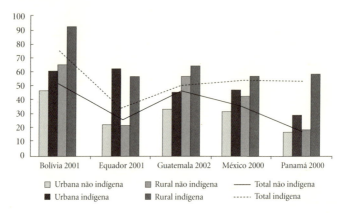

Fontes: Projeto BID-Cepal "La población indígena y afrodescendiente a partir de los censos" e Censos da População da Guatemala (2002) e do México (2000).

A mortalidade infantil entre indígenas supera amplamente a de não indígenas em todos os países.

c. Disparidades na desnutrição

Os dados relativos à desnutrição infantil crônica demonstram, igualmente, importantes disparidades se analisados por etnia, campo/cidade e níveis de renda. Veja-se a Tabela 5, referente à região andina:

As taxas andinas de desnutrição infantil são elevadas, superando os 21% na Bolívia, Equador e Peru. Mas embutem claras gradações de caráter econômico. De um modo geral, nesses países, as taxas de desnutrição crônica são três vezes maiores entre os decis mais pobres do que entre os mais ricos. Assim, por exemplo, entre os 10% mais ricos do Equador, apenas 11% das crianças apresentam problemas de desnutrição; já entre os 10% mais pobres, o número é quase quatro vezes maior. Entre a população indígena, a taxa é de 58%.

TABELA 5. Incidência de atraso no crescimento juvenil (em %) em 4 países andinos, por país, local de moradia, etnia, região e situação socioeconômica

	PAÍS			
	COLÔMBIA	EQUADOR	PERU	BOLÍVIA
Local de moradia[1]				
Cidades grandes	12,7	20,7	13,2	18,5
Cidades pequenas	10,9	22,4	20,1	20,3
Povoados	14,0	28,2	27,2	22,4
Área rural	19,3	35,2	40,8	37,2
Etnia				
População não indígena	ND	24,2	22,5	23,7
População indígena	ND	58,2	47,0	50,5
Região				
Altiplano	ND	33,3	38,5	31,2
Outras regiões	ND	22,2	18,2	23,9
Decis de status socioeconômico[2]				
1 (menor)	26,8	38,5	49,6	42,2
2	24,1	51,8	46,8	39,9
3	17,1	30,6	39,6	38,7
4	14,9	27,6	32,5	32,8
5	16,3	17,9	23,4	31,8
6	15,2	24,4	19,9	25,0
7	11,0	19,0	18,3	22,7
8	11,7	19,1	12,8	18,2
9	6,3	15,8	12,6	13,5
10 (maior)	5,4	11,9	5,2	9,7
Índice de concentração[3]	− 0,221	− 0,223	− 0,311	− 0,223
Total países	14,9	26,5	26,1	26,9

ND: Informação não disponível.

1. Segundo as pesquisas do Demographic and Health Surveys (DHS) (Colômbia, Peru e Bolívia), as cidades grandes incluem capitais nacionais e cidades com mais de 1 milhão de habitantes, e as cidades pequenas se encontram na faixa de população entre 50 mil e 1 milhão de pessoas. Segundo as pesquisas do Living Standards Measurement Study (LSMS) (Equador), as cidades pequenas estão entre 5 mil e 1 milhão de habitantes.

2. Os decis de status socioeconômico são considerados para crianças e não equivalem aos decis da população como um todo, devido às diferenças socioeconômicas em matéria de fertilidade.

3. O índice de concentração mede a desigualdade social no atraso do crescimento. O índice de concentração é uma generalização do coeficiente de Gini e varia de −1 a 0. Os valores mais próximos de −1 indicam maior desigualdade social.

Fonte: Larrea e Wilme Freire (2002), "Social inequality and child malnutrition in four Andean countries", *Pan-American Journal of Public Health*, maio-junho.

d. Desigualdade na mortalidade materna

A mortalidade materna tem feito inúmeras vítimas na região. Segundo a OPAS (2004), 23 mil mulheres morrem por ano durante a gravidez ou o parto na América Latina e no Caribe, a grande maioria de "causas que nos países desenvolvidos são evitadas de forma preventiva rotineiramente". O risco de falecer por dar à luz, na América Latina, é de 1/160, ante 1/4000 na Europa ocidental; ou seja, 25 vezes maior. Enquanto nos Estados Unidos morrem anualmente quinze mães a cada 100 mil nascidos vivos, no Peru são 240, e na Colômbia, 73.

Os dados referentes à América Latina e a outros países são os seguintes:

TABELA 6. Taxas de mortalidade materna (para cada 100 mil nascidos vivos)

	TAXA	ANO
América Latina	**89,4**	
Argentina	47,8	2006
Chile	18,1	2006
Uruguai	14	2007
Costa Rica	14	2007
México	58,6	2006
Panamá	83,6	2006
Brasil	74,7	2005
Colômbia	73,1	2005
Venezuela	59,9	2005
Peru*	240	2005
Equador	73	2006
Paraguai	121,4	2006
República Dominicana	72,8	2007
El Salvador	71	2005
Nicarágua	90,4	2006

continua

continuação

	TAXA	ANO
Bolívia	229	2003
Honduras*	280	2005
Guatemala	148,8	2005
Outros países		
Suécia*	3	2005
Canadá	5,9	2005
Estados Unidos	15,1	2005
Dinamarca*	3	2005
Espanha*	4	2005

Fontes: OPAS, *Situación de Salud en las Américas: Indicadores Básicos 2008*; PNUD, *Relatório de Desenvolvimento Humano 2007-8* (países com asterisco).

As diferenças entre os números latino-americanos e os dos países desenvolvidos são excepcionalmente grandes. A mortalidade materna na Bolívia e no Peru é oitenta vezes maior do que a da Suécia ou da Dinamarca, e sessenta vezes a da Espanha. Esses dados estão relacionados aos déficits de assistência médica institucional, como uma de suas causas básicas. Entre as mães, 7,6% não possuem assistência pré-natal e 12% carecem de cuidados médicos no momento do parto. Os dados mostram, historicamente, altas diferenças conforme os níveis econômicos, como pode ser visto na Tabela 7.

Entre os 20% mais ricos da população, a taxa de assistência formal, no início do ano 2000, passava de 95%, tanto durante a gravidez quanto no parto. Entre os 20% mais pobres, a situação era muito diferente. Segundo dados de 2003 (PNUD, *Relatório de Desenvolvimento Humano 2007-8*), entre os 20% mais pobres da Bolívia, 73% das mães careciam de assistência médica no parto. No Peru, em 2004-5, eram 66%.

As mulheres mais pobres, que são as que mais riscos correm e que, portanto, deveriam merecer a melhor atenção possível, re-

TABELA 7. Cuidados básicos pré-natais e partos assistidos

PAÍS/REGIÃO	TAXAS DE CUIDADOS BÁSICOS PRÉ-NATAIS (POR PESSOAS MEDICAMENTE TREINADAS)							TAXAS DE PARTOS ASSISTIDOS (POR PESSOAS MEDICAMENTE TREINADAS)						
	1	2	3	4	5	MÉDIA	IC	1	2	3	4	5	MÉDIA	IC
Bolívia	38,8	57,8	70,4	88,6	95,3	65,1	0,17	19,8	44,8	67,7	87,9	97,9	56,7	0,28
Brasil	67,5	87,7	93,4	96,9	98,1	85,6	0,08	71,6	88,7	95,7	97,7	98,6	87,7	0,07
Colômbia	62,3	81,1	89,8	95,4	95,9	82,5	0,09	60,6	85,2	92,8	98,9	98,1	84,5	0,09
República Dominicana	96,1	98,2	99,0	99,2	99,9	98,3	0,01	88,6	96,9	97,3	98,4	97,8	95,3	0,02
Guatemala	34,6	41,1	49,3	72,2	90,0	52,5	0,19	9,30	16,1	31,1	62,8	91,5	34,8	0,42
Haiti	44,3	60,0	72,3	83,7	91,0	67,7	0,14	24,0	37,3	47,4	60,7	78,2	46,3	0,21
Nicarágua	67,0	80,9	86,9	89,0	96,0	81,5	0,07	32,9	58,8	79,8	86,0	92,3	64,6	0,19
Paraguai	69,5	79,5	85,6	94,8	98,5	83,9	0,07	41,2	49,9	69,0	87,9	98,1	66,0	0,18
Peru	37,3	64,8	79,1	87,7	96,0	67,3	0,17	13,7	48,0	75,1	90,3	96,6	56,4	0,31
América Latina e Caribe	**57,5**	**72,3**	**80,6**	**89,7**	**95,6**	**76,0**	**0,11**	**40,2**	**58,4**	**72,9**	**85,6**	**94,3**	**65,8**	**0,20**
Ásia Oriental, Pacífico	64,9	80,7	86,9	91,4	96,2	81,9	0,08	30,5	53,0	68,4	80,6	93,4	60,8	0,22
Ásia Central	78,2	84,7	86,8	93,3	96,3	86,9	0,05	82,7	92,3	95,1	98,6	99,7	92,8	0,04
Oriente Médio, África do Norte	13,7	21,1	33,4	49,3	73,0	35,2	0,32	12,8	21,7	37,7	58,6	82,2	38,5	0,36
Sul da Ásia	16,8	23,2	28,8	43,0	70,9	34,6	0,30	5,3	8,1	11,7	21,9	49,3	17,7	0,46
África Subsaariana	61,1	69,5	74,9	84,2	93,6	75,7	0,10	24,6	32,9	41,2	59,2	82,1	46,2	0,26
Todos os países	**55,0**	**64,8**	**71,1**	**80,6**	**91,0**	**70,8**	**0,13**	**31,2**	**42,1**	**51,6**	**66,2**	**84,0**	**52,5**	**0,25**

Fontes: Banco Mundial (2004), op. cit.; DHS (2002).

cebem, ao contrário, a mais reduzida. Um estudo realizado sobre a questão (Belzan, J. M.; Cafferata, M.; Belzan, M.; e Althube, F., *The Lancet*, 2007) afirma o seguinte:

A população com risco mais elevado é atendida por instituições públicas com recursos limitados, enquanto a população que menos riscos sofre é atendida em instituições privadas com acesso a tecnologias sofisticadas. Demonstramos, por exemplo, que as mulheres grávidas que comparecem a hospitais públicos de uma cidade na Argentina têm chance maior de serem solteiras (21 vezes), adolescentes (22 vezes), de ter educação inferior à elementar (32 vezes), de ter um histórico de mortes perinatais anteriores ou baixo peso (duas vezes), e de ser de quatro a seis centímetros mais baixas do que as mulheres que usufruem do setor privado. As mulheres que utilizam os serviços públicos de saúde passam por uma quantidade menor de revisões pré-natais, recebem menos suplementos de ferro e conhecem resultados mais pobres: 182 gramas a menos de peso nos bebês, e três vezes mais mortes de crianças.

e. Vacinação e risco de diarreia

A desigualdade se expressa também em duas áreas importantes para a infância, como a cobertura completa de vacinas e a ocorrência de diarreia. Como se pode ver na Tabela 8, os 20% mais pobres da população apresentavam problemas nos dois itens, se comparados aos 20% mais ricos. Em termos de vacinação, enquanto 56% da parcela mais abastada contava com cobertura total, a taxa, entre os mais pobres, caía para 39%, dezessete pontos percentuais a menos. A ocorrência de diarreia nas crianças mais do que dobra entre os 20% mais pobres em relação aos 20% mais ricos em países como Brasil, Bolívia e Peru, entre outros.

TABELA 8. Cobertura completa de imunização e ocorrência de diarreia

PAÍS/REGIÃO	ALCANCE DE IMUNIZAÇÃO							OCORRÊNCIA DE DIARREIA (EM %)						
	1	2	3	4	5	MÉDIA	IC	1	2	3	4	5	MÉDIA	IC
Bolívia	21,8	24,9	21,0	33,4	30,6	25,5	0,08	21,8	19,8	20,5	17,9	11,7	19,2	− 0,07
Brasil	56,6	74,0	84,9	83,1	73,8	72,5	0,07	18,3	12,9	12,7	9,3	7,4	13,1	− 0,16
Colômbia	53,8	66,9	68,2	70,6	74,1	65,5	0,06	18,4	19,8	16,8	14,9	10,0	16,7	− 0,09
República Dominicana	28,0	30,2	46,9	42,6	51,7	38,7	0,12	17,9	16,4	17,8	14,1	10,1	15,7	− 0,08
Guatemala	41,2	43,0	47,2	38,3	42,5	42,6	0,00	22,8	21,5	23,3	17,7	16,0	20,9	− 0,06
Haiti	18,8	20,1	35,3	37,9	44,1	30,2	0,17	30,9	27,1	24,4	31,6	20,4	27,4	− 0,04
Nicarágua	61,0	74,6	75,3	85,7	73,1	72,6	0,05	16,1	14,0	14,2	14,4	8,7	14,0	− 0,07
Paraguai	20,2	30,8	36,4	40,7	53,0	34,2	0,18	9,8	8,5	9,2	7,4	4,6	8,1	− 0,11
Peru	55,3	63,8	63,5	71,7	66,0	63,0	0,04	21,4	20,3	18,6	14,1	9,3	17,9	− 0,11
América Latina e Caribe	**39,6**	**47,6**	**53,2**	**56,0**	**56,5**	**49,4**	**0,09**	**19,7**	**17,8**	**17,5**	**15,7**	**10,9**	**17,0**	**− 0,09**
Ásia Oriental, Pacífico	48,3	56,8	60,3	64,6	72,9	59,3	0,08	10,5	9,9	9,9	8,6	6,3	9,3	− 0,08
Ásia Central	64,2	67,9	71,8	75,7	77,4	70,9	0,04	19,0	15,6	15,0	14,6	13,7	15,8	− 0,02
Oriente Médio, África do Norte	42,2	53,3	62,5	73,2	81,1	61,0	0,17	21,0	20,3	19,1	17,2	14,7	18,7	− 0,06
Sul da Ásia	29,8	31,4	41,6	49,8	64,4	42,0	0,17	17,0	14,4	14,3	15,3	12,4	14,9	− 0,04
África Subsaariana	33,6	42,0	44,4	53,1	66,9	47,3	0,17	24,5	23,3	22,5	22,6	18,2	22,3	− 0,05
Todos os países	**38,3**	**45,8**	**50,3**	**57,2**	**66,6**	**50,7**	**0,14**	**21,2**	**19,6**	**19,1**	**18,5**	**14,8**	**18,9**	**− 0,05**

Fontes: Banco Mundial (2004), op. cit.; DHS (2002).

Inter-relações entre desigualdade econômica
e iniquidade na saúde

Esses e outros desequilíbrios na saúde estão profundamente inter-relacionados, em "circuitos perversos" que se retroalimentam com as agudas desigualdades socioeconômicas apresentadas pela região. Elas exercem uma influência no sentido de fazer com que os setores menos favorecidos encontrem menos alternativas em termos de saúde, o que, por sua vez, reduz fortemente suas chances de melhorar economicamente.

Os vínculos entre o contexto geral de desigualdades da região e as iniquidades na saúde são complexos e percorrem vários caminhos. Em certas áreas, eles se manifestam de forma direta, quase brutal. Em outras, através de canais bem mais indiretos, porém de forte impacto. É preciso que a pesquisa sobre isso avance muito mais do que na atualidade para podermos chegar a conhecer com maior profundidade os seus modos de funcionamento e podermos, assim, captar suas expressões mais ocultas. A presença dessas dinâmicas é um fato essencial indiscutível. Como ressalta, entre outros, Wagstaff (2002): "Aquilo que sabemos hoje indica que as desigualdades sanitárias, e muito provavelmente também na utilização de serviços, refletem em grande medida as desigualdades referentes a variáveis individuais e familiares, tais como a educação, a renda, a localização e as características das moradias".

Captar os "modos de operação" das desigualdades pode ser da mais alta relevância para a definição de políticas, a estruturação de parcerias em torno da saúde pública e a delimitação dos papéis que os diferentes atores podem desempenhar a seu favor.

Vejamos, apenas para traçar alguns exemplos, dada a amplitude do tema, algumas expressões do impacto das desigualdades macro nos fatores determinantes da saúde nas áreas de educação, renda, municípios, água encanada e saneamento.

a. Educação e saúde

Um aspecto-chave das desigualdades com impacto de primeira grandeza na saúde é o dos níveis educacionais. A acumulação de capital educacional incide diretamente, conforme várias pesquisas já demonstraram, entre outros itens, nas taxas de mortalidade infantil, no trato da alimentação da criança, no seu peso, nas incapacidades e na expectativa de vida. A OPAS produziu um gráfico (Figura 4) sobre as relações entre mortalidade infantil e os níveis de instrução em vários países da região:

FIGURA 4. Evolução dos diferenciais de mortalidade infantil conforme o nível de escolaridade da mãe, países selecionados das Américas, 1980-2003

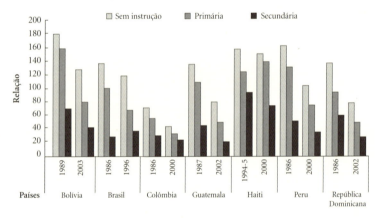

Fonte: OPAS (2006). Dados de publicações oficiais de cada país disponíveis em <www.measuredhs.com> ou obtidos mediante uso do STAT Compiler, no mesmo site.

As taxas de mortalidade infantil nos domicílios com mães com primário incompleto são muito superiores às dos domicílios com mães que possuem o ensino secundário. Duas vezes, ou mais, maiores nos casos da Bolívia, Brasil, Guatemala e República Dominicana; quatro vezes maiores no Peru.

Um estudo realizado no Brasil (Universidade de São Paulo, 1996) constatou a existência de estreitas correlações entre o baixo peso das crianças e o nível educacional das mães. As taxas de peso baixo para a idade eram de 19,9% entre as mães com menos de três anos de educação formal, caindo para 3,35% entre as que tinham onze anos ou mais. As taxas de baixo peso para determinado tamanho iam de 24% nos casos de mães com menos de três anos de educação a 7% nos casos de seis anos para cima.

Tanto no Chile como no Brasil, estudos detalhados permitem constatar a forte correlação existente entre níveis educacionais e expectativa de vida. No Chile (Vega et al., 2003), a Tabela 9 é uma demonstração disso. Ela estabelece uma relação entre a expectativa de vida prevista de acordo com a idade — ou expectativa de vida temporária —, entre vinte e 69 anos, de homens e mulheres, conforme o grau de escolaridade.

TABELA 9. Expectativa de vida temporária dos adultos de 20 a 69 anos de idade conforme o nível de escolaridade, Chile, anos selecionados, 1985-96

ANOS DE ESCOLARIDADE	1985-7	1990-2	1994-6	MUDANÇA 1985-6
Homens				
0	41,5	40,7	39,5	− 2,0
1-8	44,8	44,7	44,7	− 0,1
9-12	45,1	45,4	45,6	0,5
13 ou mais	47,7	47,8	48,1	0,4
Total	45,1	45,4	45,6	0,5
Diferença entre os grupos com maior e menor nível de escolaridade	6,3	7,2	8,7	2,4
Mulheres				
0	44,9	44,5	44,6	− 0,3
1-8	47,3	47,5	47,6	0,3
9-12	47,9	47,9	47,9	0,0
13 ou mais	48,5	48,7	49,1	0,6
Total	47,4	47,5	47,8	0,4
Diferença entre os grupos com maior e menor nível de escolaridade	3,6	4,2	4,5	0,9

Fontes: Instituto Nacional de Estadísticas, Chile; Vega et al. (2003) em *Desafío a la falta de equidad en salud*, OPAS, Fundação Rockefeller, Washington D. C.

Quanto mais baixo o nível de escolaridade, menor é a expectativa de vida. O diferencial nesse item, por outro lado, só vem aumentando. A expectativa de vida entre os homens sem educação formal caiu dois anos no período entre 1980 e 1996, enquanto a dos que receberam educação formal subiu, no mesmo período, 0,4 ano. Entre as mulheres sem instrução, a queda foi de 0,3 ano no período, ante um aumento de 0,6 ano entre as que recebem mais educação formal.

Fazendo um estudo comparativo entre todos os estados brasileiros, Messias (2003) detecta uma clara correlação entre níveis de escolaridade e expectativa de vida média por estado. Calcula-se que um aumento de dez pontos na taxa de analfabetismo corresponde, em termos de correlação estatística, a 2,2 anos a menos em matéria de expectativa de vida.

Os fossos profundos encontrados na América Latina no campo da educação agem comprimindo ou ampliando oportunidades relativas à saúde, e representam um enorme fator no sentido de impossibilitar que os setores mais desfavorecidos possam usufruir os "ganhos" obtidos na saúde a partir dos avanços da medicina.

b. Renda e saúde

São muito amplas as relações entre os níveis de renda dos diferentes estratos da população e sua situação em matéria de saúde. Elas vão desde os aspectos mais elementares, como a autoexclusão de cuidados médicos por falta de dinheiro, até os cruzamentos identificados em algumas pesquisas (Marmot, 2001) entre renda e doenças coronarianas.

Numa região tão desigual em matéria de renda como a latino-americana, as repercussões dessa situação se espraiam por múltiplos aspectos da saúde. Pesquisa realizada pela OPAS sobre a exclusão na saúde em seis países da região (OPAS, 2003) identificou, entre outras de suas expressões, um padrão consistente de ausência de demanda de serviços, apesar das necessidades evidentes, cujo bloqueio principal reside no reduzido nível de renda. No Paraguai, 51% das pessoas que disseram ter estado doentes ou ter sofrido algum acidente nos três meses anteriores não consultaram nenhum estabelecimento médico. Quando isso se estratifica por níveis de renda, a porcentagem de pessoas entre os 20% mais ricos que foram a consultas é duas vezes maior do que entre os 20% mais pobres. Por outro lado, a média de despesas com saúde por pessoa nesse último setor da população é seis vezes inferior à registrada entre os mais ricos, embora ela pese mais no bolso dos mais pobres. A renda condiciona rigidamente as consultas. Isso explica a elevadíssima sensibilidade dos pobres em relação à taxação dos serviços médicos públicos. Ela tem gerado em diversos países do mundo e na própria região quedas "forçadas" na demanda por parte dos mais desfavorecidos, aumentando as desigualdades na saúde.

Em outras áreas, pesquisas realizadas no Brasil (Messias, 2003) identificaram correlações entre os salários mínimos e a mortalidade infantil, a distribuição das causas de morte e a renda, as desigualdades sociais e a violência.

Um campo básico como o acesso a medicamentos essenciais aparece fortemente impactado por essas desigualdades. Ao avaliar a situação mundial em relação a esse aspecto, a Organização Mundial da Saúde (*Relatório sobre a saúde no mundo*, 2003) estima que 91% da produção mundial de produtos farmacêuticos são consumidos por apenas 15% da população do planeta.

Os níveis de renda e a inserção na economia, formal ou informal, interferem de forma aguda no acesso a planos de saúde. Isso possui grande peso numa região onde os trabalhadores informais, que em 1980 constituíam 40% da mão de obra ativa não agrícola, passaram a representar 60% dela. Uma das principais características da informalidade é a sua falta de redes de proteção social, inclusive de proteção na saúde.

As desigualdades de renda se expressam de modo intenso na situação dos mais idosos, que vivem uma etapa de vida crucial no que tange à necessidade de proteção médica. Estimativas recentes indicam que 40% dos adultos com mais de 65 anos de idade, na região, não recebem nenhum tipo de renda por conta de aposentadoria, nem de seguridade social ou outro tipo qualquer.

c. Municípios e saúde

Ao lado da educação e da renda, outro elemento que exerce um papel relevante em relação à saúde pública é a situação dos municípios. As diferenças detectadas a esse respeito entre municípios em situação boa, mediana ou de pobreza podem ser de grande magnitude e afetam fortemente os fatores determinantes da saúde.

Uma pesquisa realizada no México (Lozano et al., 2003) permite constatar como contextos muito diferentes nas comunidades induzem a indicadores de saúde com diferenciais de grandes dimensões. Vejamos, por exemplo, a comparação entre um município pobre típico de Chiapas e outro, mais rico, de Nuevo León (Tabela 10 e Figura 5).

Os dois municípios registram grandes diferenças nos principais fatores relacionados à saúde. Os serviços recebidos pelos habitantes em termos de água e esgoto, os níveis educacionais, os graus de pobreza e outras variáveis são bastante díspares. Isso implica que as taxas de mortalidade sejam mais elevadas em San Juan Cancuc do que em San Nicolás de los Garza em todas as idades, e em uma diferença na expectativa de vida de treze anos (58 ante 71 anos, em 1993). Diferem muito, também, os tipos de doenças encontrados em cada um deles. No mais pobre, por exemplo, é altíssima a presença de enfermidades diarreicas nas crianças.

TABELA 10. Condições sociodemográficas de dois municípios, México, 1990-6

INDICADOR	SAN JUAN CANCUC (CHIAPAS)	SAN NICOLÁS DE LOS GARZA (NUEVO LEÓN)
Indicadores sociodemográficos		
Marginalidade	Muito alta	Muito baixa
População, 1995	27 750	436 603
População indígena como percentual do total	100	0,1
Taxa de analfabetismo (percentual)	67	2
Escolaridade média (anos)	4,2	8,2
Domicílios com acesso a água quente (percentual)	4	95
Domicílios com acesso a esgoto (percentual)	45	92
Expectativa de vida (anos), 1990-6	62	71
Indicadores econômicos		
PNB *per capita* (US$), 1990	3	43,6
Gasto com saúde *per capita* (US$), 1995	3	79

FIGURA 5. Condições de saúde de dois municípios, México, 1990-6

I. Transmissíveis, maternas, perinatais
e deficiências nutricionais

Doenças diarreicas

Deficiências nutricionais

Infecções das vias respiratórias
inferiores

Transtornos perinatais

Tuberculose

II. Não transmissíveis

Doenças cardiovasculares

Neoplasias malignas

Diabetes *mellitus*

Cirrose

Doenças geniturinárias

Doenças respiratórias crônicas

III. Lesões

Acidentes

Homicídios

300 250 200 150 100 50 0 50 100 150 200 250

Taxa por 100 mil habitantes

Fonte: Lozano et al. (2003) em *Desafío a la falta de equidad en salud*, OPAS, Fundação Rockefeller, Washington D. C.

Um estudo realizado no Chile (Arteaga et al., 2002) sobre 198 "comunas"* identificou variações substanciais na saúde conforme as características de cada município. Para isso interferiam, entre outros, aspectos como o nível de investimento na saúde, a abrangência dos serviços básicos de água encanada e eliminação de águas residuais e a qualidade das moradias. Entre outras consequências do contexto específico da comunidade, observou-se que o uso de serviços de atendimento médico primário era 2,8 vezes superior em um município do que em outros; que o atendimento de emergência era 3,9 vezes maior, e os egressos hospitalares, duas vezes mais numerosos.

Água potável

Um aspecto crucial das desigualdades, com todo tipo de implicações em termos de iniquidade em saúde, é o acesso a água potável.

Veja-se a Tabela 11, com os dados da América Latina:

TABELA 11. População com acesso permanente a fonte de água tratada, 2006 (percentuais)

PAÍS	TOTAL	URBANA	RURAL
Argentina	96	98	80
Chile	95	98	72
Uruguai	98	99	96
Costa Rica	100	100	100
México	95	98	85
Panamá	92	96	81
Brasil	91	97	58
Colômbia	93	99	77

continua

* A "comuna" é a menor unidade político-administrativa no Chile. Juridicamente, não coincide com o *município* ou municipalidade, que se refere às instituições administrativas das comunas. (N. R. T.)

174

continuação

PAÍS	TOTAL	URBANA	RURAL
Venezuela	83	-	-
Peru	84	92	63
Equador	95	98	91
Paraguai	77	94	52
República Dominicana	95	97	91
El Salvador	84	94	68
Nicarágua	79	90	63
Bolívia	86	96	69
Honduras	84	95	74
Guatemala	75	90	60
América Latina	90	97	71

Fonte: OPAS, *Situación de Salud en las Américas: Indicadores Básicos 2008.*

Dez por cento ou mais da população não têm acesso a água potável no Panamá, Venezuela, Peru, Paraguai, El Salvador, Nicarágua, Bolívia, Honduras e Guatemala. No conjunto da região, há 50 milhões de pessoas sem acesso a água potável. O acesso a água potável era radicalmente diferente nas áreas rurais e nas urbanas. Nas primeiras, 29% careciam dela. Apenas 58% das casas possuíam água encanada nas zonas rurais do Brasil, ante 96% nas áreas urbanas. Fazer parte de comunidades rurais significa, em todo o continente, a possibilidade de ter de enfrentar grandes dificuldades em relação a isso. Por outro lado, registra-se, também, uma nítida segmentação socioeconômica no acesso à água corrente, tanto nas zonas rurais quanto nas urbanas. Em 1999, segundo a OPAS (2003), entre os 10% mais pobres do Brasil somente 53% possuíam água encanada, ante 97% entre os 10% mais ricos. No Peru, em 2006, 100% dos 20% mais ricos dispunham de água potável, taxa que caía para 25% no caso dos 20% mais pobres. Na Colômbia, em 2005, 100% dos 20% mais ricos tinham água potável, ante apenas 41% entre os 20% mais pobres.

Os pobres encontram dificuldades para ter acesso à água potável e se veem obrigados a comprá-la, pagando, em vários casos, preços exorbitantes. As despesas com água ocupam um percentual maior em seu magro orçamento do que no caso dos 20% mais ricos, como se vê na Tabela 12.

TABELA 12. Porcentagem de gasto familiar total com água potável no primeiro e no último decil do gasto total *per capita* e para o conjunto da população

PAÍS	PRIMEIRO DECIL (MENOR RENDA)	ÚLTIMO DECIL (MAIOR RENDA)	TOTAL
Bolívia			
Urbano	2,5	1,8	1,9
Rural	1,3	0,6	0,9
Brasil			
Urbano	3,4	1,2	2,3
Rural	3,9	1,3	1,9
Chile			
Urbano			
Rural	NA	NA	NA
Colômbia			
Urbano	3,3	0,9	1,6
Rural[1]	2,1	0,3	0,8
Rural[2]	1,4	0,8	0,7
Equador			
Urbano	3,6	1,1	1,9
Rural[1]	2,3	1,7	1,3
Rural[2]	0,9	0,5	0,9
El Salvador			
Urbano	2,8	1,1	1,9
Rural	4,1	1,3	2,6
Jamaica			
Kingston	6,5	1,5	3,0
Urbano	3,8	1,4	2,6
Rural	3,9	2,0	2,8

continua

continuação

PAÍS	PRIMEIRO DECIL (MENOR RENDA)	ÚLTIMO DECIL (MAIOR RENDA)	TOTAL
Nicarágua			
Urbano	2,4	1,0	1,7
Rural	1,9	1,4	1,7
Panamá			
Urbano	2,7	1,3	1,9
Rural	1,6	0,7	1,2
Rural[3]	0,6	0,1	0,4
População indígena	0,8	0,4	0,5
Paraguai			
Urbano	1,7	1,1	1,4
Rural	2,3	0,7	1,2
Peru			
Urbano	2,4	1,7	1,9
Rural	1,6	0,8	0,8

1. Vilarejos rurais
2. Populações rurais dispersas
3. Áreas rurais de difícil acesso

Fonte: Soares e Rangel (2002), *Revista Panamericana de Salud Pública*, OPAS, maio-junho.

A despesa com água é três vezes superior entre os 10% mais pobres dos centros urbanos do Brasil e do Equador do que entre os 10% mais ricos. Na Colômbia, chega a ser o quádruplo.

Em 20% das residências da Argentina, El Salvador, Jamaica e Nicarágua, a água equivalia, em 2006, a 10% do total de gastos. Metade desses domicílios vivia em situação de extrema pobreza, ganhando menos de um dólar por dia.

Os pobres não só têm o seu acesso à água dificultado, pagando mais caro por ela, como também a água que acabam conseguindo tende a ser de pior qualidade. Pesquisa realizada em 2002 (Soares et al.) resume da seguinte maneira a "iniquidade em água potável" na região:

As famílias que não possuem um sistema de distribuição de água potável dedicam muito tempo à obtenção de água, o que implica, para as famílias pobres, uma despesa adicional. As famílias de baixa renda que carecem de uma fonte de água potável em sua moradia gastam tanto dinheiro para obter água quanto as famílias com renda superior. O acesso a processos de tratamento da água no próprio domicílio é muito limitado no caso das famílias pobres, já que esses processos são relativamente caros. O resultado é que as famílias de renda mais baixa bebem uma água de qualidade inferior.

O problema, em toda a região, nada tem a ver com a disponibilidade de água, mas sim com sua distribuição. Por exemplo, 60% da população de Lima recebem apenas 12% do total de água distribuída pela cidade. Em Guaiaquil, conforme registra o *Relatório de Desenvolvimento Humano 2006* do PNUD:

Milhões e milhões de litros de água atravessam a cidade a cada dia pelo rio Guayas. As áreas residênciais com renda superior desfrutam de acesso universal aos serviços de água encanada. Enquanto isso, cerca de 800 mil habitantes de assentamentos irregulares e renda baixa dependem da água dos vendedores. Cerca de 40% da população é obrigada a se virar com apenas 3% da água de origem pública.

No México:

Mais de 90% da população dispõe de conexões com alguma fonte segura de água, e dois terços dos domicílios dispõem de conexão com algum sistema de esgoto. Mas esses níveis de abrangência diminuem de modo acentuado à medida que nos afastamos das áreas urbanas mais desenvolvidas e mais prósperas dos estados do norte e observamos as populações menores, as áreas rurais mais remotas e o cinturão de pobreza formado pelos estados do sul. Os estados de Oaxaca, Chiapas e Guerrero evidenciam o fato de que a disponibilidade física da água e o acesso a ela são dois conceitos muito distintos: devidos às chuvas, esses estados exibem os mais altos níveis de disponibilidade de água do México, mas, ao mesmo tempo, as mais baixas taxas de acesso a água potável. Esse acesso é inferior ao de países em desenvolvimento com renda muito inferior, como Sri Lanka e Tailândia.

As desigualdades possuem, também, um viés étnico. Na Bolívia, a taxa de acesso da população indígena é de 49%, ante 80% da população não indígena.

d. Saneamento

A iniquidade se expressa fortemente, também, no acesso a instalações sanitárias, fator essencial para a saúde. A falta de vaso sanitário e de sistemas de saneamento é um atentado aos direitos humanos mais elementares e causa sérios riscos para a saúde. Veja-se na Tabela 13 a evolução dessa situação na região:

TABELA 13. Existência de banheiros por estrato social

PAÍS	BANHEIROS					
	1	2	3	4	5	MÉDIA
Argentina						
1992	0,74	0,85	0,87	0,91	0,97	0,88
1996	0,75	0,87	0,91	0,96	0,99	0,91
2001	0,60	0,81	0,87	0,96	0,99	0,87
Bolívia						
Urbano						
1992	0,69	0,68	0,72	0,76	0,85	0,76
1996	0,6	0,69	0,8	0,87	0,94	0,79

continua

continuação

PAÍS	BANHEIROS					
	1	2	3	4	5	MÉDIA
Bolívia						
Nacional						
1996	0,26	0,4	0,6	0,74	0,86	0,59
1999	0,24	0,55	0,75	0,83	0,9	0,67
Brasil						
1990	0,17	0,35	0,56	0,73	0,87	0,56
1995	0,23	0,41	0,58	0,75	0,89	0,6
2001	0,33	0,52	0,64	0,79	0,9	0,67
Chile						
1996	0,55	0,7	0,81	0,9	0,97	0,8
2000	0,65	0,78	0,86	0,92	0,98	0,85
Colômbia						
Bogotá						
1992						
1996	0,97	0,99	1	1	1	0,99
Nacional						
1996	0,54	0,76	0,84	0,9	0,97	0,82
1999	0,65	0,77	0,85	0,91	0,96	0,84
Equador						
1994	0,42	0,53	0,68	0,75	0,9	0,67
1998	0,55	0,68	0,76	0,83	0,96	0,77
El Salvador						
1991	0,05	0,12	0,23	0,38	0,64	0,31
1995	0,08	0,13	0,25	0,43	0,71	0,35
2000	0,22	0,29	0,4	0,54	0,77	0,47
Guatemala						
2000	0,08	0,17	0,23	0,38	0,74	0,35
Honduras						
1990	0,05	0,09	0,16	0,3	0,62	0,27
1995	0,27	0,36	0,43	0,53	0,76	0,49
1999	0,26	0,31	0,48	0,59	0,82	0,51
Jamaica						
1990	0,27	0,36	0,45	0,42	0,6	0,45
1996	0,32	0,34	0,46	0,4	0,65	0,47
1999	0,32	0,4	0,52	0,5	0,68	0,51

continua

continuação

PAÍS	BANHEIROS					
	1	2	3	4	5	MÉDIA
México						
1992	0,28	0,54	0,7	0,8	0,91	0,68
1996	0,32	0,53	0,71	0,84	0,93	0,7
2000	0,35	0,7	0,85	0,9	0,96	0,78
Paraguai						
1995	0,09	0,24	0,48	0,66	0,87	0,5
1999	0,16	0,39	0,6	0,75	0,89	0,6
Peru						
Regiões						
1991	0,67	0,81	0,87	0,9	0,93	0,84
1994	0,55	0,76	0,82	0,92	0,96	0,81
Nacional						
1994	0,5	0,71	0,77	0,89	0,94	0,78
2000	0,6	0,72	0,85	0,9	0,97	0,82
Trinidad e Tobago						
1992	0,43	0,48	0,56	0,68	0,083	0,063
Uruguai						
1989						
1995	0,71	0,86	0,93	0,97	0,99	0,91
2000	0,76	0,89	0,95	0,99	1	0,93
Venezuela						
1989	0,7	0,8	0,86	0,91	0,96	0,86
1995	0,75	0,8	0,87	0,92	0,97	0,87
1998	0,759	0,822	0,885	0,936	0,969	0,882

Nota: A variável banheiro equivale a 1 quando o domicílio possui um banheiro com vaso sanitário conectado a algum sistema de esgoto ou a alguma fossa séptica.

Fontes: Cálculos baseados em microdados de pesquisas em domicílios; Banco Mundial (2004), op. cit.

Como se pode ver, em um país com as potencialidades econômicas do Brasil, dois terços dos domicílios dos 20% mais pobres da população careciam de um banheiro em 2001. A Figura 6 ilustra as disparidades existentes no Brasil em 2006 (PNUD, *Relatório de Desenvolvimento Humano*):

FIGURA 6.

Renda mensal média
(salário mínimo = 1)

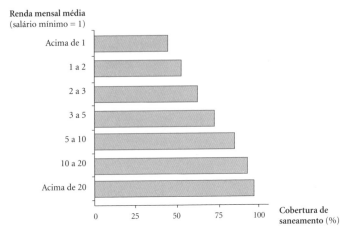

Fonte: Heller (2006), incluído em PNUD, *Relatório de Desenvolvimento Humano 2006*.

No México, em 2004, com um produto *per capita* anual de 9803 dólares, 21% da população não possuíam saneamento sustentável. No mesmo ano, em toda a região, 119,4 milhões de pessoas não possuíam saneamento sustentável. Nas zonas rurais essa carência atingia 53% da população.

Um saneamento adequado, fundamental para a saúde, requer encanamentos, esgoto, filtragem da água e reservatórios de tratamento de águas residuais. Na América Latina, muitas cidades possuem esgoto primário e secundário para núcleos amplos da população. No entanto, a capacidade de tratamento de águas residuais é amplamente insuficiente. No Brasil e no México, menos de um quinto das águas residuais recebem tratamento.

Uma observação de conjunto

Na região mais desigual do planeta, a América Latina, os custos decorrentes desses níveis de polarização social são muito altos para amplos setores da população. Dentre eles, certamente um dos maiores é o impacto das disparidades na iniquidade na área da saúde. Roses (2003) chama a atenção para o peso que isso exerce sobre questões relevantes, como os anos de expectativa de vida perdidos em relação às médias possíveis. Em países da região com baixo nível de renda mas com hiatos menores, são 13,2 anos, mas em países com alta renda, em termos relativos, e fortes diferenças, eles sobem para 19,1 anos. Para enfrentar essas iniquidades, o primeiro passo é colocá-las no centro do debate público. Como ele alerta (2003), "as iniquidades só podem ser alteradas quando se tornam visíveis".

O NOVO CONTEXTO SOCIOPOLÍTICO E A SAÚDE PÚBLICA

Um momento crítico

A América Latina do século XXI tem se apresentado sob o signo do paradoxo. Diversas Américas Latinas coexistem, na verdade, em seu interior.

O Brasil é a nona potência mundial em termos de Produto Interno Bruto anual. Poderia parecer que uma pessoa nascida nesse país teria alta probabilidade de bons indicadores básicos de desenvolvimento humano. No entanto, o país é o 95º em analfabetismo, o 73º em expectativa de vida e o 98º em mortalidade infantil. Existe um Brasil com as características econômicas das economias mais desenvolvidas do mundo e um outro Brasil que é igual aos estados pobres da Índia. As possibilidades de cada um se dão conforme o Brasil em que se nasce, seu estrato social e localização geográfica. Esse fato é ilustrado pela existência, como destacou o presidente Luiz Inácio Lula da Silva no início de seu primeiro mandato, de 44 milhões de pessoas que passam fome, num total de 170 milhões de habitantes.

O México é a décima potência mundial em Produto Interno Bruto anual, mas o 78º em analfabetismo, 45º em expectativa de vida e 88º em mortalidade infantil. As estimativas referentes à pobreza são de que cerca de metade de seus 100 milhões de habitantes se encontram nessa condição e 20% em pobreza extrema. Conforme o México que se nasce, são muito diferentes as alternativas de vida. A Argentina é o quinto maior produtor de alimentos do mundo. Em 2002, exportou alimentos numa quantidade que seria capaz de abastecer 330 milhões de pessoas, quase dez vezes a população total do país. No entanto, naquele mesmo ano, estimava-se que 20% das crianças da região mais populosa do país, a Grande Buenos Aires e seu perímetro urbano, são desnutridas. O direito à alimentação não estava garantido, então, em uma das maiores potências alimentícias do planeta.

Esse direito, como demonstrou Amartya Sen (2002) com precisão, não depende apenas da capacidade de produção de alimentos. Ele tem a ver com outras questões, dentre as quais desempenham papel fundamental a desigualdade, os níveis de renda da população mais desfavorecida, a estabilidade de sua renda e os circuitos de comercialização de alimentos. Afirma Sen: "A fome que se espalha pelo mundo está relacionada, em primeiro lugar, com a pobreza. Não está ligada principalmente com a produção de alimentos".

Boa parte da região apresenta problemas semelhantes. Jacques Diouf (2004), diretor da Organização das Nações Unidas para Agricultura e Alimentação (FAO), afirma que na América Central a desnutrição aumentou 50% entre 1990 e 2000, passando o número de pessoas por ela afetadas de 5 milhões para 7,5 milhões. Em pleno crescimento econômico da região, com altas taxas — 4,8% em 2005, 5,6% em 2006 e 5,7% em 2007 —, o número absoluto de pessoas subnutridas cresceu em 6 milhões, chegando a 51 milhões (García Cebolla, 2008).

Essa realidade tem recebido o repúdio crescente de uma população que está revendo sua visão a respeito das causas dos problemas e que pede, democraticamente, mudanças de fundo capazes de garantir, ao lado dos direitos políticos, o direito à nutrição, à saúde, à educação e ao emprego. Tal exigência encontra impacto cada vez maior entre as lideranças políticas da região. Refletindo vários depoimentos semelhantes, um líder governamental brasileiro afirmou (Dirceu, 2004): "Se não reduzirmos as desigualdades sociais, não vale a pena governar e a política econômica não terá nenhum objetivo ético". O presidente da Guatemala, Oscar Berger, país que conhece uma das mais altas taxas de desnutrição infantil do mundo (49% das crianças menores de cinco anos são desnutridas), assumiu plenamente a responsabilidade pelo problema afirmando, perante a XXVIII Conferência Regional da FAO (abril de 2004), que: "Meu governo reconhece com sincera humildade o doloroso panorama alimentar da Guatemala [...]. Admitimos, com franqueza, que ao longo de toda a sua história, salvo breves períodos, nosso país não realizou os esforços necessários para superar os baixos níveis de nutrição das crianças guatemaltecas". Ao mesmo tempo, reafirmou o compromisso de seu governo de lutar para que se eleve substancialmente o nível de nutrição das crianças.

Nessa América Latina tão paradoxal e que, ao mesmo tempo, conhece uma crescente mobilização social disposta a enfrentar o paradoxo, a saúde se encontra no centro das demandas coletivas. Houve avanços notáveis nos indicadores médios, que denotam os valorosos esforços realizados por sanitaristas e médicos dedicados, acompanhados de amplos setores da sociedade, no sentido de fazer os progressos registrados nas ciências da saúde chegarem à população.

No entanto, essa é, como vimos, a América Latina dos grandes fossos, e esses fossos significam distâncias profundas na saúde pública entre países, classes sociais, etnias, regiões geográficas, distâncias inadmissíveis para uma democracia e eticamente inaceitáveis.

Roses (2003) descreve a situação com perspicácia: "Este é um momento crítico para se aplicar um paradigma de promoção da saúde que inclua os fatores determinantes não médicos da saúde, para reconhecer os benefícios a longo prazo do investimento em saúde e para a adoção de novos modelos de proteção social que abranjam todos os setores da população". A esse respeito, ele adverte:

> As melhoras nos níveis médios da saúde que não sejam acompanhadas de melhoras na distribuição dos ganhos obtidos na saúde são insuficientes para gerar capital humano e acumular um desenvolvimento sustentável [...] os que têm a função de tomar decisões nessa matéria devem enfrentar o desafio de incluir tanto o nível como a distribuição da saúde no momento de definir as metas e as prioridades para a política sanitária.

Para avançar nessa direção, e melhorar a equidade na saúde, seria útil, à luz das análises feitas nas páginas precedentes acerca das desigualdades na região, seu impacto sobre a saúde pública e as reações da sociedade, colocar, entre outras, as indicações estratégicas que se seguem.

Algumas indicações estratégicas

a. É preciso ampliar as pesquisas

A pesquisa sobre as iniquidades na área da saúde tem progredido, mas é preciso avançar muito mais. Ainda são muito amplas as interrogações, assim como as questões em aberto. Da mesma forma, as interconexões entre as políticas econômicas, pobreza, desigualdade e iniquidades na saúde são de grande complexidade. Seria de grande utilidade, assim, o aprofundamento da pesquisa sobre elas, para que aqueles que tomam as decisões macroeconômicas pudessem ter plena possibilidade de avaliar os impactos das diversas opções na saúde pública em geral e especificamente sobre a iniquidade na saúde. Da mesma forma, para que a opinião pública esteja devidamente informada em relação ao que está em jogo em termos de saúde. Temas centrais, como as consequências para a saúde de políticas de ajuste ortodoxas, deveriam ser objeto de rigorosos levantamentos quantitativos. Essa possibilidade é ilustrada por investigações como a realizada pela opas-Cepal (1998) sobre esses temas, que constatou que "observa-se em quase todos os países da região um incremento das enfermidades não transmissíveis crônicas associadas à alimentação e à nutrição" e que, referindo-se às relações com as políticas ortodoxas, ressaltou que "as medidas de ajuste implementadas pelos países afetaram a disponibilidade nacional de alimentos e tiveram repercussões negativas sobre o poder de compra dos grupos mais pobres, ameaçando a segurança alimentar".

A pesquisa sobre a iniquidade deveria estudar detidamente, entre outros assuntos, as relações entre os níveis de salário mínimo e os indicadores da saúde, os efeitos que o congelamento do salário mínimo pode ter, ou os impactos diferenciados dos diversos níveis de aumento, as consequências, para a saúde, do crescimento da informalidade, da perda do poder aquisitivo do salário, o impacto do desemprego prolongado sobre a saúde mental. A pesquisa pode levar a descobertas de extrema utilidade para o debate sobre políticas públicas e sua definição. A imensa agenda de pesquisas pendentes é bem ilustrada, por exemplo, pelos resultados de um estudo realizado sobre morbidade e mortalidade no Brasil (Centers for Disease Control and Prevention, 2004). Esse trabalho inclui, entre as suas descobertas, uma forte correlação entre a renda mensal e a taxa de homicídios em São Paulo, e sugere que "é preciso realizar mais pesquisas para se entender melhor a associação entre violência e pobreza, a fim de que se possam desenvolver intervenções adequadas. Essa associação pode ser atribuída a desigualdades na renda e às disparidades de perspectivas em termos de trabalho e educação".

Por outro lado, cabe aprofundar os estudos sobre os fossos existentes. Cabe encontrar respostas detalhadas a respeito de como eles afetam os grupos altamente vulneráveis, tais como, entre outros, as populações indígenas, que representam 30% da população do Peru, 43% no Equador, 55% na Guatemala e 61% na Bolívia, e examinar as disparidades, na saúde, em relação à população afro-americana. Da mesma forma, inquirir a respeito da situação em que se encontra, em matéria de saúde, o setor da terceira idade, que vive um forte crescimento demográfico na região e conhece fossos internos enormes em termos de proteção. Cabe aprofundar, também, as análises sobre os fossos relacionados a gênero, que, em algumas áreas da região, não seguem necessariamente a evolução normal das médias referentes à saúde feminina. Da mesma forma, é preciso produzir análises sistemáticas das tendências relativas aos incapacitados.

b. A legitimidade dos gastos com a saúde

Outro caminho estratégico consiste em apresentar com bastante vigor, para a opinião pública, "o caso da saúde". Nas sociedades cada vez mais mobilizadas da América Latina, é necessário construir um "piso social" de apoio para levar importantes reformas adiante. Existem todos os elementos para o avanço da luta pelo desenvolvimento de uma ampla base de apoio para políticas ativas de saúde pública. Um componente essencial é conseguir fazer que a sociedade compreenda a relevância da ação na saúde para a economia como um todo, bem como o significado das iniquidades em saúde e o atraso que elas implicam.

Isso não é nada simples, posto que o pensamento econômico que tem prevalecido nas últimas décadas tendeu a transmitir uma visão que desvaloriza totalmente o social. Para essa visão, as melhorias em saúde pública são um *post*. Com taxas de crescimento econômico relevantes, melhorias na saúde viriam quase que automaticamente, assim como os recursos a serem dedicados a ela. Caberia apenas introduzir uma espécie de "piloto automático" no tratamento do assunto, fazendo somente o imprescindível, e esperar. Essa visão não encontra respaldo na experiência histórica. A saúde, como o investimento no social em geral, sempre demonstrou ser uma alavanca, e não mera consequência, de um crescimento sustentável. Segundo Macroeconomia e Saúde (oms, 2002), a rentabilidade de um investimento gerenciado adequadamente em saúde pode ser seis vezes superior ao valor investido. Em outros vários casos, o estudo menciona o aumento da dieta nutritiva nos últimos dois séculos na Inglaterra e na França como fator determinante para o aumento da produtividade no trabalho e o crescimento de seu Produto Interno Bruto *per capita*, ao passo que, ao contrário, na África, a não realização dos investimentos necessários diante de doenças como a malária gerou uma perda estimada em 100 bilhões de dólares no seu Produto Interno Bruto.

A ideia do "piloto automático" é desaconselhável até mesmo nos países desenvolvidos. Não basta o crescimento do Produto Interno Bruto para que isso se materialize em resultados na saúde. Há vários outros fatores de grande importância, como os seus padrões de distribuição e a magnitude e qualidade das despesas com saúde, como observa Sen no capítulo 6, "Mortalidade como um indicador de sucesso e fracasso econômico".

Michael Marmot (2001) compara as expectativas de vida na China, no Sri Lanka e em Kerala, na Índia, com a do Harlem, em Nova York. A renda média é maior no Harlem, mas a expectativa de vida é consideravelmente inferior. O mesmo vale para os Estados Unidos como um todo: enquanto a probabilidade de um norte-americano branco sobreviver entre os quinze e os 65 anos é de 77%, no caso dos homens negros do Harlem, ela cai para 37%.

A opinião pública precisa ter absoluta consciência de que a saúde é uma peça-chave do desenvolvimento, que não há tempo para esperar e que, para avançar, é preciso investir e praticar políticas agressivas de imediato.

c. A saúde pública, peça-chave na luta contra a desigualdade

Ao mesmo tempo em que se coloca amplamente o "caso da saúde", é preciso inocular na população, com bastante vigor, a percepção da relevância e do peso concreto das desigualdades na saúde.

As metas do milênio das Nações Unidas constituem um excelente passo nesse sentido. Elas enfatizam a importância da saúde ao atribuir um grande espaço aos objetivos a serem atingidos no setor.

Assim, três das oito metas estão voltadas para a saúde pública. Por outro lado, ao estabelecer metas que se concentram em melhorar as oportunidades para a população, ressaltam-se, por si só, as profundas disparidades atualmente existentes.

A Figura 7 (Baudouy, Wagstaff, Claeson, abril de 2004) expressa de forma apropriada a dimensão dessas disparidades em nível internacional.

190

FIGURA 7. Por que as metas do milênio são importantes
Os mais pobres são os que morrem primeiro

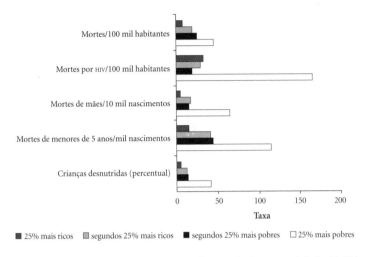

Fonte: Baudouy, Wagstaff e Claeson (2004), *The millennium development goals for health: Rising to the challenges*, 5º Fórum Eurolac, Washington D. C.

Como se pode notar, os pobres apresentam taxas de falecimento muito superiores em itens centrais como tuberculose, aids, mortalidade materna, mortalidade infantil e desnutrição.

Na América Latina, é preciso mostrar que, como produto de múltiplos fatores, dentre eles, com enorme incidência, a desigualdade macroeconômica global, há um delicado problema de iniquidades na saúde que não pode ser posto de lado nem adiado.

A dimensão que essas disparidades podem atingir é ilustrada, entre outras coisas, pela situação de Honduras, onde 33,1% dos partos são não institucionais, o que eleva visivelmente a mortalidade materna. O mesmo se pode dizer em relação ao que ocorre com a população de Choco, na Colômbia, que é em sua totalidade de origem afro-americana. Ali, a taxa de mortalidade infantil é três vezes maior do que em qualquer outro lugar do país (Torres, 2002).

FIGURA 8. Diferenças regionais: a menor cobertura de água nas províncias menos desenvolvidas do Peru cobra seu custo em vidas

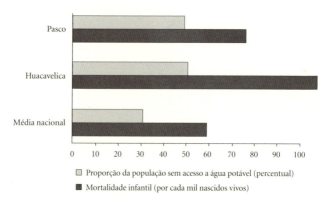

☐ Proporção da população sem acesso a água potável (percentual)
■ Mortalidade infantil (por cada mil nascidos vivos)

Fonte: PNUD, *Relatório de Desenvolvimento Humano 2006*.

A ausência de água potável influi diretamente na mortalidade infantil, como mostra a Figura 8 (PNUD, *Relatório de Desenvolvimento Humano 2006*).

O simples fato de um domicílio de uma área urbana do Peru contar com uma latrina com fossa já reduz em 50% a incidência de diarreia; a existência de um vaso sanitário com fossa a reduz em 70%.

Uma análise sobre as favelas de Salvador, na Bahia, indica que a diarreia é duas vezes mais presente em crianças de domicílios sem vaso sanitário. Da mesma forma, é três vezes maior entre as crianças de comunidades que não possuem infraestrutura de saneamento em comparação com aquelas que contam com sistemas de drenagem e esgoto.

Por outro lado, as conclusões do estudo da Cepal, Ipea e PNUD (2003) e de outros estudos como o do PNUD sobre democracia (2004) ou o do Banco Mundial sobre a desigualdade (2004) são semelhantes: a América Latina não avançará na luta contra a pobreza se não forem reduzidas as desigualdades, e, como afirmam a Cepal, o Ipea e o PNUD, esse "remédio", que é o melhor de todos, "parece ser um dos mais difíceis de se receitar [...] são muito poucas as economias da região que foram capazes de consegui-lo, mesmo em escala reduzida".

A grande questão, para as políticas públicas, diante da insatisfação coletiva no que se refere ao assunto, é como obter essa diminuição das desigualdades. E, nesse caso, é possível explicar para a opinião pública e para os responsáveis pela tomada de decisões que o setor da saúde é fundamental. Eliminar as disparidades na saúde terá um efeito multiplicador de enormes proporções. Atualmente, essas disparidades são decisivas para a reprodução da pobreza ou para a frustração prática de projetos bem-intencionados.

Esse fato é ilustrado por um estudo sobre uma das experiências mais bem-sucedidas do mundo em matéria de apoio a agricultores pobres, por meio de microcrédito, a do Grameen Bank, que se tentou reproduzir em vários países do mundo, inclusive na América Latina. Os miniempréstimos outorgados pela instituição criada pelo prêmio Nobel Mohamad Yunus conseguiram produzir melhorias na situação de milhões de pequenos agricultores. No entanto, avaliação feita posteriormente (Todd, 1996) verificou que havia beneficiários do banco que, depois de dez anos de empréstimos, continuavam vivendo na pobreza. Esse fato não se devia aos programas do Grameen, que foram bastante inovadores e bem-sucedidos. A causa comum, na maioria desses casos, era que um membro da família tivera alguma doença séria nos últimos três anos. Diante da ausência de proteção médica, essas famílias tiveram de vender os seus bens para arcar com os custos de assistência. A iniquidade na saúde atravanca a efetividade do programa.

A saúde, por outro lado, é um campo em que as iniquidades podem ser diminuídas significativamente com custos mais baixos e em períodos de tempo mais curtos do que outros campos. Assim sugerem os resultados contundentes atingidos, em períodos reduzidos, por programas como o da luta contra a aids no Brasil ou o de acesso universal a medicamentos essenciais, na Argentina.

Uma estratégia que consiga transmitir à população que o problema das iniquidades encontra um de seus pontos de ruptura mais acessíveis e importantes na batalha contra a iniquidade na saúde pode ajudar a que se constitua uma forte base social de apoio a ações de envergadura nesse terreno, como ocorreu nos exemplos acima mencionados, no Brasil e na Argentina.

d. Impactar a agenda pública

O esclarecimento, para a sociedade, a respeito da importância fundamental da saúde, bem como do papel desempenhado pelas iniquidades, deve ser acompanhado pelo posicionamento público, com base nesse esclarecimento, sobre alguns grandes temas relacionados à saúde na região. Todos esses temas interferem, atualmente, nas agendas dos ministérios da saúde e de organizações ligadas a esse campo, mas a ideia, aqui, é conseguir fazer com que eles se tornem eixos da grande agenda pública da região, que estejam no seu núcleo central — o que indicaria ser de responsabilidade de toda a sociedade o debate a seu respeito — e buscar as soluções.

O caso da fome é exemplar em relação a isso. Em uma região com tantas possibilidades de produção de alimentos, os níveis de desnutrição, embora tenham recuado em suas médias globais, revelam dados preocupantes quando vistos em detalhes e condenam amplos setores da população a uma existência miserável. O Brasil, com mais de 40 milhões de pessoas vivendo nessa condição em 2002, é um caso extremo. Interpretando o mandato que recebeu ao ser eleito, como a possibilidade de efetuar mudanças, o presidente Lula conseguiu colocar o tema no centro da agenda do país. Afirmou que queria "transformar a questão da fome numa questão ética para toda a sociedade". Um tema que extravase os limites de seu tratamento como uma questão de saúde pública para se transformar em questão de Estado. Lançou um grande programa referente a ele, o Fome Zero, cujo lema está de acordo com essa ideia de tema coletivo: "O Brasil que come ajudando o Brasil que passa fome". O programa convocou toda a sociedade a participar dele. O presidente acrescentou, depois, que, ao final de seu mandato, a população não teria dificuldade para avaliá-lo. O critério para isso seria se ele terá conseguido fazer com que todos os brasileiros possam comer ao menos três vezes ao dia.

Ao lado da fome, seria necessário incorporar, entre as prioridades da agenda coletiva, temas impulsionados de forma pioneira pela OPAS, alguns governos e ONGS, ampliando-os ainda mais, como a luta contra o tabaco, os medicamentos genéricos, a aids e a saúde mental da população fortemente afetada pelo enorme estresse, entre outros. É bastante significativo, em relação aos medicamentos genéricos, o caso do Brasil (Roses, 2003). Apesar da resistência de alguns agentes econômicos e da falta de tradição do país nesse campo, uma forte campanha de comunicação conseguiu fazer com que, já no final de 2001, 95% da população tivessem conhecimento de sua existência, enquanto 80% consideravam que eles possuíam os mesmos efeitos que os produtos de marca.

Resultados muitos efetivos em relação à estratégia aqui mencionada foram obtidos por ações como a parceria entre organizações criada pela OPAS para lidar com a mortalidade materna. A reunião de diversos organismos internacionais, a descoberta de que 23 mil mães morrem por ano na região durante a gravidez ou no parto, de que essa cifra ultrapassa várias vezes a dos países desenvolvidos e de alguns países da própria região, e de que isso pode, em grande medida, ser evitado, proporcionou uma forte impulsão para o tema na agenda pública. Esse tipo de ação, com parcerias estratégicas para o lançamento orquestrado de grandes temas relacionados à saúde, deveria ser reforçado e aprofundado.

e. Fortalecendo as políticas públicas

A opinião pública espera, na região, por uma reativação vigorosa das políticas públicas. Desiludida em relação às promessas dos anos 1980 enterradas pelo crescimento da pobreza e do desemprego, essa opinião pública acredita que o Estado faz parte da solução dos problemas, deixando para trás os clichés em voga nas décadas anteriores sobre a sua inutilidade. E um campo em que essa expectativa é muito grande é o da saúde. A população reivindica ações firmes de diversos tipos por parte da política pública, para proteger seus direitos de acesso a uma saúde de boa qualidade. A evidência empírica indica que suas demandas encontram fundamento nos fatos. Musgrave (1996), resumindo diferentes pesquisas, destaca: "Embora nenhuma das razões para a intervenção do Estado sirva somente para a área da saúde, certas falhas do mercado são piores aí do que em qualquer outro setor da economia". Ao estudar 35 países em desenvolvimento, Bidani e Ravallion (1997) registram um efeito positivo dos gastos públicos em saúde, em matéria de expectativa de vida e redução das taxas de mortalidade infantil. Grupta, Verhoeven e Tiongson (1999) avaliam que os gastos com atendimento primário estão positivamente associados à redução das taxas de mortalidade de bebês e crianças.

Por outro lado, a intervenção pública se mostra essencial para a análise da iniquidade na saúde. A existência de uma política de "discriminação positiva" em relação aos pobres pode ser vital para melhorar os indicadores de saúde. Birdsall e Hecht (1995) destacam, com base em amplo levantamento estatístico, que "torna-se evidente que, para se atingir a igualdade de resultados na saúde, o gasto público exigido por pessoa é muito maior para os pobres do que para os ricos".

As tendências, na região, não têm estado de acordo com as atuais expectativas da opinião pública com relação às políticas públicas, tampouco em relação às evidências internacionais, e parece ser estratégica a realização de um debate mais profundo capaz de ajudar a que se produza uma reorientação.

Os gastos totais com saúde (públicos e privados) na América Latina são inferiores aos da região da Ásia Oriental e Pacífico e muito inferiores aos dos países desenvolvidos. Nesses países, o gasto *per capita* com saúde supera em muitas vezes o da América Latina. As diferenças internas na própria região são bastante consideráveis. Quinze países não chegavam a gastar 5% do Produto Interno Bruto em saúde, nível inferior, inclusive, ao da África do Norte e do Oriente Médio, as regiões mais atrasadas. Os dados estão na Tabela 14:

TABELA 14. Gastos com saúde (públicos e privados) *per capita*, 2004

PAÍS	GASTO PÚBLICO (% DO PIB)	GASTO PRIVADO TOTAL (% DO PIB)	*PER CAPITA* (EM US$)
América Latina			
Argentina	4,3	5,3	1274
Chile	2,9	3,2	720
Uruguai	3,6	4,6	784
Costa Rica	5,1	1,5	592
México	3,0	3,5	655
Panamá	5,2	2,5	632
Brasil	4,8	4,0	1520
Colômbia	6,7	1,1	570
Venezuela	2,0	2,7	285
Peru	1,9	2,2	235
Equador	2,2	3,3	261
Paraguai	2,6	5,1	327
República Dominicana	1,9	4,1	377
El Salvador	3,5	4,4	375
Nicarágua	3,9	4,3	231
Bolívia	4,1	2,7	186
Honduras	4,0	3,2	197
Guatemala	2,3	3,4	256

continua

continuação

PAÍS	GASTO PÚBLICO (% DO PIB)	GASTO PRIVADO TOTAL (% DO PIB)	PER CAPITA (EM US$)
Outros países			
Noruega	8,1	1,6	4080
Suécia	7,7	1,4	2828
Canadá	6,8	3,0	3173
Itália	6,5	2,2	2414
Espanha	5,7	2,4	2099

Fonte: PNUD, *Relatório de Desenvolvimento Humano 2007-8*.

Os gastos *per capita* do México equivalem a 20% dos gastos realizados pelo Canadá. Os do Peru, Guatemala e Equador são catorze vezes menores do que os desse país da América do Norte. A composição dos gastos com saúde revela outra diferença substancial em relação a outras regiões do mundo. Como mostra a Tabela 15, a proporção dos gastos públicos tendeu a decrescer nos anos 1990 como consequência das políticas ortodoxas aplicadas.

TABELA 15. Composição dos gastos totais (públicos e privados) com saúde por subsetores, como percentual dos gastos totais. América Latina e Caribe, 1990 e 1995

SUBSETOR	GASTO COM SAÚDE (PERCENTUAL)	
	1990	1995
Público	43,4	43,5
Governo central	12,2	15,8
Governo local	7,4	8,5
Seguridade social	23,8	17,2
Privado	56,6	59,5
Direto	ND	39,0
Indireto	ND	19,5
Total	100	100

ND: Informação não disponível.

Fontes: Para 1990: Suárez et al., "Gastos en salud y financiamiento. América Latina y Caribe. Desafíos para la década de los noventa", OPAS — Programa de Políticas Públicas (mimeogr.), 1995. Para 1995: OPAS/OMS, *A saúde nas Américas 1998*, Washington D. C.: OPAS/OMS, 1998. Fonte original: Molina et al. (2000), "Gasto y financiamiento en la salud", *Revista Panamericana de Salud Pública*, OPAS, janeiro-fevereiro.

Os gastos públicos representavam 43,4% dos gastos totais em saúde em 1990, cifra consideravelmente inferior à dos países desenvolvidos, onde chegava a 76%. A participação pública em saúde, na região, era a segunda menor de todas as regiões do planeta. Em 1995, caíra para 41,5%. Como observam Molina, Pinto, Henderson e Vieira (2000), "esta situação é preocupante, já que os gastos públicos estão sendo substituídos por aportes dos próprios domicílios, situação que contém o potencial de impor barreiras adicionais às já existentes para o acesso aos serviços de saúde".

Houve uma tendência ao aumento das despesas saídas diretamente do bolso da população para o pagamento de insumos e serviços não cobertos pelos programas de saúde. Isso tem feito com que os gastos em saúde passem a ser um componente crescente do conjunto das despesas dos mais desfavorecidos, contribuindo para acentuar os padrões de iniquidade. As tendências, na região, foram em sentido oposto às do mundo desenvolvido. Como destacam os pesquisadores acima mencionados:

> Enquanto nos países industrializados, inclusive nos Estados Unidos, a participação do financiamento público (por intermédio dos impostos e taxas de seguridade social) está crescendo, na região das Américas observa-se uma tendência oposta, ao mesmo tempo em que começam a ser incentivados os seguros privados e o pagamento por parte das famílias.

A isso veio se somar a introdução de cobranças realizadas dos usuários nos próprios serviços públicos de saúde. Embora não o façam no caso de usuários que comprovem sua carência em termos de renda, a experiência internacional indica que tal situação leva a um afastamento desses serviços por parte dos mais pobres. Tais processos contribuem para acentuar as regressões já existentes na saúde. Uma ação efetiva no sentido do fortalecimento da ação estatal nesse campo, algo que tem sido adotado por países que apresentam resultados globais melhores em matéria de saúde, poderia ter um impacto bastante forte sobre problemas centrais da região. Veja-se, como referência, a Figura 9, que ilustra, em nível internacional, como poderia cair a taxa de mortalidade materna caso as intervenções médicas disponíveis chegassem a um número maior de mães.

FIGURA 9. Intervenções eficientes existem – Precisam chegar a mais pessoas

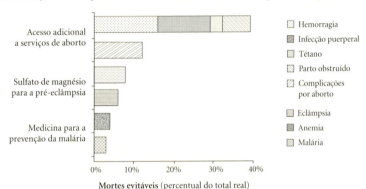

Fonte: Baudouy, Wagstaff e Claeson (2004), *The millennium development goals for health: Rising to the challenges*, 5º Fórum Eurolac, Washington D. C.

Registram-se atualmente, no mundo todo, 500 mil mortes de mães durante a gravidez ou o parto por ano. Desse total, 99% ocorrem nos países em desenvolvimento. Três quartos dessas mortes poderiam ser evitados se os recursos tecnológicos da medicina já disponíveis chegassem a 99% da população.

Dada a efetividade que a ação pública pode ter na saúde, bem como a expectativa dos cidadãos da região, que esperam por políticas mais ativas, impõe-se um aprofundamento do debate coletivo, que agora pode se dar em um contexto muito mais favorável, sobre como reforçar os gastos com saúde, aumentar a participação pública no seu conjunto e colocar em prática políticas que beneficiem sobretudo os mais fracos, contribuindo para romper as desigualdades.

f. Melhorar a qualidade da gestão

O incremento dos gastos com saúde e das políticas públicas deve ser acompanhado de avanços no gerenciamento das diversas áreas da saúde.

Como afirmou Sulbrandt (1998), na saúde, como em outros campos sociais, a verdadeira política é, definitivamente, a política de gestão depois que os projetos de política foram postos em prática por organizações concretas. Essa etapa é denominada normalmente, por economistas e políticos, como de "implementação". Sua complexidade vinha sendo subestimada. Aplicar decisões por intermédio de organizações significa desencadear um processo em que entram em jogo os interesses das burocracias organizacionais, seus vieses, as pressões de interesses externos de ordem econômica, de clientela e outros, as lutas pelo poder, a competência humana real para sua execução, a validade dos modelos organizacionais adotados. Tudo isso faz parte do gerenciamento. Com frequência, na saúde, como ocorre em outros campos públicos e privados, os gargalos gerenciais têm barrado a realização dos objetivos estabelecidos, desvirtuando-os, levando a resultados diferentes dos previstos.

A isso se acrescentam, no campo da saúde, as dificuldades gerenciais intrínsecas de políticas que devem, em muitos casos, procurar atingir a ampla população pobre, o que requer adaptações a suas culturas, linguagens e idiossincrasias, que tropeçam, em sua aplicação, com as iniquidades gerais, que, para garantir sua eficácia, deveriam se articular estreitamente com programas em outros campos, como o da luta contra a pobreza, educação, trabalho e desenvolvimento social de modo geral.

Melhorar a qualidade do gerenciamento na saúde, a serviço da igualdade, significa levar em consideração essas e outras especificidades e desenvolver, organicamente, uma gestão latino-americana de saúde pública, que articule os avanços mais importantes na gestão social ao mesmo tempo que os específicos da saúde, que tenha estabilidade e profissionalismo e dê forma a uma massa crítica gerencial capaz de reagir diante de situações instáveis e promover e operar programas com eficiência.* Isso implica passar por certos caminhos, como, entre outros, a descentralização das políticas e serviços de saúde. O nível local possibilita que se atue com maior eficiência gerencial, que se deem respostas mais diretas, que se incorporem as reações da população; ele proporciona mais flexibilidade e abre mais possibilidades para a participação da comunidade. Mas exige o reforço da capacidade gerencial local e a garantia de que a ação se oriente para a comunidade e não seja desviada por interesses clientelistas ou por grupos que exerçam pressões econômicas locais.

Um importante caminho para potencializar as possibilidades da descentralização e que constitui ao mesmo tempo uma fonte de geração de valores agregados fundamentais para um processo efetivo de saúde é o "empoderamento" das comunidades pobres. A participação pode produzir uma diferença fundamental, como sugerem inúmeras pesquisas comparadas (ver o trabalho do autor sobre a participação, no capítulo 12). Ao mesmo tempo, cria condições favoráveis para que a descentralização seja colocada efetivamente a serviço da comunidade.

A combinação de descentralização e participação pode reforçar toda a ação no campo da saúde. Exemplo disso é o sucesso dos municípios saudáveis e dos grandes programas de combate a epidemias e de vacinação baseados na integração ativa dos moradores vizinhos.

---

* O autor trata detalhadamente a questão do gerenciamento social e suas especificidades em suas obras *Pobreza, el drama cotidiano. Instrumentos para una gerencia social eficiente* (Norma, 1995), *Por uma economia com face mais humana* (Unesco, 2003) e *Mais ética, mais desenvolvimento* (Unesco, 2008).

Uma condição *sine qua non* para o gerenciamento da saúde terá de ser, na América Latina, assegurar a absoluta transparência dos programas. Há uma grande demanda social legítima pela erradicação de todas as formas de corrupção, que exige informações contínuas e prestação de contas, demanda que deve ser atendida por meio de instrumentos gerenciais adequados e fazendo com que se instituam formas ativas de controle social.

g. Construir alianças

Numa democracia, as políticas públicas são as principais responsáveis por garantir os direitos elementares a todos os cidadãos, dentre eles o direito à saúde. Esse papel é indeclinável. Elas significam, em resumo, a ação coletiva colocada a serviço de objetivos de ordem global. Podem encontrar um aliado poderoso no capital social da sociedade. Essa aliança entre políticas públicas e sociedade, que atua diariamente nos países com um bom desempenho na saúde, conheceu fortes tropeços na América Latina. A visão do pensamento ortodoxo predominante nas últimas décadas segundo a qual o Estado deveria ter um papel apenas residual, a desvalorização que ela promovia no que toca aos esforços da sociedade civil, a idealização do mercado como única resposta, minou as possibilidades de realização dessas alianças. Hoje em dia, tudo isso está mudando.

Uma especialista internacional em questões da infância, Maria Jesús Conde (2004), descreve o cenário atual nos seguintes termos: "Em termos de pobreza, a América Latina é, hoje, mais pobre do que dez anos atrás; em termos de declarações, de compromissos, de reconhecimento dos direitos humanos, de mobilização da sociedade civil pelos direitos da infância [...] estamos melhores".

Essa nova situação permite as bases para se pensar em alianças criativas a serviço da saúde pública, objetivo inquestionável e comum a toda a sociedade. A ação das políticas públicas em questões essenciais pode ser reforçada por intermédio de sua articulação com diversos agentes da sociedade civil.

Um campo de grandes possibilidades está em obter-se um nível de envolvimento bem maior do que o de hoje, que é bastante limitado, por parte da empresa privada, educando-a e promovendo o conceito de responsabilidade social empresarial (RSE). A RSE ganhou espaço no mundo desenvolvido, tendo sido mobilizada a partir de pressões bastante fortes da sociedade civil, e é atualmente associada à produtividade e à competitividade, começando a fazer parte das estratégias mais elaboradas das empresas mais avançadas. Com base nessa ideia, as Nações Unidas começaram a pôr em marcha um pacto global que já foi endossado por 4 mil empresas líderes no mundo. Na América Latina, o atraso em relação a isso é manifesto. A saúde pode ser um campo de ponta para gerar alianças relevantes. Um indício das potencialidades existentes foi a resposta que o programa Fome Zero recebeu, quando de seu lançamento, a convocação às empresas privadas do Brasil para que participassem ativamente dele. Educadas de forma sistemática na ideia de responsabilidade social empresarial por entidades como o Instituto Ethos, que tem um grande trabalho nesse campo, mais de cem empresas privadas aderiram ao programa, fazendo todo tipo de contribuição. Os pactos não implicam apenas contribuições de ordem econômica. A empresa privada, ao lado disso, pode contribuir com tecnologia gerencial, espaços na internet ou canais de distribuição.

Outro setor de alianças é o que se pode concretizar com as entidades da sociedade civil, que podem complementar e enriquecer as políticas públicas por meio de seu contato direto com a população. Na crise de extrema gravidade por que passou a Argentina em 2001-2, quando 58% da população chegou a se situar abaixo da linha de pobreza, a Caritas forneceu proteção a

3 milhões de pessoas com base na cooptação de mais de 150 mil voluntários; o mesmo foi feito pela Rede Solidária, a Asociación Mutual Israelíta Argentina (Amia), principal entidade judaica do país, e outras. Na América Latina, o potencial do voluntariado é muito grande, fato demonstrado pelas contribuições qualificadas dadas pelas igrejas à luta contra a pobreza e pela saúde. As parcerias entre as políticas públicas e a cada vez mais ativa sociedade civil latino-americana deveriam ser reforçadas. Nesse contexto, caberia repensar a relação entre essas políticas públicas e as organizações sindicais representativas dos trabalhadores formais, bem como aquelas surgidas dos setores informais.

Outra área possível de parcerias surge com a mídia. Ela pode desempenhar um importante papel, sendo imprescindível para o empreendimento de políticas abrangentes de saúde preventiva, e essenciais para introduzir temas na agenda pública e promover a sua mobilização. As causas da saúde pública podem ser um elemento bastante mobilizador, desde que seja feito um trabalho sistemático e congruente com as suas especificidades. O conceito de RSE pode ser muito útil para que se forjem alianças nesse terreno. Assim, por exemplo, vários meios de comunicação de grande alcance se uniram a setores da sociedade civil, na Argentina, em plena crise, a fim de pressionar pela aprovação da lei "El hambre más urgente" [A fome mais urgente], voltada para o combate à desnutrição infantil, obtendo grande impacto.

UMA CONCLUSÃO FINAL

Todas as recomendações estratégicas anteriormente mencionadas, voltadas para o impulso a uma ação que vise enfrentar as desigualdades e conseguir melhorar a saúde de todos os latino-americanos, deveriam ser levadas adiante definindo como seu ponto de referência a grande necessidade que o continente possui de resgatar uma visão ética do desenvolvimento.

O último teste para ver se uma sociedade está avançando ou retrocedendo é o da relação entre seus indicadores e os valores éticos principais nos quais acredita. Na América Latina, há problemas evidentes nesse campo. Toda a sociedade proclama o seu mais absoluto apoio às mães, às crianças, às famílias, aos idosos, cujo bem-estar constitui um valor ético fundamental, ao mesmo tempo em que os dados, como no caso da saúde, atestam desigualdades grosseiras que prejudicam núcleos amplos desses mesmos setores sociais. Torna-se imprescindível, então, reatar ativamente ética, economia e saúde. Como afirmou em diversas ocasiões o papa João Paulo ii (2000), a economia deveria estar a serviço da ética, sob a orientação de códigos éticos. Ela deveria garantir o desenvolvimento do ser humano dentro da dignidade. A saúde é um pilar desse desenvolvimento. A discussão sobre como construir uma economia realmente ética deveria ter um de seus eixos centrais em como garantir o acesso universal à saúde pública.

A admissão da ética como referência para o cumprimento de objetivos e critério de avaliação da economia leva a consequências bastante concretas. Os agentes sociais deveriam assumir as responsabilidades éticas daí derivadas. Colocam-se aí temas como a responsabilidade ética das políticas públicas, a já mencionada responsabilidade ética das empresas privadas, as responsabilidades dos sindicatos, das universidades, das ongs, dos meios de comunicação e outros agentes. Os desafios que se colocam com relação à América Latina no campo da saúde são muito concretos. A opas calcula que 190 mil crianças morrem todos os anos de causas evitáveis. Do ponto de vista ético, isso é totalmente inadmissível. Não pode haver valor mais importante do que a vida dessas crianças. As sociedades deveriam fazer todos os esforços para que isso não aconteça mais.

Nesse caso, como em vários outros, a opção pela saúde é inadiável. Os danos para a saúde, se não são tratados, podem se tornar irreversíveis. Não é cabível o argumento de que se deve aguardar que se realize essa ou aquela etapa do "modelo derrame"* para depois cuidar das crianças ou da mortalidade materna. Depois será tarde demais. É preciso aplicar à saúde aquilo que nos permitimos chamar de "ética da urgência". Poder-se-ia argumentar, como já foi feito reiteradamente, que não há recursos. Quanto maiores os recursos, melhor. É desejável e necessário que o Produto Interno Bruto cresça, que haja estabilidade econômica, níveis elevados de produtividade, avanços tecnológicos, competitividade, mas tudo isso pode acontecer sem que a sorte dos pobres seja melhorada. Várias experiências muito recentes na região o indicam, como a duplicação da porcentagem de pobres no Chile durante a ditadura militar (1973-90) apesar das altas taxas de crescimento, ou o avanço da pobreza e da desigualdade na década de 1990 na Argentina apesar dos aparentes avanços no nível macroeconômico.

O crescimento é necessário, mas sempre terá de haver uma definição em relação ao direcionamento dos recursos. Sociedades mais pobres obtêm resultados muito melhores na saúde do que outras mais ricas porque isso é uma prioridade para elas, razão pela qual introduzem políticas deficitárias para levá-la adiante. Por outro lado, como afirma Amartya Sen (ver capítulo 6), os custos para se montar programas importantes de saúde nos países pobres são muito menores. Os programas exigem uso intensivo de mão de obra profissional e paraprofissional, que tem um

---

* O autor se refere ao "pensamento econômico ortodoxo", que pressupõe que o crescimento econômico é suficiente para resolver todas as desigualdades e déficits sociais através do efeito "derrame de benefícios" que virá para baixo uma vez alcançada as metas de crescimento. (N. R. T.)

custo muito menor do que nos países ricos. Com investimentos bem menores, pode-se proporcionar um nível de cobertura semelhante. Segundo ele apontou ao inaugurar a LII Assembleia Mundial da Saúde (1999), a questão é como se usam os recursos, mesmo sob políticas de restrição financeira. Sen destacou "as somas vultosas que os países pobres, uns após os outros, dedicam para financiar seus Exércitos (frequentemente bem superiores aos gastos públicos com educação ou atendimento à saúde)" e advertiu: "Uma indicação de que vivemos num mundo em que as coisas estão de ponta-cabeça é o fato de que o médico, o professor de escola ou a enfermeira se sentem mais ameaçados pelo conservadorismo financeiro do que um general de Exército".

Por meio de enquetes, mandatos eleitorais e várias outras formas de expressão, a opinião pública latino-americana exige que a ética volte a comandar e a orientar a economia, e que se melhore a igualdade na região mais desigual de todas. O tema da saúde pública deve ser tratado, no século XXI, no continente, como um tema a figurar entre os primeiros lugares de uma revisão ética das prioridades; deve ter real preponderância na destinação de recursos e não admite mais adiamentos, pois existe uma ética da urgência que cobra sua conta diariamente com inúmeras mortes e sofrimentos que podem ser evitados.

REFERÊNCIAS

Alleyne, George A. O. (2002). "Equity and the goal of health for all." *Revista Panamericana de Salud Pública*, maio-junho. Washington D. C.: OPAS.

Arteaga, Oscar et al. (2002). "Información para la equidad em salud en Chile." *Revista Panamericana de Salud Pública*, maio-junho. Wahington D. C.: OPAS.

Banco Mundial (2004). *Desigualdade na América Latina e no Caribe. Ruptura com a história?* Washington D. C.

Banco Mundial (2009). Informe apresentado na Segunda Cúpula de Ministros da Fazenda da América Latina e do Caribe. Santiago, 3 de julho de 2009.

Baudouy, J., Wagstaff, A., e Claeson, M. (2004). *The millennium development goals for health: Rising to the challenges.* v Fórum Eurolac, Washington D. C., 14 de abril.

Belzan, J. M., Cafferata M., Belzan M., e Althube F. (2007). *The Lancet,* 10 de novembro.

Berger, O. (2004). Discurso inaugural da xxviii Conferência Regional da fao. América Latina e Caribe. Guatemala, 20 de abril.

Berry, A. (1997). "The income distribution threat in Latin America." *Latin American Research Review,* vol. 32, nº 2.

Bidani, B., e Ravallion, M. (1997). "Decomposing social indicators using distributional data." *Journal of Econometrics,* 77: 125-39.

Birdsall, N., e Hecht, R. M. (1995). "Swimming against the tide: Strategy for improving equality in health." In *Human resources development and operations policy.* Washington D. C.: Banco Mundial.

Birdsall, N., e Kliksberg, B. (1999). América y El Sudoeste Asiático. Notas para una reflexión abierta.

Birdsall, N., e Londoño, J. L. (1997). "Assets inequality matters. An assessment of the World Bank's to poverty reduction." *American Economic Review,* maio. Washington D. C.

Birdsall, N. (1998). "Comentarios sobre las enseñanzas del Japón." In *El desarrollo econômico y social en los umbrales del siglo XXI* (org. Emerig, L., e Del Arco, J. N.). Washington D. C.: bid.

Centers of Disease Control and Prevention (2004). *The Morbidity and Mortality Weekly Report. Brazil 1998-2002.*

Cepal (2004). *Panorama Social de América Latina. Projeto "La población indígena y afrodescendiente a partir de los censos"* e Censos de população da Guatemala de 2002 e do México de 2000.

Cepal (2009). *Panorama Social de América Latina 2008.* Santiago.

Cepal, Ipea e pnud (2003). Relatório conjunto.

Conde, M. J. (2004). *El Universal,* Caracas, reportagem, 12 de fevereiro.

Deininger, K., e Olinto, P. (2002). "Asset distribution, inequality and growth." *Policy Research Paper n. 2375.* Washington D. C.: Banco Mundial.

Diouf, J. (2004). Discurso de abertura da xxviii Conferência Regional da fao, América Latina e Caribe, Guatemala, 20 de abril.

Dirceu, J. (2004). Discurso de abertura do Seminário Internacional sobre Políticas Sociais, Brasília, 15 de abril.

García Cebolla, J. C. (2008). "El impacto de la crisis de alimentos em América Latina y el Caribe." Real Instituto El Cano, Espanha.

Grupta S., Verhoeven M., e Tiongson, E. (1999). "Does higher government spending buy better results in education and health care?" *Working paper 99/21*. Washington D. C.: Fundo Monetário Internacional.

João Paulo II (2000). Mensagem para a Comemoração do Dia Mundial da Paz.

Larrea, C., e Wilme Freire (2002). "Social inequality and child malnutrition in four Andean countries." *Pan-American Journal of Public Health*, maio-junho.

Lozano, R. et al. (2003). "México: Marginalidad, necesidades, y asignación de recursos em el ámbito municipal." In *Desafío a la falta de equidad en salud*. Washington D. C.: OPAS, Fundação Rockefeller.

Marmot, M. (2001). "Inequalities in health." *New England Journal of Medicine*, julho, vol. 345, nº 2.

Messias, E. (2003). "Income inequality, illiteracy rate, and life expectancy in Brazil." *American Journal of Public Health*, agosto, vol. 93, nº 8.

Molina R., Pinto, M., Henderson, P., e Cesar Vieira (2000). "Gasto y financiamento en salud: Situación y tendencias." *Revista Panamericana de Salud Pública*, janeiro-fevereiro. Washington D. C.: OPAS.

Musgrave, P. (1996). "Public and private roles in health." *Discussion Paper n. 339*. Washington D. C.: Banco Mundial.

Organização Mundial da Saúde (2002). *Macroeconomia e Saúde*. Genebra: OMS.

Organização Mundial da Saúde (2003). *Relatório sobre a Saúde no Mundo 2003*. Genebra: OMS.

Organização Pan-Americana da Saúde (OPAS)-Cepal (1998). *Health, social equity and changing production patterns in Latin America and the Caribbean.*

Organização Pan-Americana da Saúde (2003). *Exclusión en salud en países de América Latina y del Caribe*. Washington D. C.

Organização Pan-Americana da Saúde (2004). Lançamento do Acordo entre Agências para a Redução da Mortalidade e da Morbidade Maternas, Washington D. C., 20 de fevereiro.

Organização Pan-Americana da Saúde (2006). *Situación y Tendencias de la Salud en las Américas.*

Organização Pan-Americana da Saúde (2008). *Situación de Salud en las Américas: Indicadores Básicos.*

Psacharopoulos, G., e Patrinos, H. (2002). "Returns to investments in education. A further update." *Policy Research Working Paper n. 2881.* Washington D. C.: Banco Mundial.

Patten, C. (2004). Declarações dadas na sede da Comissão Europeia, Bruxelas.

PNUD (2004). *La democracia en América Latina. Hacia una democracia de ciudadanas y ciudadanos*, Nova York.

210

PNUD (1993). *Relatório de Desenvolvimento Humano*, Nova York.

PNUD (2006). *Relatório de Desenvolvimento Humano*, Nova York.

PNUD (2007-8). *Relatório de Desenvolvimento Humano*. Nova York.

Razo, C. (2008). *La brecha digital em América Latina*. Cepal.

Roses, M. (2003). *La transición hacia un nuevo siglo de la salud en las Américas*. Washington D. C.: OPAS.

Sen, A. (1999). "A saúde e o desenvolvimento." Discurso de abertura da LII Assembleia Mundial da Saúde, 16 de maio.

Sen, A. (2002). "Why half the planet is hungry." *The Observer*, 16 de junho.

Soares, L., e Rangel, C. (2002). "Inequities in acess to an use of drinking water services in Latin America and the Caribbean." *Revista Panamericana de Salud Pública*, maio-junho. Washington D. C.: OPAS.

Stiglitz, J. (2002). "Más instrumentos y metas más amplias para el desarrollo." In *Ética y desarrollo. La relación marginada* (org. Kliksberg, B.). Buenos Aires: El Ateneo.

Sulbrandt, J. (1998). "La evolución de los programas sociales: Una perspectiva crítica de los modelos usados." In Kliksberg, B. (1998), *Pobreza, un tema impostergable. Nuevas respuestas a nivel mundial*. México: Fondo de Cultura Económica.

Thomas, V. (2006). "The persistently poor." *The Washington Post*, 8 de dezembro.

Todd, H. (1996). "Women at the center, Grameen Bank borrowers after one decade." BouldebrWestviews Press.

Torres, C. (2002). "Descendientes de africanos em la región de las Américas y equidad em material de salud." *Revista Panamericana de Salud Pública*, maio-junho. Washington D. C.: OPAS.

Unesco (2007). *Panorama educativo: Desafíos alcanzados y por alcanzar. Projeto regional de indicadores educacionais*. Cúpula das Américas.

Universidade de São Paulo (1996). *Estudos epidemiológicos em nutrição*. Faculdade de Saúde Pública.

Vega, J. et al. (2003). "Chile: Diferenciales socioeconómicos y mortalidad en una nación de ingreso médio." In *Desafío a la falta de equidad en la salud*. Washington D. C.: OPAS, Fundação Rockefeller.

Wagstaff, A. (2002). "Pobreza y desigualdades en el sector de salud." *Revista Panamericana de Salud Pública*, maio-junho. Washington D. C.: OPAS.

8. Mitos sobre a juventude latino-americana*

UMA SINGULARIDADE ESQUECIDA

Eles costumam aparecer apenas como uma referência marginal no meio de análises ou discursos mais amplos, como uma nota de pé de página ou uma menção simpática. Pois merecem muito mais do que isso. Os jovens latino-americanos constituem 37% da população da região. Os jovens de doze a dezessete anos, em idade escolar secundária, eram calculados, em 2008, em 64 milhões de pessoas. Mas o que conta não é apenas o seu peso quantitativo, pois eles são o maior agente de mudanças em potencial. Têm uma disposição maior do que qualquer outro setor social para se comprometer com causas nobres, com ideais, com desafios coletivos. Estão quase que na expectativa de serem chamados a isso.

Ao mesmo tempo, possuem uma facilidade especial para se integrar às velozes mudanças de ordem tecnológica que caracte-

---

* Uma primeira versão deste trabalho foi preparada pelo autor para o 75º aniversário da Fundação Kellogg.

rizam este século. Nasceram sob a vigência da nova cultura de mudanças grandiosas, das permanentes revoluções tecnológicas, em que o computador e a internet são uma forma de vida. Têm flexibilidade, versatilidade, gana de participar de inovações.

Por outro lado, o modo como são formados, o estímulo que lhes é transmitido para participar, os valores que recebem, os modelos de referência que exercem influências sobre eles — tudo isso vai dando uma forma aos cidadãos que irão decidir, com sua ação ou com sua passividade, a qualidade dos sistemas democráticos latino-americanos.

No entanto, eles são vistos apenas como uma etapa transitória da vida, que não mereceria análises diferenciadas nem políticas específicas.

Trata-se de um erro que pode ter custos consideráveis. Pois eles nasceram numa América Latina concreta, aquela dos anos 1980 ou 1990, imersa em processos históricos diferentes dos das décadas anteriores, e em um mundo que, nas últimas décadas, sofreu transformações de grande envergadura nas áreas política, econômica, tecnológica, cultural e social. Sua vivência, por isso, é diferente daquela das gerações precedentes e pesa diariamente na definição de seus dilemas, de suas buscas e de seu comportamento.

Aceitar a sua especificidade, a necessidade de saber o que ela pensa e sente, o porquê de essa juventude, vista normalmente de modo subestimado, agir como age, bem como seus sinais conflituosos, eis uma necessidade imperiosa, para que não se continue cometendo erros em sua abordagem e para construir caminhos capazes de possibilitar a mobilização de seu imenso potencial.

Assim como evitar que se dilua a sua especificidade, é preciso, também, deixar para trás um outro equívoco, muito comum: o de fazer generalizações a seu respeito. É imprescindível somar um olhar de conjunto sobre vivências históricas coletivas com uma análise decupada. Em uma América Latina como a dos últimos 25 anos, onde se desenvolveram processos de democratização capazes de dar base a largas esperanças, mas onde, ao mesmo tempo, amplos setores da população se encontram em níveis abaixo da linha da pobreza e se acentuaram as desigualdades históricas, existem diferentes "circuitos de vida" entre os jovens.

Ilustrando aquilo que as disparidades na região podem significar, um relatório do PNUD (2004) sobre o México informa que ali coexistem municípios com níveis de vida semelhantes aos mais avançados do planeta e outros em que predomina uma extrema pobreza. Assim, o distrito de Benito Juarez, por exemplo, no Distrito Federal, apresenta um índice de desenvolvimento humano comparável aos da Alemanha, Espanha ou Itália, ao passo que o município de Metlatonoc, no estado de Guerrero, registra um índice inferior aos da Guiné, Benin e Tanzânia. Não dá na mesma, para um jovem, nascer em um lugar ou no outro. Viver na zona rural ou em um centro urbano não é a mesma coisa. Não é indiferente fazer parte de uma família classificada entre os 20% mais ricos ou nascer entre os 30% com renda mais baixa. É muito diferente integrar a classe média do que fazer parte da classe média em queda, os "novos-pobres". É diferente, socioeconomicamente falando, ser branco, negro ou indígena. Até mesmo o gênero continua a pesar de modo significativo. Uma análise realista deveria considerar, obrigatoriamente, esses diversos destinos dos jovens, que dão lugar a vulnerabilidades, riscos, oportunidades muito diferentes e reações específicas em termos de estratégias de vida.

Partindo dessas considerações, este trabalho pretende reforçar o debate necessário sobre os jovens latino-americanos e seu futuro, apresentando elementos de avaliação sobre alguns aspectos essenciais. Em primeiro lugar, ele se propõe a reconstruir certos aspectos do cenário econômico e social global da região que exer-

214

cem grande influência sobre os jovens, registrando alguns impactos do mesmo em sua vida cotidiana. Em segundo lugar, ele busca dirigir o foco para algumas das situações problemáticas mais agudas que estão sendo geradas. Em terceiro, enfrentam-se, aqui, alguns mitos que circulam a respeito dos jovens e que simplificam e distorcem a percepção da realidade, barrando a identificação de soluções efetivas. Por último, tiram-se algumas conclusões finais e se apontam algumas das políticas que poderiam contribuir para melhorar o quadro estruturalmente.

O atual momento histórico é bastante apropriado para que se retome a discussão sobre a juventude, passando dos velhos clichês para os dados objetivos e análises aprofundadas. No terreno político, há um forte movimento no sentido da democratização a partir das bases da sociedade civil, que terá muito mais força se conseguir atrair a participação massiva dos jovens. No campo econômico, após as sensíveis melhoras em algumas economias da região no quinquênio 2004-8, a crise gera uma agenda desafiadora. Quanto ao social, a sociedade está colocando no centro da agenda pública a necessidade de priorizar de uma vez por todas a luta contra a pobreza e a desigualdade, que têm nos jovens suas vítimas preferidas.

O CENÁRIO SOCIOECONÔMICO

A década de 1980 foi chamada de a década perdida para o desenvolvimento da América Latina devido aos seus baixos níveis de crescimento e ao aumento da pobreza. A de 1990 foi chamada de década perdida para a equidade, devido à explosão das desigualdades que a caracterizou. O quinquênio 1998-2003 foi chamado de "a meia década perdida", em decorrência da deterioração apresentada por alguns indicadores básicos. A recuperação do período 2004-8 produziu uma melhora nas grandes tendências, mas de forma muito limitada. Dentro desse quadro mais global, resumem-se a seguir alguns dos itens de maior peso na vida coletiva e na situação dos jovens.

Mais jovens abaixo da linha da pobreza

Desde o início dos anos 1980, apesar de algumas oscilações, a região manteve altos níveis de pobreza, com uma tendência persistente de crescimento absoluto e, em alguns casos, também relativo. O mesmo aconteceu com a pobreza extrema.

Apesar dos avanços registrados entre 2003 e 2007, no final de 2008 um a cada três latino-americanos era pobre, número que pode crescer sensivelmente devido aos impactos da crise.

Os jovens, apesar de suas supostas vantagens relativas em termos de adaptabilidade às novas tecnologias e flexibilidade, foram fortemente impactados pela evolução da pobreza.

O total de jovens pobres era de 47,5 milhões em 2006, representando 35% do conjunto dos jovens. Os jovens indigentes somavam 11,4 milhões, o equivalente a 8,4% de todos os jovens.

A Figura 1 mostra os dados sobre a pobreza juvenil por país:

Em Honduras, Nicarágua, Bolívia, Paraguai e Guatemala, quase um em cada dois jovens era pobre.

A pobreza e a indigência eram diferentes no campo e na cidade, assim como entre indígenas e afrodescendentes e não indígenas e entre mulheres e homens, como mostra a Figura 2.

A pobreza era marcadamente superior entre os jovens rurais (51,1%) e na população indígena e afrodescendente (54,3%). A feminina superava a masculina em 3,5%.

Entre outros casos, registre-se que, em um país com tanto potencial econômico como a Argentina, as políticas dos anos 1990 jogaram milhões de jovens na pobreza. Em 2003, 54% de todos os jovens entre catorze e 22 anos de idade eram pobres nesse país.

FIGURA 1. Ibero-América (20 países)[a]: Incidência de pobreza e de indigência entre jovens de 15 a 29 anos, em torno de 2006 (percentual)

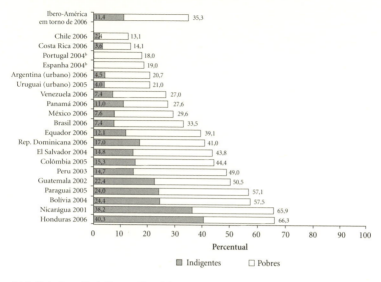

a) A indigência está incluída nas cifras globais. No total da região, não se consideram Espanha e Portugal.

b) Corresponde ao conceito de risco de estar na pobreza (linha equivalente a 60% da renda *per capita* média após as contribuições sociais). Inclui o grupo dos 16 aos 24 anos.

Incluído em *Juventud y cohesión social en Iberoamerica: Un modelo para armar*, Cepal, Agência Espanhola de Cooperação Internacional para o Desenvolvimento (Aecid), Secretaria-Geral Ibero-Americana (Segib), Organização Ibero-Americana de Juventude (oij), 2008.

Fontes: Comissão Econômica para a América Latina e o Caribe (Cepal) e Escritório de Estatística das Comunicações Europeias (Eurostat), estimativas baseadas em tabulações especiais das pesquisas em domicílio dos respectivos países.

O desemprego entre jovens amplifica o desemprego global

A taxa aberta de desemprego cresceu de modo pronunciado nas últimas duas décadas, passando de 6,1% em 1980 para 8,3% em 1990, 10,9% em 2000 e 10,7% em 2002-5. Esse aumento, porém, foi ainda maior entre os grupos jovens, apesar de suas supostas vantagens relativas. O mercado de trabalho tornou-se cada vez mais inacessível para amplos setores da juventude.

FIGURA 2. Ibero-América (18 países)[1]: Incidência da pobreza e da indigência entre jovens de 15 a 29 anos de idade, segundo área de residência, sexo e origem étnica, em torno de 2006 (percentual)

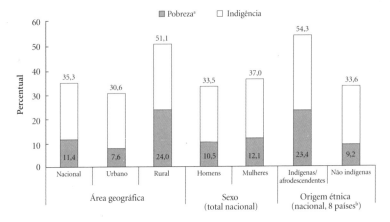

a) A indigência está incluída nas cifras globais.
b) Inclui Bolívia, Brasil, Chile, Equador, Guatemala, Nicarágua e Panamá.

Fonte: Cepal, estimativas baseadas em tabulações especiais das pesquisas em domicílio dos respectivos países.

Segundo cálculos de Abdala (2002), o desemprego entre os jovens de quinze a 24 anos, em 2000, era 2,5 vezes maior do que o desemprego global. Considerando-se o grupo dos quinze aos dezenove anos, a situação era ainda pior: quatro vezes mais. Já os dados da Organização Ibero-Americana de Juventude (Chillan Reyes, 2004) mostravam que o desemprego entre os jovens era cinco vezes maior do que o dos adultos acima de 45 anos. De acordo com as suas estimativas, de cada cem novos contratos de trabalho efetivados, a tendência era de 93 com adultos e apenas sete com jovens, e nesse caso a maioria era por tempo parcial.

O desemprego juvenil era 2,68 vezes maior do que o adulto em 1990, 2,3 vezes maior em 2000 e 2,73 vezes maior em 2005.

Tokman (1997) faz uma observação adicional de grande relevância. Indica que, quando há crescimento econômico significativo, as taxas de desocupação diminuem, mas as dos jovens demoram mais para fazê-lo. Em contrapartida, quando a economia se contrai e o desemprego aumenta, a taxa correspondente aos jovens sobe mais rapidamente. A expansão do desemprego juvenil é uma das "variáveis de ajuste" mais utilizadas, com fortes consequências, em termos de retrocesso, para eles. A presença do desemprego trazia um nítido viés socioeconômico, como pode ser observado na Figura 3:

FIGURA 3. Desemprego juvenil de acordo com o quintil de renda do domicílio, em torno de 2005

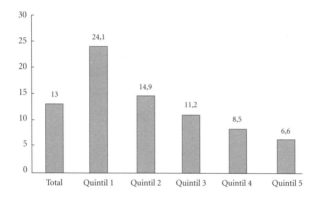

Fonte: Cepal (2008), jovens de 15 a 29 anos.

Em 2005, um de cada quatro jovens entre os 20% mais pobres da população jovem estava desempregado, ante um de cada quinze entre os 20% mais ricos.

Por outro lado, nesse último grupo, parte significativa do desemprego se deve à sua tendência de prolongar os estudos de modo a se preparar melhor para o ingresso no mercado de trabalho, devido à exigência crescente de qualificação por parte do mesmo. No grupo mais pobre observa-se uma tendência oposta: começar a trabalhar o quanto antes, mesmo abandonando os estudos, para obter algum tipo de renda. No entanto, sua taxa de desemprego,

219

da mesma forma, era quatro vezes maior do que entre os 20% mais ricos.

Ao lado do desemprego, observa-se, entre os jovens, um crescimento dos empregos de baixa produtividade. São trabalhadores por conta própria, sem crédito nem apoio tecnológico, sem uma inserção sólida no mercado, ambulantes, empregados domésticos e outras formas similares da economia informal. Em 2005, esses empregos eram representados por 44,3% dos jovens empregados.

A situação é muito diferente conforme a distribuição de renda, como se pode verificar na Figura 4:

FIGURA 4. Jovens ocupados em setores de baixa produtividade, 2005

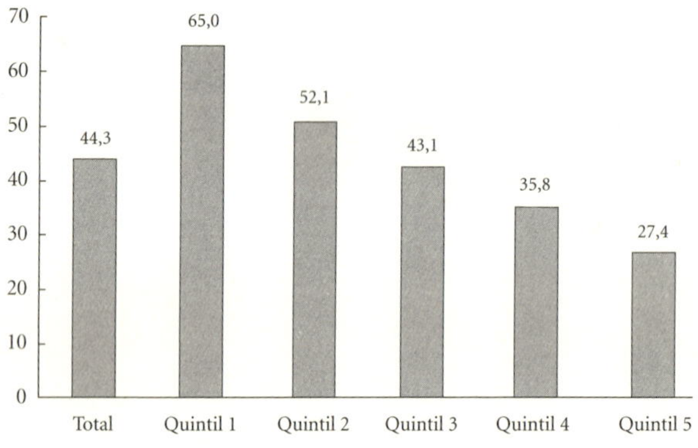

Fonte: Cepal (2008), jovens de 15 a 29 anos.

Os trabalhos de baixa produtividade mais do que se duplicam no quintil inferior, os mais pobres, em relação aos do quintil superior, o que significa que os jovens mais bem preparados dessa última parcela foram os que abocanharam, numa proporção muito maior, os postos de alta e média produtividade gerados pelas economias da região entre 1990 e 2005.

As duras condições do mercado de trabalho criaram, também, fortes tendências de precarização trabalhista. Surgiu um amplo espectro de contratações por fora das normas legais, com diferentes formas de precarização do trabalho. A precariedade, os contratos temporários e outras modalidades semelhantes fazem que o jovem tenha menos proteção social. Em 2005, 40% dos jovens que trabalhavam na economia formal não estavam vinculados à seguridade social, ante 24,3% dos adultos. Entre os jovens da economia informal, essa taxa subia para 86,7%, ante 73,4% entre os adultos. Também é maior, por outro lado, a presença de amplos segmentos de pessoas que, embora tenham um trabalho, não obtêm uma renda capaz de lhes assegurar uma saída do nível de pobreza; são os chamados "trabalhadores pobres".

O impacto desses processos sobre os jovens, em um mercado tão duro para eles, foi de grande envergadura. Muitos dos que se encontram empregados o estão dentro dessas modalidades. Ilustrativo disso é o fato de que, quando se perguntou aos jovens mexicanos, na Enquete Nacional da Juventude 2005, "Você tem um contrato de trabalho?", 71,8% responderam que não (García Canclini, 2008).

Esses problemas se exprimem de uma forma ainda mais severa entre as mulheres. A atividade laboral feminina cresceu fortemente, mas a taxa de desemprego entre as mulheres jovens era 50% maior, em 2005, do que a dos homens; a informalidade, 12% maior; e, mesmo tendo a mesma formação educacional e ocupando uma mesma função, sua remuneração era 20% inferior.

Circuitos de vida desiguais

A América Latina é descrita, consensualmente, como a região com o mais amplo fosso de todo o planeta em matéria de desigualdade. Os dados referentes à distribuição sempre foram negativos na região, mas a situação piorou ainda mais nos anos 1980 e 1990. Como observaram Filgueira e Peri (2004), "o novo modelo de crescimento da América Latina desloca em bloco a maioria dos países da região para um patamar mais elevado de concentração de renda, independentemente de seus êxitos em termos econômicos". Tudo isso se expressa de modo absoluto nos setores jovens da população. Os "circuitos de vida" são totalmente diferentes conforme o estrato social a que se pertença. Os setores dos estratos mais elevados podem aspirar a níveis educacionais, de saúde, empregos e moradia semelhantes aos de jovens dos países desenvolvidos. Por outro lado, os mais pobres veem a sua vida drasticamente caracterizada pela ausência de oportunidades. São obrigados a trabalhar desde cedo, suas possibilidades de cursar os níveis de primário e secundário são limitadas, possuem riscos significativos na saúde, não têm uma rede de relações sociais capaz de impulsioná-los, não dispõem de crédito, sua inserção no mercado de trabalho é muito problemática, dificilmente conseguem romper com a situação de privação que marca suas famílias de origem.

Em sociedades como as latino-americanas, onde a desigualdade se aprofunda, a mobilidade social tendeu a se congelar. Amplos setores da classe média se veem em perigo. O afã dos jovens não se concentrou, como em décadas anteriores, em ascender socialmente, mas sim em ajudar seus grupos familiares a sobreviverem e a não se empobrecerem. Isso tem levado ao abandono dos estudos universitários, a trabalhar mais cedo e, em alguns casos, chegou a levar à emigração. Em 2000, estimava-se em 2,3 milhões o número de jovens da América Latina e do Caribe vivendo nos Estados Unidos (Fundo de População das Nações Unidas — UNFPA, Cepal, 2000).

Hopenhayn (2008) retrata da seguinte maneira o quadro que se apresenta para os jovens:

Há um círculo vicioso que vincula a renda baixa dos domicílios, o baixo nível educacional médio dos jovens desses domicílios e a elevada ocorrência de empregos de baixa produtividade. Isso é importante, pois mostra de qual maneira as formas de exclusão se reforçam umas às outras entre os jovens. E também porque o emprego de baixa produtividade é um sintoma importante de exclusão social: precariedade no trabalho, ausência de seguridade social e acesso reduzido a direitos e acordos sobre condições de trabalho.

Esses são, nas sociedades muito polarizadas, os caminhos colocados à disposição da juventude, caminhos esses que, em muitos casos, reprimem as suas potencialidades e causam forte angústia e sofrimento pessoal.

Por outro lado a percepção da coexistência de jovens que estão quase à beira do desespero com aqueles que não sabem o que fazer com os incontáveis recursos de que dispõem gera no interior da sociedade tensões que buscam alguma saída.

Um tema crucial: a família

Qual é o impacto, nas famílias, dos elementos acima mencionados? Ela continua a ser a unidade essencial para os jovens. Inúmeras pesquisas recentes corroboram o peso fundamental que exerce para a afetividade, a saúde psíquica, o equilíbrio emocional, a maturidade, a inteligência emocional, a capacidade de aprendizagem e outros pontos importantes. Os jovens latino-americanos são muito conscientes no que se refere à sua importância.

As pesquisas de domicílio indicam que a grande maioria dos jovens de quinze a 29 anos vivem com suas famílias de origem, e se concentram em domicílios nucleares. Veja-se na Tabela 1 a estrutura dessas famílias:

TABELA 1. América Latina (17 países): tipos de família e domicílio dos jovens entre 15 e 29 anos, 1999-2002 (média simples)

	TIPOS DE FAMÍLIA/DOMICÍLIO					
	NUCLEAR	ESTENDIDA	COMPOSTA	UNIPESSOAL	DOMICÍLIO SEM NÚCLEO	TOTAL
Total de jovens 2002	56,0	33,5	3,3	1,1	4,2	100
Total de jovens 1999	57,2	34,6	2,9	1,0	4,2	100
Total de homens 2002	58,4	32,2	3,1	1,5	4,8	100
Total de homens 1999	57,5	33,5	2,9	1,5	4,0	100
Total de mulheres 2002	57,5	34,7	3,4	0,7	3,7	100
Total de mulheres 1999	56,9	35,7	2,9	0,6	3,8	100
Total de chefes 2002	69,4	10,6	1,7	9,1	9,2	100
Total de chefes 1999	68,3	11,6	1,8	9,0	9,4	100
Total de chefes homens 2002	73,3	9,9	1,8	7,8	7,2	100
Total de chefes homens 1999	72,5	11,1	1,7	7,8	7,0	100
Total de chefes mulheres 2002	52,0	14,1	1,5	14,3	18,1	100
Total de chefes mulheres 1999	48,5	14,5	2,0	14,6	20,4	100

Fonte: Cepal (2004), *La juventud en Iberoamerica*, com base em tabulações especiais das pesquisas em domicílio dos respectivos países.

Apesar de seus detratores, a família nuclear constitui 58% das famílias da região. Somando-se as famílias estendidas, essa taxa chega a 91,5% de todas as famílias. No Chile, 87,7% dos jovens vivem com suas famílias de origem; na Colômbia, são 84%; na Bolívia, 68,8%; e, no México, 80%. Os períodos de permanência na família não diminuíram, ao contrário, aumentaram — o que pode estar relacionado, entre outros motivos, com as dificuldades de inserção no mercado de trabalho.

As pesquisas indicam de modo inquestionável o grande valor atribuído pelos jovens ao seu núcleo familiar. Como se pode observar na Figura 5, 62% deles confiam em suas famílias. Essa taxa não se altera, mesmo entre os jovens mais atingidos pela penúria

FIGURA 5. Ibero-América (18 países): Confiança nos familiares,[1] conforme idade e renda subjetiva, 2003 (percentual de pessoas que confiam)[2]

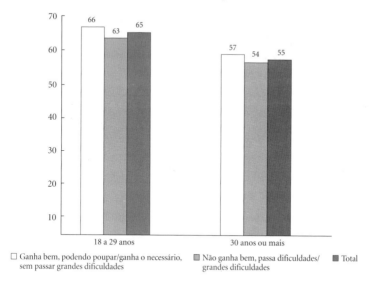

1. O indicador se refere à proporção de pessoas que dizem confiar em seus familiares, diante da seguinte pergunta: "Da seguinte lista, de modo geral, em quem você confia? Mencione apenas aqueles em quem você acredita [...]".
2. Excluídos os que não responderam e os que disseram não saber.

Fonte: Cepal, com base em tabulações especiais da pesquisa Latinobarómetro 1995 e 2003.

econômica, e é visivelmente maior entre os que têm de quinze a 29 anos de idade do que entre os maiores de trinta anos.

Com relação à importância da família para os jovens da região, um relatório da Cepal, Aecib, Segib e OIJ (2008) observa o seguinte:

[...] a família goza de boa saúde na avaliação que os jovens fazem dela. Nas pesquisas, ela continua a ser aquilo que mais conta para a juventude ibero-americana; [...]

Mais do que isso, as informações de três pesquisas nacionais com a juventude (Chile, 2006; Espanha, 2004; e México, 2005), observa-se, de modo enfático, que a principal razão alegada pelos jovens para sair da casa dos pais é a constituição de um domicílio próprio, de sua própria família, ou as duas coisas (33,3%, 33,7% e 51%, respectivamente, nesses três países); enquanto motivos como a obtenção de independência se mostra relevante apenas na Espanha (23,1%), e a de autonomia econômica aparece de modo muito residual como motivação ou razão para a independência em relação à família de origem.

Diante da desconfiança existente em várias instituições da sociedade para com os jovens, a família continuou a representar o seu reduto afetivo, o lugar onde eles podem se expressar plenamente, onde podem expor suas confidências e encontrar parâmetros e orientação.

O jovem confia, primeiramente, em sua mãe, depois no pai e em seguida nos irmãos. Um total de 33,5% dos adolescentes e jovens bolivianos falam sobre seus problemas com as mães, 13,3% com os irmãos e 9,6% com os pais. Entre os chilenos, 56,5% se abrem com as mães, 24,2% com os irmãos e 23,6% com os pais.

Em sentido oposto ao da imagem de conflituosidade entre as novas gerações e suas famílias, a Tabela 2 mostra os seguintes dados concretos a respeito de como os jovens do México e da Bolívia enxergam sua relação com os pais:

TABELA 2. México e Bolívia: percepção da relação com os pais (percentual)

	MÉXICO		BOLÍVIA[1]	
	PAI	MÃE	PAI	MÃE
Boa	73,7	88,9	77,4	90,2
Regular	15,3	7,9	17,0	8,5
Ruim	1,8	1,1	4,5	0,9
Outros[2]	9,2	2,1	–	–

1. Na pesquisa boliviana, foram agrupadas as categorias "muito boa/boa" em "boa"; e "ruim/péssima" em "ruim".
2. Inclui as categorias "não convivo com ele/ela", "não especificado" e "não há informação", encontradas na pesquisa mexicana.

Fonte: Pesquisas sobre a juventude de cada país, em Cepal (2004), *La juventud en Iberoamerica*.

Como se observa, as relações são altamente positivas. Apenas uma porcentagem muito pequena, inferior a 2% no México e a 5% na Bolívia, registra relações ruins com o pai, taxa que cai para 1% no caso da mãe. O que os jovens desses dois países mais valorizam em suas famílias? O apoio e o carinho aparecem, em realidades como as do México e da Bolívia, como aspectos centrais. As pesquisas indicam, também, que os jovens veem a família como um espaço harmonioso em que os conflitos são solucionados principalmente por meio do diálogo.

Uma das maiores iniquidades apresentadas pela região, silenciosa, quase despercebida, é a acentuada desigualdade quanto a se poder constituir um núcleo familiar, algo que recai principalmente sobre os jovens. Altos níveis de pobreza criam tensões e destroem famílias diariamente na região. O "estresse econômico" trazido pelo desemprego permanente, pela precariedade e pela aglomeração física tensionam ao extremo o clima dentro da família.

O papel do pai como importante provedor de renda se vê totalmente erodido quando este não consegue obter emprego permanente, e sua autoridade familiar perde a legitimidade. Em tais circunstâncias, desempregados, com poucas perspectivas de trabalho e sentindo que a família espera dele algo que ele não pode dar, e que está perdendo seu papel, em vários casos o pai "foge" da família, aparecendo, então, uma figura muito comum nos domicílios mais humildes da região, que é a mãe pobre, sozinha, chefe do lar.

Essas mães, jovens em sua maioria, realizam, na América Latina, um trabalho excepcional ao defender o núcleo familiar à base de sacrifícios ilimitados. Estimativas da Cepal indicam que a pobreza na região seria 10% maior não fosse o esforço imenso dessas valorosas mães. Elas não podem, porém, suprir a carência de modelos de referência masculinos e de um quadro familiar integrado, elementos que tanto podem contribuir para os jovens. Não são somente as famílias pobres que se destroem. Os processos recentes de pauperização na região geraram altíssima conflituosidade nos domicílios de famílias de classe média que se tornaram pobres em poucos anos. Foi o que se passou na Argentina nos anos 1990. Estima-se que, nessa década, mais de 7 milhões de pessoas, ou 20% da população, deixaram de pertencer à classe média para passar a viver em nível inferior ao da linha de pobreza. São os chamados "novos-pobres". Segundo um estudo da Universidade de Buenos Aires (Tausk, 2002), em várias famílias onde se verifica o desemprego permanente, como ocorreu em muitos daqueles casos, dá-se uma tendência de, ao final, "o cônjuge masculino tender a se autodestruir e a destruir seu núcleo familiar".

Essas tensões podem afetar fortemente os jovens. Tanto se se repercutem em suas famílias de origem quanto se afetam as novas famílias que eles tentam constituir.

Uma expressão bastante aguda dos efeitos gerados pela iniquidade latino-americana é a "taxa de abdicação". Esse indicador mede o número de casais jovens que gostariam de constituir uma família mas não o fazem por causa das fortes incertezas econômicas, das dificuldades para se obter moradia, das reduzidas possibilidades de se conseguir emprego, entre outros fatores semelhantes. Kaztman (1997) identificou, no Uruguai, uma forte relação entre a queda real dos salários e o aumento das taxas de abdicação.

Os altos índices de desigualdade da América Latina se repercutem nos jovens nesse nível elementar: o de gerar situações muito díspares no que se refere à possibilidade de se formar uma família e mantê-la.

Educação: oportunidade ou ilusão?

Há um consenso absoluto no que se refere ao lugar estratégico que os níveis de educação ocupam para os países, as famílias e os indivíduos. As tendências apontadas pelas estatísticas, nas últimas décadas, indicam uma superioridade competitiva dos países com maiores êxitos na educação, melhores oportunidades para famílias com nível educacional mais elevado e renda diferenciada para aqueles que acumulam um capital educacional superior. Por outro lado, além de seu impacto no trabalho, a educação aparece, também, como fonte de outros capitais. Estudos demonstram que há uma estreita relação entre educação e indicadores de saúde. Um capital educacional superior possibilita o exercício cotidiano de cuidados mais avançados com a saúde. Da mesma forma, a educação ajuda na constituição de um capital social. Níveis de escolaridade superiores possibilitam o acesso a redes de relacionamento mais amplas e qualificadas.

Em suma, a educação representa, para os países, as famílias e os indivíduos, uma forma de acumulação de grande significância para se contar com oportunidades de desenvolvimento.

Não se deve esquecer, por outro lado, que ela é também, por si só, um objetivo, pois se trata de uma via de mobilização e de realização de algumas das mais ricas potencialidades do ser humano.

Tudo isso possui um significado especial para os jovens. Suas experiências educacionais, a possibilidade de acumular capital educacional relevante, condicionarão, em grande parte, a sua vida futura no trabalho. Influenciarão, também, na formação de seu capital de relacionamentos. Por outro lado, a educação constitui, para eles, o grande cenário de inclusão social depois da família. Ali, entre iguais, eles forjam as suas amizades e dão forma a aspectos básicos de sua própria personalidade.

Em toda a região, a cidadania fez da educação uma de suas reivindicações principais. No processo de democratização, os investimentos nesse campo aumentaram, e avanços consideráveis foram obtidos em áreas como a massificação do acesso à escola primária e a forte queda das taxas de analfabetismo. No entanto, os resultados alcançados pelos sistemas educacionais da região continuam muito distantes das metas consideradas desejáveis. Ao mesmo tempo, exibem uma distância cada vez mais acentuada em relação aos êxitos registrados nos países desenvolvidos e em países de desenvolvimento médio. Enquanto nos países da OCDE 85% dos estudantes concluem a escola secundária, estes são apenas 49,7% na América Latina. Por outro lado, somente 7,4% dos jovens latino-americanos concluem o ensino universitário.

A segmentação social da região, como podemos observar na Figura 6, se expressa de forma bastante aguçada na área educacional:

FIGURA 6. América Latina (17 países): conclusão do ciclo secundário entre jovens de 20-24 anos e do universitário entre jovens de 25-29 anos, de acordo com sexo, área geográfica, etnia, quintil de renda e educação dos pais, em torno de 2005 (percentual)

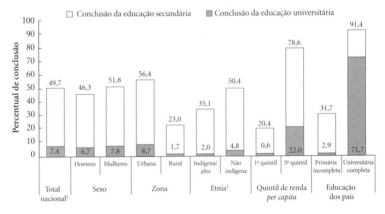

1. Áreas urbanas da Argentina e do Uruguai.
2. Inclui apenas sete países.

Fonte: Cepal (2007).

A desistência, a repetência e o atraso se concentram nos setores de renda inferior, tendo-se estabelecido uma distância enorme entre eles e os estratos de renda superior.

Esses fatores fazem que a maioria dos jovens de extração mais humilde fique no meio do caminho. Entre os 20% mais pobres, apenas um de cada cinco jovens conclui o ensino secundário. Entre os 20% mais ricos, eles são quatro em cada cinco. Quanto à universidade, menos do que um em cada cem jovens dos 20% mais pobres chega ao fim (0,6%). Entre os 20% mais ricos, a taxa é de 20%.

As causas de desistência entre os 20% mais pobres derivam de questões muito concretas. Elas têm a ver, entre outros fatores, com a precariedade econômica do quadro familiar, que força muitas crianças e jovens a abandonar os estudos parcial ou integralmente para poder trazer alguma renda para a família, com a fragilidade do núcleo familiar em termos de possível apoio ao jovem e com o capital educacional rarefeito desse mesmo núcleo. Entre os jovens cujos pais não concluíram o ensino primário, apenas três em cada dez terminam o secundário. Entre aqueles cujos pais concluíram a universidade, a taxa é de 90%.

Quando se pensa em termos de etnia, é possível observar que a juventude indígena padece fortemente desse tipo de exclusão. Na Guatemala, a taxa de repetência no primário entre os alunos indígenas é de 90%. Na Bolívia, as crianças de língua indígena têm uma probabilidade de repetir de ano duas vezes maior do que as que falam espanhol (Unicef, 2004a). As diferenças são significativas, também, entre o campo e a cidade. Só 23% chegam ao fim do ensino secundário nas áreas rurais, ante 56,4% nas áreas urbanas. Apenas 1,7% conclui a universidade nas áreas rurais, e 23% nas cidades.

O fosso educacional dentro da juventude latino-americana não é apenas de ordem quantitativa. Não se trata, apenas, de mais ou menos anos de escolaridade. Ele se expressa também em importantes aspectos de ordem qualitativa. Como já foi documentado por várias pesquisas, o tratamento educacional recebido pelos diferentes setores é muito distinto. Entre outros aspectos, aqueles que frequentam escolas particulares têm mais horas de aulas, professores mais bem remunerados, mais recursos e uma infraestrutura melhor do que aquilo que as escolas públicas comuns são capazes de oferecer.

Até mesmo dentro da educação pública podem ocorrer diferenças significativas. Elas aparecem, por exemplo, na Argentina, país de alto desenvolvimento relativo em termos educacionais. Estudo realizado a esse respeito pelo Centro de Implementação de Políticas Públicas para a Equidade e o Crescimento (Cippec, 2004) observa que "as crianças dos setores sociais mais desfavorecidos frequentam escolas em pior situação predial e com menos acesso a computadores e equipamentos, com professores mais jovens e menos experientes, repetem mais de ano no primário e apresentam resultados piores de aprendizagem no ensino médio".

Esse quadro se reproduz em toda a região, de forma mais acentuada ainda. Os jovens das áreas rurais e de bairros mais pobres tendem a receber uma educação em condições globais mais desfavoráveis, com menos horas de aulas ao ano, e menos recursos. Além disso, os educadores enfrentam problemas muito mais difíceis, como o relatado por uma professora primária de Salta, Argentina (*La Nación*, 2004), que chama a atenção para a quantidade de tarefas extrapedagógicas que é obrigada a realizar, como "o controle nutricional das crianças, o de sua presença efetiva na sala de aula, a violência familiar, além de alimentá-las".

Em uma situação concreta como essa, de uma América Latina com questões como essas ainda em aberto, a promessa da educação se transforma em algo ilusório para amplos setores da juventude. Mais da metade dos jovens não atinge a escolaridade formal mínima necessária para poder ter acesso às atuais exigências do mercado de trabalho. Seu aprendizado acumulado, além disso, é qualitativamente fraco. E isso só vem reforçar, de diferentes maneiras, as outras segmentações vigentes nessa região tão desigual.

Um registro sobre conectividade

Para os jovens do início do século XXI, a internet surge como uma janela de oportunidades. Abre, para eles, imensas possibilidades de reforçar, com ela, o seu trabalho na escola, seu lastro educacional, de receber informação extracurricular que enriqueça sua base de formação, de ter acesso rápido a informações sobre trabalho, de se capacitar e, de modo geral, incrementar radicalmente a sua conectividade.

Por outro lado, eles contam com vantagens muito claras em relação às gerações precedentes nesse campo. Nasceram sob a cultura da internet, e suas potencialidades de inserção e criatividade dentro dela costumam superar amplamente as dos adultos.

Sua expansão na região, embora distante da registrada em média nos países desenvolvidos, tem sido bastante vigorosa. Mais uma vez, porém, a segmentação social impõe limites rígidos ao acesso da juventude a esse instrumento que tem tanto a lhe oferecer. A estratificação dos acessos, na Tabela 3, demonstra a presença de um grande fosso digital:

TABELA 3. Usuários de internet entre jovens de diversos países por estrato social (percentual de usuários), 2005-7

	20% MAIS POBRES	20% MAIS RICOS
Chile (20 a 24 anos, 2006)	13,6	75,4
Brasil (20 a 24 anos, 2005)	5,1	79,6
México (20 a 24 anos, 2007)	26,7	61,4

Fonte: Mencionado por Martin Hopenhayn, "Inclusión y exclusión social en la juventud latino-americana", *Pensamiento Iberoamericano*, nº 3, 2ª época, 2008/2.

As dimensões desse fosso podem ser percebidas com toda a clareza em outro indicador bastante sugestivo. Nas classes alta e média alta, a internet é acessada pelos jovens a partir de computadores próprios ou de sua família, na maioria dos casos em sua própria casa. Os mais humildes utilizam-se de estabelecimentos privados, onde pagam para acessá-la.

Uma política pública consistente que democratize as possibilidades de incorporação ao espaço virtual, abrindo novas oportunidades de aprendizado e gerando uma ampla rede de locais para acesso gratuito, como se fez em outras décadas com as bibliotecas públicas, poderia com certeza cumprir um papel fundamental para abrir esse caminho, tão próximo dos jovens, para muitos deles que hoje se veem dele excluídos.

Cristancho, Guerra e Ortega (2008) fazem importantes sugestões para que se avance na "democratização digital":

> Parece que as políticas de conectividade no sistema educacional são a via mais direta e de melhor relação custo-benefício para que se atinja em menos tempo um número maior de beneficiados. Para isso, é preciso dar atenção tanto para as mudanças pedagógicas quanto para a dotação de infraestrutura; para a atualização dos equipamentos tanto quanto para a sua instalação, seja na sala de aula, seja em laboratório; tanto para a capacitação dos docentes quanto para o acesso dos alunos; tanto para as dinâmicas de produção de conhecimentos quanto para a oferta de conhecimentos já adquiridos. Por fim, embora a escola seja o local privilegiado de intervenção, dadas as formas de sociabilidade e o uso do espaço pelos jovens, há de se pensar, também, na dotação de acesso em outros espaços públicos — centros de informática, cabines de internet, locais públicos de uso gratuito ou subsidiado, massificação do "modelo Negroponte" de computadores básicos [...].

São bastante ilustrativos os êxitos alcançados pelo Programa Ceibal criado pelo governo de Tabaré Vásquez no Uruguai, o qual universalizou os computadores para todos os alunos, começando pelas escolas mais pobres.

Saúde para jovens: questões em aberto

A situação da saúde pública é produto da sociedade como um todo. Como vimos no capítulo 7, ela está relacionada àquilo que uma determinada sociedade realiza em campos como a criação de condições básicas favoráveis à saúde, a implementação de programas sistemáticos de saúde preventiva e a geração de uma cobertura universal para a saúde.

A saúde dos jovens latino-americanos está incluída, na região, no cenário delineado. Este gera condições significativas de risco para amplos contingentes de jovens.

São inegáveis os avanços nas médias estatísticas relativas à saúde no Continente, as quais estão atreladas ao progresso global registrado pelas ciências médicas e a importantes esforços efetuados por políticas públicas e outros setores da sociedade. No entanto, quando se aprofundam as análises dessas médias, é possível detectar a existência de grupos sujeitos a uma elevada vulnerabilidade. E os jovens aparecem, aí, com uma representação desproporcional em diversos problemas.

Existe, dessa forma, um perfil de risco de saúde específico dos jovens pobres, que constituem, como já vimos, mais de 40% do conjunto de jovens da região, e outro perfil de jovens de outras camadas sociais — com uma distância considerável entre os dois grupos.

Entre os riscos que afetam os jovens marginalizados, rurais, indígenas e afro-americanos, encontram-se os seguintes, que fazem parte de seu cotidiano:

1. A pobreza influi diretamente na expectativa de vida. As privações em matéria de nutrição, a vida em ambientes expostos a todo tipo de contaminações, as dificuldades de acesso à água potável, os déficits de saneamento básico, a falta de planos de saúde, são alguns dos vários fatores relacionados à pobreza que podem gerar patamares de vulnerabilidade bem mais altos.

2. Há uma importante relação entre níveis de escolaridade e expectativa de vida. Estudos feitos no Chile (Vega, 2003) evidenciam que a diferença, em termos de expectativa de vida, entre quem tem de um a oito anos de formação escolar e quem tem acima de treze anos é de cerca de nove anos. O mesmo tipo de tendência se reafirma em outros países. Além disso, os indicadores apontam para um aumento dessa diferença. A escolaridade superior adquire um significado crescente em termos de prevenção de riscos de saúde.

Os importantes fossos educacionais existentes entre os jovens, conforme já mencionado, influenciam, entre outros aspectos, na sua conduta diferenciada em matéria de preservação da saúde.

3. As mães jovens, que representam parcela significativa nos setores mais humildes, sofrem riscos muito acima da média das mães do conjunto da população. Seus níveis de desproteção ao longo da gravidez e no próprio parto são consideravelmente superiores à média. Isso acaba por impactar nos números da mortalidade materna entre as jovens desfavorecidas e dos riscos de problemas na hora do parto. As taxas de mortalidade materna na América Latina são quinze vezes superiores às dos países desenvolvidos.

4. A situação relativa ao HIV/aids é alarmante na região. Seu peso para a mortalidade de jovens — 2,9 a cada 100 mil — é objeto de grande preocupação. Estima-se que a esse número devem-se somar, ainda, de cinco a sete soropositivos. Entre os fa-

tores atuantes nesse item encontram-se aqueles relacionados à pobreza, como a aglomeração, a promiscuidade e o tráfico de drogas instalado nas regiões pobres. Por outro lado, embora de 70% a 73% da população estejam informados a respeito da doença e de como ela é transmitida, menos do que 10% adotam as medidas preventivas, o que significa dizer que há pela frente um enorme trabalho a ser realizado em matéria de educação dos jovens em relação a isso.

5. A região apresenta problemas crescentes em áreas como o tráfico de pessoas e a prostituição infantil. Eles são estimulados por interesses econômicos, pelo chamado "turismo sexual" e pelos bandos de traficantes de drogas. São responsáveis pela destruição de milhares de vidas jovens, e, entre os danos que provocam, encontra-se uma vulnerabilidade maior frente à aids. Na República Dominicana, por exemplo, onde vieram à luz importantes denúncias a esse respeito, observa-se que a taxa de mortalidade de mulheres jovens pelo HIV/aids é 300% superior à dos homens jovens: 12,2 mulheres a cada 100 mil, ante 3,9 a cada 100 mil no caso dos homens.

6. A mortalidade juvenil, na região, apresenta um traço patológico bastante especial, sendo alimentada principalmente pela violência. A mortalidade entre os jovens de quinze a 24 anos, em 2003, foi de 130 a cada 100 mil. A título de comparação, a taxa espanhola é de 49 para cada 100 mil. Na Colômbia, Haiti, Honduras e Peru, as taxas superam os duzentos para cada 100 mil (OPAS, 2007). A região padece de uma violência juvenil de caráter epidêmico. Diante de um fenômeno como esse, tão atrasado e tão antijuvenil, convém evitar os tratamentos superficiais e, ao contrário, realizar uma análise profunda que explore suas relações com os aspectos essenciais do cenário socioeconômico, como os que têm sido aqui registrados, dentre eles os altíssimos níveis de desemprego entre os jovens, as dificuldades de ordem educacional

e a fragilidade de muitas das estruturas familiares sob o embate dos processos de pauperização (essa análise está presente no capítulo 9).

7. A tendência à privatização dos serviços de saúde e a redução das coberturas públicas têm deixado muitos jovens entregues às alternativas de planos de saúde ao alcance de seus núcleos familiares ou que eles possam adquirir por conta própria. Em núcleos familiares atingidos por fortes restrições econômicas, a saúde é uma das despesas que tendem a ser reduzidas fortemente. Por outro lado, jovens que possuem as dificuldades de inserção no mercado de trabalho já mencionadas encontram sérios problemas para poder dedicar recursos à aquisição de cobertura de saúde. Tudo isso os deixa em situação de alta vulnerabilidade.

8. Normalmente, as análises sobre a questão da saúde dos jovens têm se centrado em aspectos físicos. Deixa-se de lado, assim, o fato de que os jovens necessitam, com frequência, de apoio no aspecto psicológico. Em circunstâncias tão "duras" em termos de restrições de oportunidades, sobrevivência e tensões permanentes, como as que derivam do contexto econômico atual, a demanda latente por ajuda psicológica é, potencialmente, muito maior. Esse tipo de assistência, porém, tem sido fortemente negado aos jovens, em toda a região, não aparecendo nem mesmo como uma prioridade.

A situação da saúde juvenil se caracteriza, no seu conjunto, pela presença de amplos setores de jovens com dificuldades potenciais ou explícitas de saúde de caráter bastante específico, que são raramente contempladas pelas políticas oficiais de saúde e pela sociedade como um todo. São atendidos apenas quando já explodiram, mas não se lhes confere o devido reconhecimento em termos de políticas preventivas sistemáticas, com metas de longo prazo.

As tendências aqui traçadas de modo sumário em matéria de pobreza, desemprego, desigualdades, educação e saúde geram, para muitos e muitos jovens latino-americanos, dificuldades cotidianas para o desenvolvimento de suas potencialidades. Levam, em vários casos, a quadros problemáticos que não encontram explicação em decisões ou comportamentos dos jovens, mas na maneira como essas tendências condicionam, fortemente, o seu leque de opções. Examinamos alguns deles a seguir. Eles atestam a necessidade imprescindível de se introduzir, com toda energia, políticas coerentes que rompam os graves "bloqueios de oportunidades" que estão na sua origem.

ALGUNS QUADROS PROBLEMÁTICOS

Muitos jovens latino-americanos encontram-se, hoje, em verdadeiros "becos sem saída" em aspectos essenciais de sua existência, transformando-se em "problemas" para a sociedade. Por trás desses "problemas" encontram-se jovens com todo tipo de potencialidade, mas que a forma de funcionamento de seus contextos nacionais colocou em situações muito difíceis.

Entre alguns dos quadros problemáticos, estão os seguintes, descritos resumidamente.

Os jovens excluídos

Milhões de jovens latino-americanos estão fora do mercado de trabalho e, ao mesmo tempo, do sistema educacional. As estimativas indicam ser essa a situação de 23,6% dos jovens de quinze a 29 anos de idade; um em cada quatro jovens é, por isso, um excluído social. Um estudo realizado pelo Centro Latino-Americano e Caribenho de Demografia (Celade) e a Cepal (2000), a partir de pesquisas de domicílio de quinze países, constata que, entre os jovens de quinze a 24 anos, aqueles que não estudam nem trabalham representam de 12% a 40% nos domicílios pobres. Na Argentina, calculava-se, em 2002, que mais de 400 mil crianças e adolescentes abandonam anualmente os estudos e que 1 milhão de jovens de quinze a dezenove anos se encontravam fora do sistema educacional (Pepe, 2004).

A categoria dos excluídos possui, também, uma dimensão de ordem econômica. Esses jovens não recebem renda, ou o fazem muito esporadicamente, enfrentando, por isso, sérias dificuldades para sobreviver. Não conseguem dar início a uma vida de trabalho, de forma que não se expõem a experiências de aprendizagem e de crescimento produtivo. Ao mesmo tempo, sua rede de relacionamentos possíveis se estreita fortemente, já que o trabalho constitui um local essencial para alimentá-la.

Soma-se a isso tudo um outro aspecto fundamental. Os jovens estão em pleno processo de afirmação de sua autoestima. A marginalização social se choca diretamente contra ela. Em vez de se fortalecer, ela se fragiliza. E isso acabará por gerar, para eles, problemas psíquicos, de comportamento e de relacionamento.

Em um rigoroso trabalho sobre os efeitos do desemprego prolongado, tão presente entre a juventude da região, o prêmio Nobel de economia Robert Solow (1995) assinala que os economistas convencionais se enganam ao analisá-lo como um simples problema de ajuste entre oferta e procura. Supõem que os que querem trabalho insistirão, reduzirão cada vez mais suas pretensões salariais até que oferta e procura finalmente se encontrem.

Solow mostra que, na verdade, as pessoas que se encontram nessa situação sofrem, e acabam se retirando do mercado de trabalho, pois têm medo de ser seguidamente rechaçadas, justamente num momento em que sua autoestima já se encontra bastante debilitada. Isolam-se socialmente, para não se sentirem envergonhadas e diminuídas em grupos sociais em que os demais estão trabalhando.

240

No caso dos jovens, todos esses efeitos se tornam mais acentuados. Eles estão iniciando a constituição de personalidades integradas e aquela exclusão os priva dos estímulos de aprendizagem e do reconhecimento necessário, atentando contra a sua integridade psicológica e sua própria dignidade.

Os jovens urbanos marginalizados ficam "isolados". A isso se soma, com frequência, a fragilidade existente no seu núcleo familiar. Como já foi observado, a pobreza influencia a geração de famílias desarticuladas.

Sem modelos de referência e de identidade fortes no nível familiar, e no novel do trabalho, esses jovens ficam entregues à rua, onde se deparam com outros jovens em situação semelhante.

Estudos sobre as *maras*, como são chamados os bandos de delinquentes juvenis que se espalham por diversos países da América Central, reunindo centenas de milhares de jovens, informam que, quando se lhes pergunta por que ingressaram nesses grupos, onde colocam sua vida em risco, eles costumam responder que é o único lugar, na sociedade, em que são admitidos.

A exclusão social, ao lado da desarticulação familiar, coloca um setor da juventude na região em uma situação de "jovens encurralados" que, diante da ausência de respostas por parte das políticas públicas, podem se sentir atraídos pelas *maras*, colocando-se disponíveis para recrutamento pelas máfias do tráfico de drogas e do crime organizado.

É fundamental atentar para a origem do problema, não só para os sintomas, a fim de poder enfrentá-lo adequadamente. Um relatório da Unicef e da Comissão Interamericana de Direitos Humanos (2004b), a partir de observações de campo realizadas na Guatemala, El Salvador e Honduras, chama a atenção para isso. Ele adverte para a informação enviesada produzida pelos meios de comunicação a respeito das *maras*, informação que leva a uma estigmatização social generalizada das crianças adolescentes pobres em vários países da América Central. O estudo destaca que esse tratamento tendencioso provoca medo e repúdio na opinião pública, elementos que, por sua vez, se traduzem em estigmatização e discriminação social das crianças e adolescentes pobres. Assinala, ainda, que "as políticas estatais sobre a questão devem ser dirigidas para o atendimento de necessidades fundamentais, a criação de oportunidades de vida e o respeito aos direitos civis e políticos, incluído o direito a um julgamento justo". Ressalta que muitos dos integrantes desses bandos pertencem aos setores mais pobres da população, razão pela qual não têm acesso à educação, alimentação, habitação, saúde, segurança pessoal, proteção familiar e oportunidades de trabalho. Revela que, "diante dessa situação, alguns optam por se incorporar às *maras* em busca de proteção, apoio e respeito. Em seguida, tendem a viver juntos, em comunidades urbanas, com o objetivo declarado de cuidar e se defender uns aos outros". O relatório defende, por fim, que "este problema não pode ser visto unicamente a partir da perspectiva da segurança pública".

Em outro contexto, configurando uma outra forma de expressão de juventude excluída, diversos grupos de *piqueteros*, na Argentina, exprimiam a profunda necessidade de que sejam atacadas as causas principais de sua situação ao reivindicar, durante uma manifestação em Buenos Aires (*Clarín*, dezembro de 2004): "Trabalho de verdade para a juventude, programas de capacitação para o trabalho e de alfabetização, reinserção escolar, trabalho comunitário, bolsas de estudo, refeitórios e vale-transporte para que os jovens possam estudar".

Os jovens do campo

A situação do jovem no campo costuma ser uma outra expressão de "beco sem saída". Como já mencionamos, as taxas de pobreza rural na região superam amplamente as das cidades. E isso influencia suas oportunidades educacionais. Os níveis de desistência e de repetência na escola são maiores. A escolaridade média é reduzida. As taxas de desemprego rural são mais elevadas ainda do que nas cidades.

A situação gera uma contínua expulsão de jovens do campo para as cidades. Nestas últimas, torna-se muito difícil a sua inserção, dada a sua escassa bagagem educacional, além do fato de que suas competências são muito diferentes daquelas requisitadas pelo mercado de trabalho urbano.

O círculo vicioso "exclusão social-maternidade adolescente"

As taxas de fecundidade entre as adolescentes, na América Latina, são muito superiores às médias internacionais. De cada mil bebês nascidos vivos, 72 são filhos de mães entre quinze e dezenove anos de idade. No Canadá, a taxa é de dezenove. Em Honduras, ela atinge 137; na Guatemala, 114.

A maior incidência ocorre nos estratos mais pobres da população. Entre os 25% mais pobres da região, um de cada três nascimentos é de mãe adolescente. Nas áreas rurais, essa proporção é ainda maior: 40%. Ocorre, também, uma forte correlação entre o baixo nível educacional e a propensão à maternidade adolescente. Entre as jovens das regiões urbanas com menos de seis anos de escolaridade, a taxa, que é em média de 33%, sobe a 40%.

Por trás desse outro tipo de "beco sem saída", existe um círculo perverso em pleno funcionamento. As jovens pobres com escolaridade muito limitada têm possibilidades muito maiores de cair na gravidez adolescente. Entre outros aspectos, suas carências educacionais limitam seus recursos para evitá-la e preveni-la. O fato de serem mães adolescentes as leva a abandonar os estudos, reduzindo-se então, fortemente, as suas chances em termos de trabalho. As mães pobres adolescentes possuem de 25% a 30% menos em matéria de escolaridade do que as jovens pobres com a mesma idade.

Por outro lado, o perfil familiar que acabam por constituir é de grande fragilidade. Seus companheiros frequentemente as abandonam, sem nem mesmo dividir os custos relativos à gravidez e ao parto. Não chegam nem mesmo a formar um casal. Originam-se, daí, famílias incompletas; e mães solteiras. Nessas circunstâncias, as jovens voltam a se integrar às suas famílias de origem, já atingidas pela pobreza, ou se transformam em mães pobres sozinhas, chefes da casa. Saíram da pobreza e retornam às condições que tornam muito difícil superá-la. Completa-se, assim, o círculo.

O círculo vicioso intergerações

O passo mais elementar para que se possam melhorar as condições de vida de uma geração para a outra está no avanço educacional. A educação não garante a inserção em um mercado de trabalho com as características do latino-americano. Estima-se que em 2002, mesmo no grupo de jovens de quinze a 29 anos de idade com treze anos ou mais de escolaridade, 19% trabalhavam em empregos de baixa produtividade. No entanto, embora não seja uma garantia, um nível de escolaridade de pelo menos doze anos aparece como uma condição imprescindível. Uma condição básica da "empregabilidade".

Na América Latina das últimas décadas, observa-se uma grande rigidez nas camadas mais pobres em que os jovens possam superar o alcance educacional limitado dos mais velhos. Somente um a cada três filhos de pais que não completaram o ensino primário consegue concluir o secundário. Isso terá um grande peso para o seu futuro. Calcula-se que, conforme o país, de 72%

a 96% das famílias em situação de pobreza e de pobreza extrema provêm de domicílios cujos pais tiveram menos do que nove anos de estudos. Opera-se assim, de fato, um círculo vicioso. A pobreza familiar leva, como já vimos, ao trabalho em idade precoce, deserção, repetência, pouco rendimento escolar, o que, por sua vez, significa que os jovens acumulam um capital educacional muito reduzido, não superior ao de seu círculo familiar anterior, criando, de fato, condições para que o mesmo ciclo continue nas famílias que acabam por constituir posteriormente.

Somente políticas públicas agressivas que enfrentem diretamente as iniquidades na educação podem lidar com um problema com essas características.

SOBRE MITOS

A possibilidade de enfrentar quadros como os referidos acima, e, de uma forma geral, abrir o caminho para as potencialidades dos jovens latino-americanos, requer, em primeiro lugar, um olhar que se aproxime dos jovens procurando compreender as suas singularidades, sem ignorá-las, e que procure identificar as causas estruturais dos problemas.

O olhar comumente empregado tende a não incluir na agenda pública os seus problemas básicos, a não ser quando estes prejudicam de modo significativo outros itens dessa agenda. Acostumamo-nos a pensar nos jovens a partir de certos "mitos" generalizantes, sem nenhuma evidência que permita comprová-los.

Eles atravancam o caminho realmente capaz de levar a uma "compreensão" daquilo que de fato acontece com os jovens da região. Desfazê-los parece ser uma forma indispensável para que se abram as possibilidades de definição de políticas e propostas inovadoras. Veremos, a seguir, alguns desses mitos.

PRIMEIRO MITO. Uma juventude sem inquietações

Um mito de ampla circulação é aquele segundo o qual os jovens de hoje não têm "inquietações". A partir daí, são considerados vazios, superficiais, frívolos. Sua suposta ausência de inquietações é comparada com gerações anteriores, e a única esperança que a eles se permite imaginar é que as coisas mudem quando se tornarem adultos.

O mito, como costuma acontecer com construções do gênero, não se preocupa com detalhamentos. Inclui os jovens de todas as condições sociais e características. Eles podem ser muito diferentes entre si, mas esse seria um traço homogêneo de toda a "juventude de hoje", como se costuma chamá-la. Entre as referências mais comuns que se utilizam para dar base a esse mito está a sua pouca participação política, o reduzido interesse por questões culturais, a avidez por experiências imediatas.

Os estudos de campo realizados sobre a juventude da região indicam que a situação real é muito mais complexa. Eles mostram que boa parte da sociedade como um todo da região desconfia da política, que perdeu sua credibilidade. Os jovens encabeçam essa incredulidade. Isso tem a ver com as mesmas causas esgrimidas pela sociedade, dentre elas a distância existente entre as promessas eleitorais e a realidade, as práticas clientelistas, as denúncias de corrupção, entre outros fatores. É natural que os jovens sejam os primeiros a se rebelar contra essas deturpações.

Por outro lado, a própria problemática da juventude tem tido uma representatividade muito limitada na política, e a inclusão de líderes realmente representativos dos jovens tende a ser bastante restrita. Práticas políticas de novo tipo são necessárias, práticas que sejam inspiradoras, orientadas pela ética, para que se volte a atrair o interesse dos jovens. Quando elas se realizam, esse interesse aparece.

As pesquisas mostram que setores importantes dos jovens canalizam a sua participação, hoje, por outras vias. Registra-se um crescimento da associatividade religiosa, a geração de novas formas de relacionamento no espaço virtual e modalidades associativas de novos tipos, informais.

Por outro lado, expressões culturais, como a música, possuem uma capacidade excepcional de atrair os jovens. Normalmente, por meio de ídolos que representam os seus sentimentos, na maior parte dos casos, também eles bastante jovens. Outra referência muito procurada é o esporte.

A suposta falta de inquietações esconde no fundo, muitas vezes, a procura por causas valiosas. Quando estas aparecem, os jovens costumam comparecer. Isso é muito fácil de ver, por exemplo, no caso do voluntariado. Aí o jovem encontra um objetivo claro, o cumprimento do preceito bíblico básico da solidariedade; resultados concretos podem ser obtidos em curto prazo, e existe a transparência. Dirigentes e participantes se mobilizam a partir de motivações similares de prestação de ajuda. As organizações costumam ser abertas, e com uma alta horizontalidade na sua estrutura.

Diante de propostas significativas de cunho voluntário que lhes chegam diretamente, os jovens latino-americanos têm demonstrado alta receptividade. Entre outras iniciativas em anos anteriores, eles encabeçaram, no Brasil, a cruzada contra a fome impulsionada por Herbert de Sousa, o Betinho, que congregou mais de 60 milhões de pessoas; na Argentina, a ação contra a pobreza da Caritas, entre 2000 e 2002, que forneceu abrigo a 3 milhões de pessoas com base no trabalho de 150 mil voluntários; no Chile, o bem-sucedido programa Serviço País. Em todo o continente, os jovens não só atuaram em grandes projetos de ajuda como geraram silenciosamente, em muitos casos sem nenhum apoio, inúmeras redes e organizações de base.

SEGUNDO MITO. Jovens não se esforçam o bastante

De acordo com esse mito, a juventude de hoje teria uma inclinação para o "fácil". Quando esforços maiores se fazem necessários, ela não os realiza. Tampouco sente atração pelo empreendimento, pela inovação, pela tomada de iniciativas. Os jovens, diz esse mito, preferem uma vida sem maiores exigências. Seus fracassos se deveriam, em grande parte, a essas características. As gerações precedentes, em contraposição, viviam dispostas a qualquer sacrifício.

Com base em raciocínios desse tipo, a responsabilidade pelos problemas de integração e avanço econômico recairia sobre os próprios jovens. Em vez de problemas estruturais de mau funcionamento da economia e da sociedade, eles passam a ser vistos como resultantes de condutas disfuncionais de um determinado grupo ou de componentes desse grupo.

Contraposto aos fatos, porém, esse mito se revela frágil. Em diversos países da região, as gerações anteriores atuaram, nos anos 1950 e 1960, em sociedades com inúmeros problemas, mas em crescimento e com elevada mobilidade social. Os estudos constituíam um caminho seguro para o progresso pessoal, representando, em seguida, uma inserção de ordem econômica significativa. As pequenas e médias empresas se mostravam viáveis nos mercados em crescimento, contando com políticas estatais para protegê-las. As profissões liberais tinham um campo crescente, representado pela ampliação das classes médias. O Estado se encontrava em expansão e o emprego público era uma alternativa interessante.

Nos anos 1980 e 1990, o ambiente encontrado pelos jovens era muito diferente. Economias que tendiam a se dividir, com setores em modernização acelerada e outros em pleno retrocesso. Processos de desindustrialização, como os ocorridos em países como a Argentina. Quebras massivas de pequenas e médias empresas e concentração financeira e econômica, forte redução no papel e na dimensão do Estado, cujo pessoal foi diminuindo continuamente até significar, em 2000, quase a metade, em termos proporcionais, do que nos países desenvolvidos (Carlson e Payne, 2002). Uma forte polarização social que teve como impacto, entre outros, uma redução dos mercados internos, fechando o caminho para diversas profissões liberais. Uma contração das classes médias e dos salários.

Em muitos países, a mobilidade social, fosse incipiente ou já significativa, acabou sendo substituída por uma rigidez social elevada e por processos de mobilidade social descendente que originaram uma nova classe: os "novos-pobres".

As possibilidades de acumulação de capital educacional de boa qualidade, como já observamos, também conheceram uma polarização. Em um ambiente como esse, atribuir êxitos ou fracassos a supostos traços quase que congênitos de inclinação para o esforço ou para a passividade não dá conta da realidade. Causas estruturais criaram, para a grande maioria dos jovens, uma restrição muito severa de oportunidades. Os novos empregos gerados foram, proporcionalmente, muito poucos, e os setores vencedores, dentro da polarização, os abocanharam com facilidade, dada as suas vantagens competitivas.

Amplos setores da juventude não tiveram oportunidade para provar se estavam ou não dispostos a se esforçar e gerar iniciativas. A economia não lhes abriu caminho algum. Depois dos avanços registrados entre 2003 e 2008 nessa situação, os impactos da crise mundial estão, agora, atingindo com força, novamente, suas possibilidades de inserção e progresso.

Na presente década, os jovens foram ativos nos amplos movimentos por cidadania e que levaram a mudanças econômicas e sociais consideráveis em diversos países.

TERCEIRO MITO. Jovens têm uma tendência para o conflito e, inclusive, para a violência

Circula nas diferentes sociedades da região a imagem de que os jovens são rebeldes, exibindo comportamentos em muitos casos censuráveis, imprevisíveis. Como se fosse necessário sempre "tomar muito cuidado com eles". A isso se soma a percepção, no caso dos jovens pobres, de que se trata de "suspeitos em potencial", capazes de adotar, com facilidade, condutas criminosas. Essa mensagem de desconfiança contamina as políticas, as atitudes e os comportamentos em relação aos jovens na sala de aula, no mercado de trabalho, no tratamento pelas instituições públicas e em inúmeros outros aspectos da vida cotidiana. Os jovens, por sua vez, o percebem, e disso se ressentem profundamente. A imagem, como todo mito, não vai muito além de descrições muito genéricas, não investiga como vivem os jovens em nossas sociedades no atual momento histórico e quais condutas se pode esperar deles em função disso. Limita-se aos sintomas e a referências normalmente arbitrárias, sem qualquer aprofundamento.

O jovem latino-americano, como já vimos, tem motivos concretos para estar "tenso". Ele se encontra imerso em sociedades que, na maioria, não admitem como sendo importantes os seus problemas, e não lhes garantem presença na agenda pública. Ele precisa fazer o impossível, frequentemente renunciando à sua vocação natural, para se adaptar ao mercado de trabalho. Tem de deixar de lado suas inquietações e expectativas, para estudar algo que "venda", que seja "colocável", mesmo estando muito distante daquilo que os emociona e motiva. E, mesmo assim, essa renúncia nem sequer se torna uma garantia de inserção. Como vimos, suas taxas de desemprego são muito superiores à média global. A isso se soma o olhar de desconfiança e de desvalorização. Tudo isso o transforma numa espécie de cidadão de categoria inferior. Esse ambiente social é gerador de fortes tensões. Chega a ser saudável que ele não aceite se converter em um ser "totalmente ajustado" a essas condições lesivas. Que expresse, de diferentes formas, sua rebeldia. Em muitos casos, o jovem não aceita o plano de vida disponibilizado para ele por essas condições. Procura "sair disso" e encontrar espaços mais amplos de liberdade.

Nas áreas em que encontra condições mais saudáveis, como em sua família, responde, como se viu nas pesquisas, com acolhimento, carinho, expondo seus sentimentos mais íntimos, valorizando profundamente esse entorno e comprometendo-se com ele.

O olhar de desconfiança se transforma em olhar de suspeita direta no caso dos jovens pobres. Um líder indígena pobre de Quebrada de Humauaca, na província de Jujuy, Argentina, resumia a situação em um curso para líderes indígenas, observando que ali havia um crime não tipificado que ele chamou de "o crime de ter um rosto". O simples fato de ser indígena dava ensejo a um tratamento discriminatório por parte da polícia; pediam-lhes sempre documentos; interrogavam-nos. Isso, entre outras formas de discriminação.

As taxas de criminalidade juvenil com certeza subiram muito na América Latina. O mito generaliza, associa criminalidade com pobreza, estigmatiza os mais desfavorecidos. Além disso, mais uma vez, não se aprofunda nos fatores que podem estar atuando, e não diferencia uma coisa da outra.

O mito que prejudica de antemão os jovens pobres e que não os compreende nem quer fazê-lo reforça uma única via, a da "mão dura". Esta levou, em diferentes contextos da região, a um aumento vertiginoso dos gastos com segurança pública e particular e à superpopulação nas prisões. Estas, por sua vez, constituem normalmente, como já foi denunciado de forma reiterada, não um espaço de reabilitação, mas sim de uma deterioração quase selvagem. Nelas, os jovens, em vez de se melhorarem, degradam-se muito mais. Ainda assim, nem mesmo os gastos mais elevados com segurança ou o aumento de jovens nas prisões fizeram cair a taxa de delinquência. Eles não tocam nas suas causas estruturais, como analisaremos, em detalhes, no próximo capítulo.

Para muitos jovens pobres, o mito atua como "a profecia que se autorrealiza". Por meio da discriminação, ele os condena a exclusões severas, torna-os vulneráveis ao crime para depois aplicar políticas de repressão extrema, até convertê-los, já degradados e quase sem nenhuma saída possível, em "bucha de canhão" para as quadrilhas do crime organizado.

AS SAÍDAS

Reconstituímos aqui alguns aspectos centrais do contexto em que vive a juventude latino-americana nos dias de hoje. O que pode ser feito? Muita coisa. Desde que se deixem os mitos para trás, que nos aprofundemos nas causas reais dos problemas e as ataquemos. Os jovens da região não são desprovidos de inquietações nem carentes de interesse em trabalhar; tampouco são violentos. Têm um potencial imenso, como sempre demonstraram quando foram apresentadas as condições propícias. A questão é criá-las.

O primeiro ponto é que as políticas públicas e a sociedade devem incorporar a juventude como uma questão fundamental da grande agenda nacional. Isso tem acontecido. Apesar de alguns avanços, Rodríguez (2008) observa: "A política pública não oferece maiores espaços às instituições governamentais de juventude criadas nas últimas décadas, sejam institutos, ministérios ou secretarias nacionais".

Colocar o tema da juventude em um lugar de destaque será útil para os jovens e, ao mesmo tempo, fundamental para a construção de um modelo de desenvolvimento sustentável e equilibrado na região. Há um consenso crescente no sentido de que este deve abarcar como objetivos básicos a luta contra a pobreza e a redução das desigualdades, uma de suas causas essenciais. O combate pela igualdade não é algo abstrato. Deve ser levado adiante em cima de questões concretas. Os jovens, como vimos no presente trabalho, formam quase que o epicentro das grandes desigualdades típicas da região. São, assim, os que, mesmo tendo enorme potencial para as novas tecnologias e novas formas organizacionais, sofrem com as maiores taxas de desemprego; os que, mesmo tendo todas as motivações para estudar, não conseguem concluir o ensino secundário devido às restrições impostas pelo contexto geral; os que, cheios de projetos e vontade de viver, apresentam taxas de mortalidade desproporcionais devido à violência. Seus coeficientes de Gini, de acesso à renda, à terra, ao crédito, a uma educação de qualidade, são os mais baixos de toda a sociedade.

Melhorar as oportunidades que lhes são oferecidas é uma forma bastante prática de produzir impacto sobre um ponto nevrálgico da desigualdade latino-americana. Isso não será conseguido com ações espetaculares mas que não alteram as condições objetivas estruturais. De forma bastante apropriada, relatórios realizados sobre a juventude andina alertavam para isso (Bernales, 1999): "Deve-se acabar com a etapa dos resultados imediatistas e alardeantes, em que o que prevalece é a execução de um programa apenas pelo programa em si e não pela possibilidade de transformação do próprio sujeito".

É preciso forjar um grande pacto nacional em torno da juventude. Uma combinação de esforços entre a política pública, que deve ter um papel central como representante de toda a sociedade, as empresas privadas, as igrejas, as universidades, as organizações de base da sociedade civil e todos os agentes sociais. Entre outros aspectos estratégicos, cabe fortalecer, mediante políticas sistemáticas de proteção para o seu desenvolvimento, a instituição familiar, que é o âmbito básico de formação dos jovens, refúgio, como vimos, para suas confidências, o lugar que abriga alguns de seus afetos mais caros.

Por outro lado, é preciso diminuir substancialmente a deserção e a repetência escolar e ampliar consideravelmente a escolaridade entre os jovens. Os enormes fossos da desigualdade têm de ser enfrentados, gerando-se uma educação de boa qualidade. Para isso, são necessários instrumentos que estejam de acordo com as diferentes realidades, acompanhar o sistema escolar formal com atenção para as diversas idades e situações. É significativo o êxito que começa a ser obtido por escolas de reingresso para jovens que haviam abandonado os estudos, pelos clubes de jovens e escolas abertas.

Essa última experiência, patrocinada pela Organização das Nações Unidas para a Educação, a Ciência e a Cultura (Unesco) no Brasil, sob a liderança de seu então representante, Jorge Werthein, levada a cabo inicialmente em São Paulo e depois em outras cidades pelas instâncias educacionais equivalentes, obteve excelentes resultados e mostra muito bem as grandes possibilidades que estão em aberto.

A escola aberta abre suas portas nos fins de semana em áreas humildes para as crianças, os jovens e suas famílias, e lhes oferece atividades culturais de todo tipo, esportivas, ensino de diferentes

254

ofícios. Negando todas as suposições de falta de inquietações, milhões de jovens acudiram a ela, as taxas de deserção diminuíram, caiu a violência na escola, e, entre outras consequências, os jovens adquiriram um novo apreço pela escola. Mostraram, mais uma vez, que, quando há propostas sérias, transparentes e correspondentes a suas reais necessidades, eles respondem a elas.

É preciso, na saúde, trabalhar com um enfoque específico para os jovens, definindo a sua própria agenda nessa área, que, como já vimos, possui suas próprias especificidades. O campo do trabalho é essencial. É fundamental garantir para o jovem a oportunidade de um primeiro emprego. Reduzir rapidamente o número, tão prenhe de consequências, de jovens que não trabalham nem estudam. São necessárias ideias criativas, de modo a que a política pública catalise as energias de toda a sociedade.

O voluntariado pode ser um canal muito importante para convocar e mobilizar a juventude na região. Ele não deve ser visto como uma atividade marginal, mas sim como um campo aberto a ser desenvolvido sistematicamente por meio de políticas públicas ativas, parcerias sociais amplas e uma valorização contínua do papel que ele pode desempenhar na sociedade. Programas como o Faça Parte, no Brasil, que promove sua prática sistemática nas escolas, ou o Serviço País, no Chile, que o faz com universitários jovens recém-formados, mostram caminhos nessa direção.

Ao mesmo tempo em que constitui uma alternativa absolutamente positiva para canalizar as potencialidades juvenis, o voluntariado é também um ambiente de construção de vínculos sociais e uma escola de líderes. Estudos internacionais concluem que os cidadãos já adultos que se integram ativamente a qualquer tipo de atividade de ajuda normalmente participaram, quando jovens e adolescentes, de entidades de trabalho voluntário (Younis, McLellan e Yates, 1997). A formação de líderes nas entidades de trabalho voluntário aparece, nesse sentido, como um campo estratégico-chave. Os estimulantes resultados alcançados por experiências como o Programa Regional de Liderança e Desenvolvimento Social da Fundação Kellogg apontam para isso. Essa experiência pioneira, dirigida para líderes jovens de entidades de voluntariado de base, com ampla participação de setores como os indígenas, de trabalhadores, mulheres, afro-americanos, entre outros, mobilizou um capital social formidável. Apostar nesses jovens por meio de metodologias totalmente participativas, como foi feito por esse programa inovador, constitui uma direção de trabalho bastante promissora.

Esses e muitos outros tipos necessários de ação são totalmente viáveis, como demonstram os avanços obtidos nas sociedades que começaram a experimentá-los. Desde já, eles devem ser incluídos em esforços globais mais amplos de reforma estrutural. A América Latina, um continente tão repleto de possibilidades econômicas e hoje vivendo um processo tão positivo de democratização, não pode manter os níveis de pobreza e de desigualdade que o caracterizam. Com seus mecanismos de exclusão social em curso, a América Latina de hoje desperdiça o potencial produtivo de boa parte de sua população e de seus jovens. A cidadania reivindica, de forma cada vez mais ativa, reformas de fundo que democratizem a economia, abram oportunidades produtivas para todos e levem a uma inclusão social universal.

Um destacado filósofo contemporâneo, Charles Taylor (1995), faz uma reflexão, em seu bastante conhecido livro *The ethics of authenticity*, sobre o fato de que se pode observar em vários setores jovens do mundo contemporâneo uma "desilusão com a vida". Em sua opinião, ela está relacionada a vários fatores. Um deles é a perda do "sentido heroico da vida", de se fazer coisas em conjunto, com objetivos de interesse coletivo. Outro item que se deixou de discutir em relação à finalidade da vida, refere-se aos objetivos éticos que lhe dão sentido. Tudo se concentra em uma discussão sobre tecnologia e consumo, ou seja, instrumentos, que acabaram por se converter em finalidades em si mesmas, deslocando aqueles objetivos maiores. Isso gera confusão e desalento entre os jovens. Em terceiro lugar, os meios de comunicação de massa e outros fatores estimulam, de fato, a atomização e o isolamento.

Todos esses males culturais estão presentes na região, e a juventude é, com efeito, particularmente sensível a eles. Se admitirmos a sua singularidade, se compreendermos que o que ela quer são justamente causas que resgatem esse sentido heroico, objetivos éticos claros, modelos de referência pessoais que impliquem condutas éticas, recompor a sociabilidade, se lhes forem facilitadas condições de família e educacionais, de saúde, de trabalho, que recomponham o seu contexto de oportunidades, com isso será possível esperar por resultados espantosos.

A juventude da América Latina está ávida por ideais e ainda não disse ao continente aquilo que pode lhe dizer.

REFERÊNCIAS

Abdala, E. (2002). *Jóvenes, educación y empleo en América Latina*. Uruguai: Cinterfor, oit.

Bernales, B. E. (1999). *Políticas de juventud en América Latina: Evaluación y diseño. Análisis de casos nacionales en países de la región andina*. Lima.

Carlson, I., e Payne, J. M. (2002). "Estudio comparativo de estadisticas de empleo publico en 26 países de América Latina y el Caribe." *Diálogo Regional de Políticas*. Washington D. C.: bid.

Celade-Cepal (2000). *Juventud, población y desarrollo: problemas, posibilidades, y desafíos*. Santiago.

Centro de Implementação de Políticas Públicas para a Equidad e o Crescimento (Cippec) (2004). *Estudio sobre educación en las provincias argentinas*. Buenos Aires.

Cepal, oij (2004). *La juventud en Iberoamerica: Tendencias y urgencias*. Santiago.

Cepal (2007). *Panorama Social de América Latina.*

Cepal (2008). *Panorama Social de América Latina.*

Cepal, Aecid, Segib, oij (2008). *Juventud y cohesión social en Iberoamérica: Un modelo para armar.*

Chillan Reyes, Y. (2004). Apresentação da xii Conferência Iberoamericana de Ministros da Juventude. México.

Clarín (2004). "Piqueteros realizan una bicicletada por los jóvenes." 28 de dezembro.

Cristancho, C., Guerra, M., e Ortega, D. (2008). "La dimensión joven de la conectividad en América Latina." *Pensamiento Iberoamericano*, nº 3, 2ª época, 2008/2.

Filgueira, C., e Peri, A. (2004). *América Latina: Los rastros de la pobreza y sus causas determinantes.* Santiago: Celade-Cepal.

García Canclini, N. (2008). "Los jóvenes se ven en como el futuro: serán el presente?" *Pensamiento Iberoamericano*, nº 3, 2ª época, 2008/2.

Hopenhayn, M. (2008). "Inclusión y exclusión social en la juventud latinoamericana." *Pensamiento Iberoamericano*, nº 3, 2ª época, 2008/2.

Kaztman, R. (1997). "Marginalidad e integración social en Uruguay." *Revista de la Cepal*, nº 62, Santiago.

La Nación (2004). "Hay chicos que tienen que pelear su lugar." 5 de dezembro.

Organização Pan-Americana da Saúde (2007). *Salud en las Américas 2007.* Washington D. C.: opas.

Pepe, O. (2004). "Sucedió este año." *Clarín*, 28 de dezembro.

pnud (2004). *Indice de Desarrollo Municipal en México.* México.

Rodríguez, E. (2008). "Políticas públicas de juventud en América Latina." *Pensamiento Iberoamericano*, nº 3, 2ª época, 2008/2.

Tausk, J. (2002). *Investigación sobre efectos psicologicos del desempleo.* Universidade de Buenos Aires, Faculdade de Psicologia.

Taylor, C. (1995). *The ethics of authenticity.* Boston: Harvard University Press.

Tokman, V. E. (1997). "Jóvenes, formación y empleabilidad." viii Conferência Iberoamericana de Ministros da Juventude. Buenos Aires, 31 de julho a 3 de agosto.

Unicef (2004a). *Igualdad con dignidad: Hacia nuevas formas de actuación con la niñez indígena en América Latina.*

Unicef (2004b). Comissão Interamericana de Direitos Humanos. Relatório sobre visitas de observação à Guatemala, El Salvador e Honduras.

Vega, J. et al. (2003). In *Desafío a la falta de equidad en salud.* Washington D. C.: opas, Fundação Rockefeller.

Youniss, J. J., McLellan, A., e Yates, M. (1997). "What we know about enengendering civic identity." *American Behavioral Scientist*, março-abril.

9. Como enfrentar o crescimento da insegurança urbana na América Latina? As lógicas em conflito*

A EXPLOSÃO DA CRIMINALIDADE

Os cidadãos latino-americanos têm motivos para ficar preocupados com o clima de insegurança urbana que se vive em grande parte da região. Para a Organização Pan-Americana da Saúde, um índice normal de criminalidade se situa entre zero e cinco homicídios a cada 100 mil habitantes por ano. Tal situação pode ser tratada com os instrumentos convencionais. Quando o índice de homicídios está entre cinco e oito, a situação se torna delicada, mas, quando passa dos oito, estamos diante de um quadro de criminalidade "epidêmica", que não pode ser encarado pelas vias normais, as quais já demonstraram sua insuficiência. É o caso da América Latina.

Na Tabela 1 é possível acompanhar a tendência observada nos últimos 26 anos:

* Uma versão original deste trabalho foi preparada pelo autor para a EUROSOCIAL e a Fundación Internacional y para Iberoamerica de Administración y Políticas Públicas (FIIAPP), da Espanha.

259

TABELA 1. Evolução da taxa de homicídios na América Latina e sub-regiões, 1980-2006

Homicídios por ano para cada 100 mil habitantes

	1980	1991	2006
América Latina e Caribe	12,5	21,3	25,1
América Latina	12,8	21,4	25,3
México	18,1	19,6	10,9
América Central	35,6	27,6	23
Caribe latino	5,1	8,8	11
Brasil	11,5	19	31
Países andinos	12,1	39,5	45,4
Cone Sul	3,5	4,2	7,4
Caribe não latino	3,1	3,5	7,7

Fonte: OPAS, relatórios anuais sobre *Situación de Salud em las Américas*.

A taxa de homicídios de 2006 é três vezes mais alta do que o nível epidêmico e está cinco vezes acima da taxa registrada na maior parte dos países desenvolvidos, que se situa entre zero e cinco. A média de homicídios é mais do que o dobro da média mundial, tornando a região uma das mais problemáticas do planeta nesse campo. No próprio continente americano, a taxa da região, que é de 25,1, é quatro vezes maior do que a dos Estados Unidos (6,4) e quase 17 vezes a do Canadá (1,5).

Nos últimos 25 anos, a taxa da região dobrou. Ela é epidêmica em todas as áreas e quase epidêmica no Cone Sul e no Caribe não latino. Entre 1984 e 1994, ela subiu em mais de 44%. Em 1998, segundo as estimativas, registraram-se 140 mil homicídios, e a taxa continuou subindo (Londoño, 1998). Um relatório do Instituto de Controle das Armas Leves (2008) observa que a América Latina é a segunda região do mundo em homicídios, superada apenas pela África. A Tabela 2 mostra as taxas por país, segundo dados oficiais.

TABELA 2. Taxas de homicídios por países da região, 2000-4
Número de homicídios para cada 100 mil habitantes

América Latina e Caribe	25,1	Cone Sul	7,4
América Latina	25,3	Argentina	6,8
México	10,9	Chile	5,3
América Central ístmica	23	Paraguai	18,4
Belize	22,6	Uruguai	5,2
Costa Rica	6,5	Caribe não latino	7,7
El Salvador	43,4	Anguilla	ND
Guatemala	24,2	Antígua e Barbuda	8
Honduras	ND	Antilhas Holandesas	ND
Nicarágua	13,3	Aruba	ND
Panamá	13,7	Bahamas	16,4
Caribe latino	11	Barbados	10,5
Cuba	5,8	Dominica	3,8
Guadalupe	1,4	Granada	2,1
Guiana Francesa	ND	Guiana	17,9
Haiti	18,6	Ilhas Cayman	4,3
Martinica	2,7	Ilhas Turks e Caicos	ND
Porto Rico	18,7	Ilhas Virgens Britânicas	10,5
República Dominicana	8,1	Ilhas Virgens Norte-Americanas	28,8
Área andina	45,4	Jamaica	0,2
Bolívia	ND	Montserrat	6,3
Colômbia	40 (2006)	Santa Lúcia	20,1
Equador	16,1	São Cristóvão e Névis	13
Peru	4,5	São Vicente e Granadinas	11,3
Venezuela	34,1	Suriname	5,7
Brasil	31	Trinidad e Tobago	10,5

ND: Informação não disponível.

Fonte: OPAS, *Situación de Salud en las Américas: Indicadores Básicos 2006*.

Os países com criminalidade mais acentuada são El Salvador (mais de cinco vezes acima do nível epidêmico), Colômbia (cinco vezes), Venezuela (4,25 vezes) e Brasil (3,8 vezes). Abaixo do nível de oito homicídios para cada 100 mil habitantes por ano encontram-se apenas Costa Rica, Cuba, Peru, Argentina, Chile, Uruguai e algumas das ilhas da região.

Diante desses números, a Organização Pan-Americana da Saúde (1998) afirmou que "a violência é uma das ameaças mais urgentes contra a saúde e a segurança pública nas Américas". Os dados, além disso, podem conter uma margem significativa de omissões. Como observou a mesma entidade, "há um número significativo de casos não registrados" (2008).

Um aspecto específico da criminalidade na América Latina é o crescimento dos bandos de jovens delinquentes, as *maras*. Segundo avaliação da Agência Norte-Americana para o Desenvolvimento Internacional (USAID) a partir de levantamento sobre Honduras, El Salvador, México, Guatemala e Nicarágua (USAID, 2006), sua quantidade variava de 50 mil, numa estimativa conservadora, a 305 mil — nos dois casos, sempre em crescimento.

A criminalidade implica danos de todos os tipos para a sociedade. Em primeiro lugar, as vidas perdidas. Em alguns países, como o Brasil e a Colômbia, ela é considerada a principal causa de morte entre os jovens. A taxa de homicídios de jovens na América Latina é trinta vezes superior à europeia. É, também, duas vezes maior do que a taxa média de conjunto na região. Ela é calculada (Ritla, 2008) em 92,3 em cada 100 mil em El Salvador, 73,4 na Colômbia, 64,2 na Venezuela, 55,4 na Guatemala e 51,6 no Brasil. Na Holanda, em contrapartida, ela cai para 2,4; na Espanha, 1,1. Da mesma forma, a América Latina registra taxas muito elevadas de mortalidade juvenil por uso de armas de fogo. Elas são quarenta vezes maiores do que as taxas europeias.

Por outro lado, a criminalidade representa custos para o conjunto da sociedade relacionados ao sistema de saúde, segurança e judiciário. Estima-se que 14% do Produto Bruto da região são perdidos em decorrência da violência. A USAID calcula que, nos cinco países avaliados, a perda está entre 12% e 14% do PIB. Quase três vezes o que ocorre nas nações desenvolvidas, onde as perdas derivadas da violência representam menos de 5% de seu PIB.

Em vários países da região, as perdas derivadas da violência superam o total de seu investimento nas áreas sociais.

Além desses, há muitos outros custos, difíceis de mensurar, mas muito concretos: os custos intangíveis. Como aponta Rubio (2000), trata-se de custos invisíveis como "a sensação de insegurança, o medo, o terror e a deterioração da qualidade de vida".

Uma tentativa de atribuir números a esses custos, realizada no México, demonstrou que eles superam amplamente os custos econômicos diretos.

Como se pode ver na Figura 1, um dos custos intangíveis aparece destacadamente em primeiro lugar: o medo. Ele é seguido pelos anos de vida saudável perdidos (AVISA).

Bastante ilustrativo daquilo que os custos da violência significam é o caso de El Salvador. Estudo realizado pelo PNUD (2005) mostra que o país perde anualmente 1,7 bilhão de dólares, ou seja, 11,5% de seu Produto Interno Bruto. Esses custos são decorrentes da área da saúde, como vidas perdidas e assistência médica, de custos institucionais, como segurança pública e judiciário, custos de segurança privada, impactos negativos sobre o investimento

FIGURA 1. Composição dos custos derivados dos ataques às pessoas, México

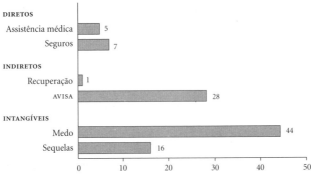

Fonte: Banco Interamericano de Desenvolvimento, Universidade de Alcalá (2000), *Convivencia y seguridad: Un reto a la governabilidad*.

externo, perda de oportunidades de trabalho e materiais. A isso deveriam somar-se os custos intangíveis anteriormente mencionados. Em 2003, os recursos perdidos por causa da violência foram duas vezes maiores do que os orçamentos somados da educação e da saúde no país.

No caso da Colômbia, Rubio (1996) demonstra que crescimentos do PIB acima de 5% só ocorreram nos períodos em que a taxa de criminalidade eram inferiores a trinta homicídios para cada 100 mil habitantes.

Uma estimativa das perdas do PIB em diferentes países da região, incluindo os custos intangíveis, pode ser vista na Tabela 3 (Londoño, 1998):

TABELA 3. Custos econômicos da violência em alguns países da região, em % do PIB

	BRASIL	COLÔMBIA	EL SALVADOR	MÉXICO	PERU	VENEZUELA
Perdas em saúde	1,9	5,0	4,3	1,3	1,5	0,3
Perdas materiais	3,6	8,4	5,1	4,9	2,0	9,0
Intangíveis	3,4	6,9	11,5	3,3	1,0	2,2
Transferências	1,6	4,4	4,0	2,8	0,6	0,3
TOTAL	10,5	24,7	24,9	12,3	5,1	11,8

Fonte: Londoño (1998).

Em todos os países, trata-se de perdas de grande importância para economias em que o PIB apresentou, nas últimas décadas, um crescimento inferior a 5% ao ano.

MITOS SOBRE A CRIMINALIDADE

Como enfrentar a criminalidade latino-americana, essa epidemia da delinquência, que torna a vida cotidiana tão difícil, que compromete a economia e cria inúmeros danos intangíveis, gerando o clima de medo já mencionado?

É muito fácil, nesse assunto, derivar para soluções simplistas, que, em vez de melhorar a situação, podem agravar o problema, deteriorando ainda mais os fatores de risco que se encontram por trás dele. Diante de uma epidemia com essa magnitude, é imprescindível aprofundar a análise, penetrar em sua complexidade, levar em consideração as experiências fracassadas e os ensinamentos provenientes de experiências bem-sucedidas em nível regional e internacional e atuar a partir daí.

A mudança em direção a uma gestão inteligente da questão, na América Latina, tem sido fortemente dificultada, nos últimos anos, por uma série de mitos, que são tomados como verdades apesar de se chocarem permanentemente com a própria realidade. Tais mitos nos conduzem a caminhos altamente ineficazes. Obviamente, possuem uma base, pois atendem aos interesses daqueles que, apoiando-se neles, tentam angariar votos por meio da demagogia e daqueles que não estão dispostos a enfrentar as causas estruturais da violência na região.

Em uma região cada vez mais democrática, a questão dos mitos ocupa um lugar central. Se se consegue demonstrar a sua inconsistência e derrubá-los, a qualidade do debate melhorará, e soluções poderão ser encontradas. Se, ao contrário, os mitos continuarem a prevalecer, o debate continuará estancado em níveis de discussão que não só não levarão a soluções como poderão conduzir a novos acúmulos de erros, agravando a epidemia.

Descrevemos e analisamos sinteticamente, a seguir, alguns dos principais mitos em questão.

PRIMEIRO MITO. Trata-se de um problema de polícia, que se resolve com mão firme

As políticas predominantes em vários países da região têm sido orientadas por essa visão básica. Estaríamos diante de um fenômeno de natureza policial. A busca de respostas deve se dar num quadro de reforço dos aparatos de segurança. A ausência de resultados seria devida, em grande parte, ao fato de ainda não terem sido bem afinadas as estratégias nem aplicados em número suficiente os programas de controle policial.

Por outro lado, seria necessário deixar de lado as "sensibilidades" e atuar sem nenhum receio para conter os potenciais delinquentes ou os que já estão em atividade. Isso pode envolver desde amplas reestruturações de aparelhos policiais, que potencializem a sua presença nos lugares públicos, em especial a vigilância sobre os setores mais pobres da população, até a criação de "bônus" por metas quantitativas de repressão alcançadas.

Defende-se, também, a necessidade de uma reforma na legislação que facilite a ação policial, eliminando garantias, e outorgando-lhe a possibilidade de efetuar prisões, ajuizar e encarcerar jovens desde muito cedo. Em algumas de suas expressões mais radicais, chegou-se a propor, inclusive, que os pais sejam responsabilizados penalmente pelos crimes cometidos pelos filhos.

Para dar fundamento à sua abordagem da questão, os defensores da linha-dura lançam mão, com frequência, da teoria da "janela quebrada". Cunhada em 1982 por Wilson e Kelling, ela forneceu as bases para a política de "tolerância zero" e defende a necessidade de se punir com total rigidez mesmo as infrações menores, pois uma "quebra de vidros" poderia ser um antecedente de ações criminosas mais graves. Castigar severamente as infrações menores poderia impedir que crimes de maior envergadura se desenvolvessem.

Essa teoria nunca foi validada empiricamente de forma significativa. Em algumas cidades de países desenvolvidos, em certos momentos ela se transformou, na prática, em uma guerra contra os sem-teto, os mendigos, as infrações menores, os bêbados, o barulho excessivo e os desvios de conduta que atentassem contra os bons costumes. Como muitas dessas infrações tendem a se concentrar em populações pobres, foram elas as "prevenidas".

Esse tipo de abordagem sofre forte questionamento hoje em dia nos países desenvolvidos, por ensejar abordagens policiais nitidamente tendenciosas, dirigidas a partir de considerações de raça, de etnia ou aos imigrantes. Crawford (1998) destaca:

> O conceito de "tolerância zero" é uma designação equivocada. Não implica a aplicação rigorosa de todas leis, o que seria impossível — para não dizer intolerável —, mas sim uma imposição extremamente discriminatória contra determinados grupos de pessoas em certas áreas simbólicas. Onde está a "tolerância zero" para com os crimes administrativos, a fraude comercial, a contaminação ilegal e as infrações contra a saúde e a segurança? Na verdade, seria mais correto descrever as formas de ação policial realizadas em nome da "tolerância zero" como estratégias de "intolerância seletiva".

Os resultados da "tolerância zero" poderiam ser muito mais questionados ainda em países como os latino-americanos. Como observa Fruhling (2000):

> Diferentemente do que ocorre nos Estados Unidos, muitos daqueles que se encontram nas ruas das cidades latino-americanas não têm para onde ir, e o número de mendigos, vendedores ambulantes informais e pessoas que cometem contravenções ou delitos de um tipo ou de outro pode chegar à casa dos milhares. Assim, uma ação policial mais agressiva pode se deparar com uma séria resistência e produzir, além disso, um colapso total no sistema de justiça penal.

Por outro lado, nas realidades latino-americanas, a instituição policial contém imperfeições muito acentuadas. Suas carências em termos de profissionalismo, carreira, salários apropriados e treinamento as transformaram, com frequência, em "polícias malditas", com sérios problemas de corrupção e de cooptação por quadrilhas do tráfico de drogas. Além disso, em várias ditaduras, como as do Cone Sul nos anos 1970 e parte dos 1980, transformou-se em um apêndice a mais do brutal sistema repressivo então constituído. Outorgar-lhe, nessas circunstâncias, um mandato amplo e criar condições para a impunidade pode levar a uma séria deterioração do respeito aos direitos humanos, principalmente dos grupos mais frágeis da sociedade. Uma atitude como essa pode levar, entre outras coisas, como já aconteceu e continua a ocorrer, ao risco do surgimento de operações sistemáticas denominadas de "limpeza social". Um exemplo estarrecedor é o extermínio sistemático de crianças de rua no Rio de Janeiro, em Tegucigalpa, Bogotá e outras cidades, denunciado permanentemente por diversos setores desses países. Praticados, segundo as denúncias, por grupos paramilitares, frequentemente com a anuência da polícia, esses extermínios procuram se respaldar na ideologia subjacente de que estão "prevenindo" contra a possibilidade de essas crianças se tornarem criminosos. É o mesmo tipo de raciocínio — acabar com as raças que não merecem viver e melhorar a qualidade demográfica da população — que inspirou os bandos nazistas. A limpeza social é, na verdade, um eufemismo para ocultar esse genocídio cotidiano de tipo hitlerista.

A "mão firme" não é uma teoria a ser provada. Um rigoroso relatório da USAID (2006) mostra como ela foi aplicada, nos últimos anos, em países como El Salvador, Honduras e Guatemala, entre outros, diferenciando-se o caso da Nicarágua, que adotou um enfoque bem diferente.

De acordo com esse relatório, em El Salvador procurou-se enfrentar o crescimento dos bandos delinquentes, sem dúvida um perigo público, com as leis "Mão Firme" em 2003 e "Supermão

Firme" em agosto de 2004. A legislação abria amplas possibilidades de detenção, até mesmo pela simples presença de tatuagens no corpo de uma pessoa. Essas leis foram acompanhadas por alguns programas de prevenção, mas 80% dos recursos foram investidos na repressão.

Com a Supermão Firme, foram presos 11 mil integrantes de *maras* em apenas um ano. No entanto, o número de homicídios continuou aumentando durante todo o período. Foram 2172 em 2003, 2762 em 2004 e 3825 em 2005. Nos oito primeiros meses de 2006, a média continuava a subir, somando, já então, 3032 assassinatos. No final de 2007, a taxa de homicídios era estimada em 61 para cada 100 mil habitantes (Dalton, 24/04/08). Os homicídios não caíram. Por outro lado, segundo o relatório, inúmeros efeitos colaterais não desejáveis se fizeram presentes. Dentre eles, a pressão sobre o sistema penitenciário, que foi bastante forte. Em 2002, ele já era considerado o de maior superpopulação de toda a região. Sob a vigência da lei Mão Firme, a população carcerária aumentou consideravelmente. Em 2004, era de 12 117 pessoas, em 24 prisões com capacidade programada para 7312 presos. Massacres se realizaram em vários desses locais.

De acordo com diversas análises, o encarceramento massivo provoca efeitos contrários aos desejados. Segundo Janeth Aguilar, diretora do Instituto de Opinião Pública da Universidad Centro-americana (Aguilar, 2006),

> o salto qualitativo e os níveis de profissionalização dos bandos de delinquentes têm a ver com a resposta institucional dada pelas autoridades de Honduras, El Salvador e Guatemala, onde foram aplicadas políticas de repressão conhecidas como Mãos Firmes ou Punhos de Ferro, ou Planos Vassoura [...]. Em El Salvador, apenas 5% dos detidos foram objeto de sentenças condenatórias ou de

269

absolvição. As prisões serviram para que as *maras* passassem a adotar estruturas nacionais e organizadas com lideranças fortes.

Por outro lado, a Procuradoria de Defesa dos Direitos Humanos tem insistido na necessidade urgente de que a Corregedoria Geral da República investigue a existência de grupos de extermínio dentro da própria polícia. A Fundación de Estudios para la Aplicación del Derecho (Fespad) (2006) discute a decisão, tomada diante da ausência de resultados, de integrar membros do Exército em áreas de segurança pública próprias da polícia e incorporar a elas, possivelmente, membros das guardas metropolitanas. Observa, no caso, que "se sabe que a lei não os autoriza a isso e que eles tampouco contam com idoneidade para tanto". Constata-se, ainda, que em El Salvador, como em outros países, esse tipo de ocorrência contribui para que se deteriore seriamente a relação entre o Estado e os cidadãos nas áreas urbanas mais pobres.

O fracasso das políticas adotadas se reflete na percepção da população. Segundo uma sondagem realizada em 2006 pela Universidad Centroamericana, a opinião pública se mostrava pessimista com a situação. Seu vice-reitor, Rodolfo Cardenal (2006) comenta: "A população se ressente do clima de insegurança vivido no país, a grande maioria se sente insegura, sente que as autoridades da segurança pública não estão fazendo bem o seu trabalho". De acordo com a universidade, essa era uma das razões pelas quais 49,2% dos entrevistados consideravam que a situação do país estava pior, se comparada com a do ano de 2005.

Em Honduras, a taxa de homicídios é seis vezes superior àquela a partir da qual se considera que a criminalidade é epidêmica. Em 2006, ela era estimada em 46 homicídios para cada 100 mil habitantes (Custodio 2007). O total de integrantes das *maras* poderia chegar a 70 mil.

O governo anterior adotou uma política de "tolerância zero" e de "mãos firmes". Pela legislação então aprovada, a polícia pode deter um jovem que porte tatuagens. Pode deter também jovens que tenham aparência de pertencer a um daqueles grupos e que estejam reunidos pela vizinhança. Aumentaram-se fortemente as penas, estendendo-se os limites dos prazos para detenção de crianças e adolescentes entre doze e dezoito anos de idade.

Apesar das políticas radicais que foram adotadas, os níveis de criminalidade não se reduziram. Em contrapartida, diversas fontes apontam que elas acabaram por ter várias decorrências negativas. Assim, o Comissariado dos Direitos Humanos (Custodio, 2007) observa em relação aos jovens que se incorporam às *maras*: "O que mais dói é que primeiro nós os fazemos vítimas da exclusão do direito à educação como um direito humano e depois os perseguimos e exterminamos por suas ações irregulares, por crime de associação ilícita e outros".

Por outro lado, são constantes as denúncias a respeito de operações de "limpeza social" praticadas com crianças. Segundo informa a Casa Aliança, desde 1998 foram realizadas 3242 execuções extrajudiciais de jovens. Trinta e cinco jovens são assassinados a cada mês. Ao denunciar esse fato, a entidade fez referência à morte de um menino de dez anos que estava dormindo em uma avenida central de San Pedro Sula. O diretor da Casa Aliança afirmou (2006) que, "em Honduras, a insegurança e a incerteza aumentaram", e advertiu para uma tendência muito perigosa: "Os assassinatos e massacres recentes mostram o desprezo pela vida. Parece até que a sociedade está satisfeita ou que se habituou a viver nessa situação, que é muito séria". Ao lado disso, ocorreram verdadeiras matanças dentro de prisões, como a de 235 membros de *maras* nas prisões de El Porvenir e San Pedro Sula. O clima de desconfiança em relação à polícia se agravou e, segundo uma sondagem realizada pela USAID (2006), somente um terço da população denuncia os crimes de que foi vítima.

A Guatemala apresenta tendências que caminham no mesmo sentido que El Salvador e Honduras. Entre 2001 e 2004, o número de homicídios cresceu cerca de 40%. O sistema de segurança privada aumentou rapidamente, e seu orçamento, em 2002, superava em 20% o orçamento da segurança pública. Segundo as estimativas (Moser e Winton, 2002), havia 80 mil seguranças particulares, ante 18,5 mil policiais. Essa imensa atividade de segurança privada tinha pouco controle. Calcula-se a existência de 180 empresas privadas de segurança, das quais apenas 28 são de fato legalizadas. O monitoramento por parte do Estado era muito limitado, com recursos mínimos (a arrecadação fiscal representava, naquele ano, apenas 9% do PIB). Esse grande complexo de atividade quase sem o controle da lei implica riscos significativos.

São constantes, na Guatemala, as denúncias a respeito de uma "feminilização" da violência. Entre 2002 e 2004, foram assassinadas 1188 meninas e mulheres e, nos primeiros dez meses de 2006, 450 mulheres. Isso tudo acompanhado de impunidade quase total na prática. Segundo a Red de La No Violencia contra la Mujer (2006), somente 9% dos casos foram investigados e não houve, efetivamente, nenhuma condenação. A Comissão Interamericana de Direitos Humanos acatou a denúncia da mencionada rede sobre a situação.

Experiências semelhantes às de El Salvador, Honduras e Guatemala foram realizadas em outros países latino-americanos, nos quais se procurou, em níveis nacional, estadual ou municipal, solucionar o grave problema da criminalidade com uma leitura basicamente policial da realidade. Isso mostra a necessidade de refletir se, em vez de imaginarmos que medidas mais punitivas e repressivas podem ser aplicadas, não seria preciso alterar o enfoque de todo o raciocínio, de modo a responder à complexidade do problema.

A Nicarágua, país vizinho dos três acima mencionados e com sérios problemas estruturais, experimentou uma abordagem baseada muito mais na prevenção e na reabilitação do que na linha-dura, e obteve melhores resultados. O país registra oito homicídios para cada 100 mil habitantes. O número e as dimensões dos bandos delinquentes diminuíram sensivelmente. Em 2005, estimava-se a existência de 108 grupos, com 2201 membros.

Em vez da opção por endurecer a legislação, uma das estratégias utilizadas foi intensificar uma relação ativa entre a polícia e a comunidade. Outra delas foi a abertura de oportunidades de trabalho e de desenvolvimento artístico e vocacional nas prisões. Criaram-se, entre outros programas, comitês de prevenção ao crime, com participação do governo, meios de comunicação, setor privado e integrantes das *maras*, voltados para o oferecimento de oportunidades àqueles que deixassem os bandos. O programa prevê aconselhamento, oportunidades educacionais, treinamento e busca de emprego. Um exemplo de seu perfil é que, para o Dia da Independência de 2004, a polícia utilizou oitocentos jovens que haviam pertencido a *maras* na manutenção da ordem.

As relações entre comunidade e polícia foram favorecidas fortemente por esse tipo de abordagem e estão na base dos resultados positivos dessa estratégia, recomendada pela USAID (2006), que destaca que "o enfoque de prevenção e reabilitação mostrou ter funcionado bem, e pode ser um modelo para outros países na América Central e no México".

Por que a política da linha-dura fracassa? Provavelmente pelas seguintes razões, entre outras, retiradas da experiência real:

1. Partindo da polêmica "tolerância zero", o enfoque tende a tratar indistintamente todas as formas de criminalidade e a não fazer, por isso mesmo, nenhuma distinção no momento de defi-

nir políticas de ação. Parece algo equivocado, pois, na região, desenvolveu-se uma grande multiplicidade de formas de delinquência. Entre elas, de um modo esquemático, se encontram duas principais. Por um lado, o crime organizado, sob diversas formas, os bandos de traficantes, as máfias, os grupos de sequestradores, as organizações de tráfico humano, as que se dedicam ao roubo de automóveis, as organizações de lavagem de dinheiro, entre outras. A sociedade, com certeza, precisa se defender contra elas, aplicando toda a força da lei. Precisa desarticulá-las, impedir seu desenvolvimento, bloqueá-lo, isolá-las. Por outro lado, há o crescimento bastante expressivo de uma criminalidade jovem, que começa com delitos menores cometidos por crianças e jovens em situação de alta vulnerabilidade. Se aplicamos a eles o mesmo enfoque do crime organizado, tudo indica que, além de abrir mão totalmente de sua capacidade de regeneração, estaremos piorando todas as condições que os levaram a delinquir. O efeito disso seria gerar "bucha de canhão" para o crime organizado, ampliar sua possibilidade de recrutar jovens em situação de risco, fechar a estes últimos as oportunidades de abandonar o crime, deixando-o diante apenas das alternativas e dos incentivos oferecidos pelos bandos criminosos. A homogeneização da resposta aos diversos tipos de criminalidade se mostra, além de alheia à ética, fortemente ineficaz.

2. A abordagem linha-dura consegue, sem dúvida, aumentar o número de jovens nas prisões. Isso cria um problema grave de superpopulação carcerária, com todo tipo de consequências, e não resolve o problema. Está provado que não existe, estatisticamente, uma correlação consistente entre o aumento dos índices de encarceramento e a redução, a médio e longo prazos, dos índices de criminalidade.

3. A ideia da "tolerância zero" surgiu em sociedades que possuem um número limitado de infratores potenciais. Ela prevê que

274

se adote vigilância máxima contra "condutas desviantes" em populações com um pequeno número de pessoas que, devido às suas carências básicas, poderiam ser candidatas a cometer alguma(s) dessas infrações. Nos Estados Unidos, por exemplo, a população situada abaixo da linha de pobreza não chega a 13% do total. Bem diferente é a situação da América Latina, onde a pobreza envolve, em média, mais de um terço da população, chegando a taxas maiores em países como El Salvador, Guatemala e Honduras, já mencionados. Nessas circunstâncias, a proposta que se faz de "tolerância zero" não é no sentido de pôr na linha, com sua aplicação, uma minoria, e sim de tratar com mão de ferro amplos setores da população. Trata-se de uma proposta que acabará por gerar, naturalmente, tensões sociais críticas e que afetaria fortemente, em todas as dimensões, a coesão social.

4. A linha-dura contém um risco muito grave, que é o de resvalar para a "criminalização da pobreza", considerando "suspeitos" todos aqueles que apresentarem sinais de pobreza ou de pertencimento a minorias étnicas ou raciais, que se encontram afastadas ou excluídas da sociedade. Punir, assim, aquelas que são, na verdade, as vítimas de sistemas econômico-sociais que não criam oportunidades concretas para todos. Em vez de se esforçar para saber como incluí-los, criam-se, ao final, como destaca Castel (1997), "estratégias de governabilidade voltadas para conter e segregar aqueles que estão sobrando". Criminalizar a pobreza não resolve o problema, ao contrário, agrava os já existentes. Gera sociedades com índices exacerbados de tensão interna, atuando como um multiplicador da pobreza. Como descreve Vacquant (2000), "o encarceramento, além de atingir prioritariamente as camadas menos assistidas: desempregados, temporários, estrangeiros, é, em si mesmo, uma enorme máquina de pauperização. A esse respeito, é sempre útil recordar as condições e os efeitos deletérios da detenção não só sobre os próprios presos mas também

sobre suas famílias e suas comunidades". A linha-dura não cria soluções porque embute, entre outras, todas essas falhas estruturais. Quem, então, se beneficia com ela? Por que ela é aplicada? Na região, ela tem se mostrado, na verdade, com frequência, um grande instrumento eleitoral. Diante da legítima angústia sentida por amplos setores da população, ela fornece uma resposta, mas uma resposta que é imaginária, que, em vez de se concretizar em fatos, apenas simplifica a realidade, oferecendo-lhe algum conforto. Trata-se de uma forma bastante eficaz de demagogia. Por outro lado, ela apenas adia o real combate aos problemas de fundo, que exigem uma abordagem estrutural e aprofundada. O relatório da USAID sobre a América Central (2006) registra com clareza essa situação. Ele conclui o seguinte: "Muitos analistas sugerem que o enfoque duro adotado pelo governo tem motivações de ordem política. É mais fácil combater os integrantes das *maras* do que encarar os problemas sociais mais complicados que estão por trás de sua existência, como a desigualdade de renda e a pobreza".

SEGUNDO MITO. Os países bem-sucedidos conseguiram bons resultados porque aplicaram a linha-dura

A "mão firme" tem sido "vendida" na América Latina, frequentemente, tendo como argumento central a imagem de que foi isso que fizeram os países desenvolvidos mais bem-sucedidos na redução da delinquência. Isso funciona como uma legitimação: se os países desenvolvidos o fazem, é porque é moderno e faz parte do desenvolvimento. Ao mesmo tempo, cria-se uma expectativa de "sucesso", de que isso dá resultados concretos. Por outro lado, isso se mostra eficiente para quebrar as resistências de caráter humanitário. Se os desenvolvidos o fazem, então, por que não podem fazê-lo os países latino-americanos, que têm um problema de dimensões maiores ainda?

Mas será que foi isso mesmo que os países bem-sucedidos fizeram ou estão fazendo? Esse argumento tem base real? Não parece ser o caso quando cotejamos a ideia com a realidade. A Finlândia, reconhecida como um dos países líderes nesse campo, registra 2,8 homicídios ao ano para cada 100 mil habitantes. Isso foi obtido com base em alguma política de "mão firme"? Justamente o contrário. Esse país possui a menor quantidade de policiais por habitante do planeta. E, no entanto, conseguiu reduzir o número de presos nos cárceres de 4709 em 1983 para 3106 em 1990 e 2798 em 1997 (40% a menos em catorze anos), tendência esta que se mantém. Evidentemente, interferem aí causas estruturais que não têm a ver com as dimensões da polícia nem com o aumento da população carcerária.

Tendências semelhantes podem ser observadas em todos os países nórdicos (PNUD, 2007-8). A Dinamarca registra 0,8 homicídio por ano para cada 100 mil habitantes; a Noruega, também 0,8; e a Suécia, 2,4. Não é o modelo nórdico de polícia que gera essas taxas comparativamente muito baixas de homicídio. O que atua, aqui, é o seu elogiado modelo de economia, sua sociedade, sua coesão social.

A argumentação normalmente utilizada omite os casos verdadeiramente bem-sucedidos e costuma se apoiar no exemplo dos Estados Unidos. Em primeiro lugar, trata-se de um dos países desenvolvidos que mais dificuldades têm tido para lidar com a questão da criminalidade. Sua taxa no período 2000-4 era de 5,6 homicídios para cada 100 mil habitantes, ante 1,6 da França, 2,1 da Inglaterra, 1,2 da Espanha e 0,5 do Japão. Ou seja: era mais do que o triplo da França, Inglaterra e Espanha e onze vezes maior do que a taxa japonesa. Embora não chegue ao nível considerado epidêmico, trata-se de uma taxa problemática.

Depois de ter conhecido alguma melhora, essa taxa de criminalidade voltou a subir em 2005 e 2006, gerando muita preocupação. Os crimes violentos aumentaram 2,5% em 2005 e 4% nos primeiros seis meses de 2006, comparado com o mesmo período do ano anterior. Todas as categorias desse item aumentaram:

TABELA 4. Crimes violentos nos EUA

AUMENTO NO PRIMEIRO SEMESTRE DE 2006 EM RELAÇÃO AO PRIMEIRO SEMESTRE DE 2005	
Roubos	9,7%
Homicídios	1,4%
Assaltos graves	1,2%

Fonte: Relatório semianual do FBI sobre crime.

O jornal *The Washington Post* (Eggen, 19/12/06) afirmava que "os resultados não constituem nenhuma anomalia, mas sim, segundo os especialistas em justiça penal, fazem parte do aumento dos crimes violentos desde o começo dos anos 1990". Entre outras causas possíveis, mencionava "menos empregos para pessoas com menos habilidades".

Estudos mostram que a taxa de detenções são muito mais altas entre os jovens pobres, especialmente negros. Estima-se que, em 2005, 17,1% dos menores de dezoito anos eram pobres, porcentagem superior à média geral. Isso significa 12,3 milhões de pobres jovens. Em Nova York, segundo as estimativas, 16% dos jovens entre dezesseis e 24 anos estavam fora da escola e do mercado de trabalho, e 40% dos homens negros da cidade estavam desempregados.

Uma análise preparada especialmente para o Congresso norte-americano (Eckholm, 2007) conclui que a pobreza das crianças e dos jovens custa ao país "500 bilhões por ano, porque são menos produtivos, poupam menos dinheiro, cometem mais crimes e têm mais gastos com saúde".

A tentativa de resolver esses problemas com políticas que aumentam a população carcerária parece estar chegando ao seu esgotamento. Pressões crescentes são feitas para que se diminuam os gastos com o sistema penitenciário, que já chegaram a montantes exorbitantes, e vários governos estaduais estão tratando de fazê-lo. Estima-se que há 2,2 milhões de norte-americanos presos, oito vezes mais do que em 1975, compondo uma relação de 738 para cada 100 mil habitantes, a maior taxa de encarceramento *per capita* do mundo ocidental. O país gasta 60 bilhões de dólares por ano com o sistema.

A adoção das prisões como recurso nos Estados Unidos é muito diferente do que se faz na Europa, como mostra a Tabela 5:

TABELA 5. Quantidade de presos nos Estados Unidos e na União Europeia, 2007

PAÍS	NÚMERO DE PRESOS	ÍNDICE DE ENCARCERAMENTO (A CADA 100 MIL HABITANTES)
Estados Unidos	2 186 230	738
Portugal	12 870	121
Espanha	64 215	145
Reino Unido	88 458	124
Alemanha	78 581	95
França	52 009	85
Holanda	21 013	128
Itália	61 721	104
Áustria	8766	105
Bélgica	9597	91
Dinamarca	4198	77
Suécia	7450	82
Grécia	9984	90

Fonte: PNUD, *Relatório de Desenvolvimento Humano 2007-8*.

A taxa de encarceramento norte-americana é várias vezes superior à dos europeus. Por outro lado, grande parte dos presos vai para a cadeia por causas muito menos graves, como pequenos crimes ligados a drogas, furtos ou perturbação da ordem pública. A maioria provém de domicílios situados abaixo da linha de pobreza.

Em editorial, o jornal *The New York Times* (25/01/07) afirmou que a insistência no encarceramento gerou "uma crescente casta de presos, agora são 16 milhões de detentos e ex-detentos que voltam com frequência para a prisão levados por políticas que tornaram impossível, para eles, encontrar emprego, moradia ou educação". O diário denuncia que foi criada uma "porta giratória" que precisa ser estancada. E observa: "A única maneira concreta de se diminuir a população carcerária, e essa casta de presos, é garantir que o encarceramento seja uma medida de última instância. É preciso deixar de lado as leis e sentenças que lotaram as prisões de delinquentes não violentos, fadados a ficar atrelados à marginalização".

Fortes pressões são feitas para que a detenção seja substituída pelo tratamento, no caso do uso de drogas. Calcula-se que cada dólar gasto em reabilitação rende entre sete e oito dólares devido à redução dos delitos e ao aumento da produtividade. Por outro lado, o encarceramento, como método, é prenhe de consequências. Um estudo publicado pelo prestigioso *New England Journal of Medicine* (*The Washington Post*, 11/01/07) sobre 30 327 presos libertados entre 1999 e 2003 mostra que a probabilidade de eles morrerem por overdose, depois de soltos, era doze vezes maior do que a média geral da população, e a possibilidade de virem a ser assassinados, dez vezes maior.

A ausência de qualquer relação entre o tamanho da população carcerária e a redução da criminalidade é claramente observada no caso norte-americano. O número de presos teve um aumento expressivo nos Estados Unidos entre 1985 e 1993, e o de crimes cometidos também subiu, consideravelmente, no mesmo período. A mesma tendência é verificada no conjunto das últimas décadas. No estado de Idaho, onde mais cresceu a população carcerária entre 1992 e 2002, esse aumento foi de 174%. No mesmo período, os crimes subiram 14%. No estado que aparece em segundo lugar, Virgínia Ocidental, onde o número de detentos cresceu 171% naquele período, a delinquência aumentou em 10%.

Diante dessa realidade, alguns estados tradicionalmente mais conservadores, como Louisiana e Mississippi, aprovaram reformas que diminuem as punições aplicadas. Outros, como Kansas e Nebraska, vêm tentando trocar a expansão das prisões por mais investimento em programas de reabilitação para usuários de drogas.

São constantes as críticas contra a "mão firme" nos Estados Unidos. Lewis (*The New York Times Magazine*, 10/06/09) diz:

> Será que o encarceramento funciona? Embora muitos de nós relutemos em admiti-lo, estamos usando as prisões como depósitos, colocando pessoas ali na esperança de que cinco anos atrás das grades serão cinco anos em que elas não cometerão crimes. Comparando com o crescimento da população, há quatro vezes mais pessoas nas prisões em 2009 do que tínhamos em 1980. Todos concordamos com a ideia da reabilitação, mas pouco fazemos para viabilizá-la. Cerca de 67% dos detentos que são libertados acabam sendo presos novamente ao longo dos três anos seguintes.

Em muitos casos eles reincidem no crime porque, ao sair da prisão, dificilmente conseguem ser admitidos em algum emprego tendo esses antecedentes.

Em reação a tal situação, o Congresso norte-americano aprovou em 2008, por esmagadora maioria, a Lei da Segunda Chance. A partir dela, o Estado é obrigado a apoiar ativamente aqueles que deixam a prisão com assistência para capacitação, obtenção de emprego, jurídica, médica e social.

Na América Latina, os partidários da linha-dura costumam dar como exemplo o polêmico período de aplicação do programa "tolerância zero" em Nova York. Seus críticos mencionam fatores como o grande aumento dos gastos e dos efetivos da polícia, as denúncias por causa de discriminações e abusos, a deterioração das relações entre as comunidades afro-americanas e latinas e a polícia.

Bem menos conhecidos são os casos de cidades que conheceram êxitos maiores em matéria de diminuição da criminalidade nos próprios Estados Unidos, como San Diego e Boston. Entre 1993 e 2001, a taxa de homicídios de San Diego caiu 62%. Da mesma forma, as sentenças de prisão diminuíram em 25%. Por trás desse sucesso está uma abordagem que promoveu uma integração entre o trabalho da polícia, a prefeitura e as principais instituições da sociedade civil, além dos próprios grupos mais pobres da população. A cidade instituiu uma polícia denominada "da redondeza", que enfatiza o trabalho com a comunidade. Reduziram-se fortemente os crimes e as denúncias, e houve um importante aumento da popularidade da polícia. A quantidade de policiais por habitante é três vezes inferior à de Nova York.

Em Boston, a Operação Cessar-Fogo conseguiu fazer que o número de homicídios no final dos anos 1990 caísse em dois terços em apenas doze meses. Formou ali um grupo de trabalho com representantes de todos os órgãos envolvidos com a questão da criminalidade e das principais organizações comunitárias. Os agentes foram conquistando a confiança uns dos outros e admitindo a necessidade de trabalhar em conjunto. Enfatizou-se a extinção da circulação de armas. Por outro lado, procurou-se conversar com as próprias gangues de jovens, por intermédio de instituições como as igrejas, a fim de lhes abrir oportunidades de opções positivas para o seu futuro, ao mesmo tempo que se lhes informava o quanto era firme a decisão da comunidade de reduzir consideravelmente a criminalidade e os riscos que estariam correndo aqueles que não aproveitavam a oportunidade do Cessar-Fogo. A operação incluiu, também, programas de treinamento para que houvesse uma mudança no método adotado pela polícia no trato com esses bandos.

Segundo diversos analistas, as diferenças dessas iniciativas em relação à tolerância zero de Nova York, em suas diversas fases, são muito significativas. Entre 1993 e 1996, a quantidade de detenções caiu 15% em San Diego, ao mesmo tempo que aumentava 24% em Nova York. No auge da "tolerância zero", em 1996, 314 292 pessoas foram detidas nessa cidade; o número de prisões por infrações menores relacionadas a drogas dobrou, passando de mil por semana. Enquanto as queixas contra a polícia diminuíram em 10% em San Diego, em Nova York elas aumentaram 60%.

Um estudo do Justice Policy Institute, de Washington, mostra que as políticas de ação policial que criminalizam comunidades inteiras e põem nas prisões um grande número de crianças não violentas não conseguem reduzir o envolvimento com as gangues nem a sua violência. O *The New York Times* menciona, a título de exemplo, o caso de Los Angeles: "A região tem atualmente seis vezes mais gangues, com o dobro de membros, do que 25 anos atrás, apesar dos recursos multimilionários aplicados na polícia".

Na América Latina, a tendência ao encarceramento levou a situações quase extremas. Além de não conter o aumento dos índices de criminalidade, criou, em diversos países, um problema de gestão penitenciária muito difícil. O Instituto Latino-Americano das Nações Unidas para Prevenção do Delito e Tratamento do Delinquente (Ilanud) calcula que a densidade da população carcerária em 2002 era de 209% em Honduras, 162% em El Salvador e 137% no Panamá (Carranza, 2006).

Mas não se trata apenas do excesso de presos em relação à capacidade das prisões. Há também a questão do espaço de que eles dispõem, que viola todas as regras. O Ilanud observa que, em algumas cadeias, o espaço para os presos, em uma cela, é de quinze centímetros, ante os dez metros quadrados que se consideram adequados na Europa ou os catorze metros quadrados no caso da Holanda. O diretor do instituto, Elias Carranza, dá uma ideia concreta da situação: "Se todos saírem de seus leitos ao mesmo tempo, não caberão no espaço". Essa aglomeração tem consequências muito graves e estimula os enfrentamentos.

Políticas de linha-dura desembocam nesse tipo de cenário. Já com as abordagens de conjunto que geram populações carcerárias menores e que, além disso, as tratam com uma firme orientação no sentido da reabilitação, se dá o contrário. É o caso da Costa Rica, que aplica esse tipo de visão há várias décadas. A taxa de homicídios, ali, é de 5,4 ao ano para cada 100 mil habitantes. O número de presos é 8 mil, e as políticas penitenciárias estão voltadas para a reabilitação. O diretor do Sistema Penitenciário Nacional, Reynaldo Villalobos (2006), as resume da seguinte forma: "Nossa filosofia, no sistema penitenciário, parte da premissa de que os que estão privados de liberdade são seres humanos que têm direitos fundamentais tutelados pela Constituição, como o direito de estudar ou de trabalhar". Setenta por cento da população carcerária trabalham com agricultura, abastecendo o próprio sistema penitenciário com alimentos, ou em outros ofícios, como o de marceneiro. Os presos são, por exemplo, os principais fornecedores de carteiras escolares para o Ministério da Educação — produziram 400 mil nos últimos cinco anos. Um terço dos detentos estuda. O sistema penitenciário é obrigado a propiciar cursos de alfabetização, escola primária, secundária e universidade para os presos que assim desejarem. Também garante aos detentos, em respeito aos seus direitos constitucionais, um sistema de telefonia pública, o direito à saúde e o direito de ser informado integralmente sobre o que acontece no país e no mundo. Um dos produtos dessas prisões, onde 99% dos detentos exercem alguma atividade, é que nenhum motim ocorreu ali nos últimos dezoito anos.

O mito de que a linha-dura será capaz de solucionar o problema se esvai quando confrontado com as evidências empíricas. Com seus fracassos, a linha-dura cria o terreno para demandas sociais mais acentuadas e para a sua própria perpetuação. Como resume De Giorgi: "O problema permanece intacto, as características estruturais continuam inobserváveis; os projetos servem apenas para legitimar a demanda por novos projetos, posto que as patologias continuam a existir".

TERCEIRO MITO. As causas últimas da criminalidade são pouco conhecidas

A linha-dura age sobre o comportamento final e, como já observamos, com resultados duvidosos. Concentra-se nos sintomas da epidemia de criminalidade, sem se aprofundar nas causas que a determinam.

Quando a criminalidade, como no caso da América Latina, é uma conduta que afeta setores tão amplos da população jovem, torna-se imprescindível questionar-se sobre o que leva tantos jovens a agir nessa direção. Quando se consegue limitar o assunto a uma questão meramente policial, argumenta-se, com frequência, que "se sabe pouco", que "é uma espécie de terreno misterioso", "um enigma"; às vezes, fazem-se esforços sistemáticos para tentar demonstrar que as causas da criminalidade não são de ordem social. O resultado é enxergá-la como uma questão de conduta individual, a ser tratada, como tal, com punições pessoais.

É imprescindível abordar o tema com o mesmo olhar penetrante que permitiu a Durkheim perceber que o pano de fundo dos suicídios e das condutas desviantes de sua época residia em um grande problema de anomia, ou, ainda, a "imaginação sociológica" de que falava Wright Mills, a qual deve procurar captar as conexões existentes entre as biografias individuais e o contexto geral. Se a taxa de homicídios aumenta na proporção em que tem aumentado na América Latina, se ela se torna epidêmica e com um forte componente jovem, deve haver causas estruturais em atuação por trás disso.

Estudando cruzamentos sistematizados de ordem estatística a respeito de com quais fatores o crescimento da criminalidade na região está vinculado, é possível identificar que, a médio e a longo prazos, existem correlações consistentes, entre outras, com vários conjuntos de variáveis, examinados a seguir: as condições sociais básicas, especialmente a evolução da taxa de desocupação juvenil, e as oportunidades de trabalho, os níveis educacionais e o grau de articulação das famílias.

a. Uma situação social crítica

Os indicadores sociais da América Latina mostram a presença de uma pobreza amplificada, de caráter persistente e com um importante componente de pobreza extrema.*

A evolução dos dados referentes à pobreza e à pobreza extrema, nos últimos 28 anos, é mostrada na Figura 2.

Pode-se verificar a permanência elevada da pobreza, com poucas variações, ao longo do último quarto de século. A melhora registrada nos últimos anos tem se perdido diante do impacto da crise de alimentos de 2008 e da crise mundial de 2009. Os jovens, nesse quadro, apresentam níveis de pobreza e de pobreza extrema acima da média, como vimos no capítulo 8. As taxas de desemprego cresceram sensivelmente nos anos 1990, começaram

---

* O autor analisa detalhadamente os problemas sociais da região no livro *Mais ética, mais desenvolvimento* (Unesco, 2008).

FIGURA 2. América Latina: evolução da pobreza e da indigência, 1980-2008[1]

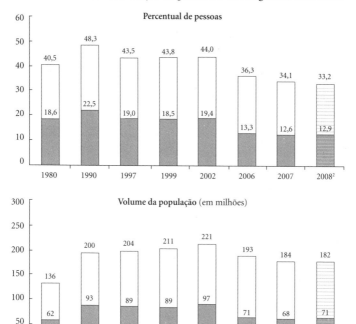

1. Estimativa correspondente a dezoito países da região, mais o Haiti. As cifras sobre a parte superior das barras representam a porcentagem e o número total de pessoas pobres (indigentes mais pobres não indigentes).
2. Projeções.

Fontes: Cepal, com base em tabulações especiais das pesquisas de domicílio dos respectivos países; Cepal (2008), *Panorama Social de América Latina*.

a melhorar nos últimos anos, mas voltaram a subir em 2009. Estima-se que tenha ficado entre 8,7% e 9,1% nesse ano, ante os 7,5% de 2008. Só no primeiro semestre de 2009, 1 milhão de postos de trabalho foram eliminados. Na maior parte dos países, a taxa de desemprego jovem era mais do que o dobro da taxa global. O quadro de pobreza persistente e o elevado desemprego recaíram principalmente sobre os jovens. Essas condições sociais hostis para a entrada e a permanência de milhões de jovens latino-americanos no mercado de trabalho deixaram-nos "de fora" em um momento decisivo da vida deles. A relação entre essas condições e o aumento do número de crimes na região é bastante visível. No caso argentino, por exemplo, a taxa de desemprego juvenil aumentou de 15,2% em 1990 para 26,4% em 1999. A quantidade de crimes cresceu muito fortemente nessa década, entre eles, particularmente, os cometidos por jovens. Um relatório sobre crimes realizados por menores de idade na cidade de Buenos Aires (Guemureman, 2001) mostra que eles passaram de 17 678 em 1990 para 26 827 em 1998. Durante esses oito anos de aumento da pobreza e do desemprego, eles cresceram 51%. A mesma tendência pode ser verificada em outras jurisdições, como a província de Buenos Aires.

Os dados não chegam a surpreender quando se observa que, em 1999, 44% da população jovem de quinze a 24 anos, que somavam 6,337 bilhões de pessoas, não compareciam a nenhum estabelecimento escolar; metade deles tampouco tinha trabalho ou emprego remunerado. Havia, portanto, 1,3 bilhão de jovens "fora de tudo". Com base nesses números, Guemureman (2001) afirma que "o debate sobre a insegurança referente a jovens e adolescentes não pode ser limitado meramente à questão criminal [...] deve ser alimentado a partir da verdadeira violência que representa a exclusão social".

Um panorama cheio de impasses é apresentado por países com alta criminalidade, como, entre outros, Guatemala, El Salvador e Honduras. A USAID (2006) descreve o contexto da vulnerabilidade ao crime na Guatemala da seguinte forma: "Os integrantes das *maras* provêm de áreas urbanas pobres e marginalizadas, e são produto de um ambiente caracterizado por serviços ineficientes, exclusão social, capital social frágil, famílias desmanteladas e aglomeração".

A relação com o Estado, para muitos desses jovens, é totalmente negativa, limitando-se à repressão policial. O relatório da USAID destaca que "muitos dos jovens nunca conheceram uma única interação positiva como Estado. Com frequência, sua única vivência do Estado é a da polícia detendo e prendendo pessoas".

b. A exclusão educacional

Quanto mais elevados os níveis educacionais de uma população, menor o número de crimes cometidos. Está provado, em vários estudos comparativos, que um dos investimentos preventivos de maior impacto em relação à delinquência é a educação. A Organização Pan-Americana da Saúde (1998) conclui, a partir de seus estudos sobre a violência epidêmica, que "é claro que as intervenções provocam aumento no êxito acadêmico e que os anos de escolaridade podem provocar diminuição no número de incidentes de violência durante a infância e mais para frente. Qualquer coisa que melhore a educação provavelmente também reduzirá o risco de violência entre crianças e jovens".

Embora tenham ocorrido avanços consideráveis em matéria de educação na região, as taxas de repetência e de deserção são ainda muito altas, como observamos no capítulo 8. Elas estão diretamente vinculadas aos elevados níveis de pobreza e de desigualdade da América Latina.

A ampla população jovem com baixos níveis de escolaridade da região encontra-se mais vulnerável ao crime. Levantamento realizado na Argentina verificou que apenas 5% dos presos tinham o secundário completo. Outro levantamento, no Peru, registrou que, enquanto 67% da população conclui o secundário, nas prisões a taxa era de 61%, e de 22% no caso do ensino primário.

c. Família, instituição essencial na prevenção ao crime

Os estudos sobre essa variável são muito consistentes. No Uruguai, os trabalhos de Kaztman (1997) sobre os jovens internos mostram que dois terços deles vêm de domicílios com um só cônjuge presente. Dados semelhantes foram registrados nos Estados Unidos, com base em amplas amostragens (Whitehead et al., 1993). Se a família é articulada e atua como tal, acaba por gerar, de modo permanente, uma educação de vida anticrime. E o faz por meio de mensagens explícitas ou implícitas, como, neste último caso, a própria conduta cotidiana dos pais. Transmite valores éticos diariamente, os quais serão muito relevantes nas situações-limite. Trata-se de um instrumento fundamental de socialização positiva. Por outro lado, ela exerce, de modo contínuo, uma ação tutelar quando os jovens se encontram em dificuldades. A família é insubstituível no cumprimento de todos esses papéis, o que a torna essencial para a prevenção do crime. Nenhuma outra instituição pode atuar no seu lugar da mesma forma.

A Organização Mundial da Saúde (2003) observa que

os resultados de estudos realizados nos Estados Unidos, Nova Zelândia e Reino Unido indicam que as crianças criadas em famílias monoparentais estão mais expostas ao risco de violência. Por exemplo, em um estudo sobre 5300 crianças da Inglaterra, Escócia e País de Gales, o fato de elas terem vivenciado a separação dos pais entre o nascimento e os dez anos de idade fez subir as probabilidades de receberem condenações por atos de violência antes dos 21 anos.

No estudo realizado em Dunedin, Nova Zelândia, "o fato de viver aos treze anos com um pai ou mãe solteiros permitiu vaticinar condenações por prática de violência antes dos dezoito anos".

Os dados são igualmente categóricos no sentido de que, no caso de famílias internamente desmanteladas e com violência doméstica, aumenta visivelmente a probabilidade de as crianças, quando ficarem adultas, repetirem o comportamento de violência doméstica e serem mais propensas à violência de um modo geral. A região apresenta um panorama delicado nesse aspecto, que, no entanto, como já vimos, é decisivo. A pobreza persistente e o desemprego prolongado colocaram muitas famílias numa situação de extrema tensão, levando-as, com frequência, à sua própria implosão. Uma família fragilizada gera uma importante vulnerabilidade, aumentando o risco de delinquência.

Em uma visão de conjunto, as causas da epidemia de criminalidade não são misteriosas. A região conheceu, nas últimas décadas, uma acentuação dos problemas sociais e das desigualdades. Isso multiplicou os fatores de risco referentes ao crime. A combinação entre jovens excluídos, que não têm canais para iniciar uma vida de trabalho, de formação limitada e famílias desarticuladas cria um imenso grupo de jovens expostos ao crime.

Eles constituem uma espécie de mercado cativo para o recrutamento pelo crime organizado. Diante da total ausência de alternativas, e do sofrimento diário que sua exclusão implica, surgem as propostas de paraísos econômicos, em condições em que se encontram quase que "encurralados" pela exclusão, sendo muito limitadas as suas defesas em termos educacionais e familiares.

Políticas de linha-dura não conseguem nem ao menos tocar nessas causas estruturais do crime. Tendem, inclusive, a piorar o ambiente do dia a dia desses jovens ao generalizar o seu caráter de suspeitos potenciais e, com isso, aumentar ainda mais sua exclusão. Por isso são tão rarefeitos os seus resultados. Uma abordagem que penetre até as raízes estruturais do crime poderia obter resultados diferentes.

A Organização Mundial da Saúde (2003) menciona pesquisas realizadas a esse respeito, como as de Pampel e Gartner (1995), que criaram um indicador para medir o desenvolvimento das instituições nacionais responsáveis pela proteção social coletiva.

Países com um crescimento semelhante entre si no que se refere à sua demografia jovem conheciam aumentos díspares nas taxas de homicídios, conforme a solidez, maior ou menor, de tais instituições. Messner e Rosenfeld (1997) analisaram a relação entre gastos mais elevados com assistência social e homicídios. O aumento dos primeiros gerava queda nas taxas de homicídios. Comprovaram, também, que os países que mais protegiam as populações vulneráveis a forças de mercado através de redes de segurança econômica tinham menos homicídios. Briggs e Cutright (1994) identificaram, em 24 países, uma relação entre gastos em segurança social e o número de homicídios.

QUARTO MITO. O enfoque integral só produz resultados a longo prazo

Quando se consegue trocar a lógica puramente policial na análise da criminalidade por uma lógica integral que considere as suas causas, surge uma barreira de repúdio a essa lógica. Essa barreira consiste em argumentar que a lógica integral só produzirá resultados em prazos muito longos e que se trata de dar uma resposta imediata à criminalidade. Esse tipo de raciocínio possui um forte apelo, pois oferece à população legitimamente alarmada uma solução supostamente "imediata", em contraposição a outra sem data definida.

Essa argumentação, porém, é uma falácia, e levará a soluções ilusórias, fazendo que o problema permaneça sem maiores alterações. Diante de uma onda de crimes ocorrida em New Orleans após a inundação que se seguiu à passagem do furacão Katrina e de uma proposta de se multiplicar a repressão policial, um ex--procurador, Eric Malveau, declarou (2007): "Podem pôr um policial em cada esquina que os assassinatos continuarão a acontecer. Enquanto houver uma população que não foi educada e que não tem trabalho nem esperança, o que mais se pode esperar que ela faça se não vender drogas? Até que isso não se resolva, será difícil ver os problemas diminuírem".

As soluções estruturais podem significar mudanças que requerem prazos históricos significativos, mas o simples fato de assumir-se uma lógica integral permitirá que sejam articulados programas nessa direção, a única capaz de gerar resultados. Esses programas não resolvem, por si sós, o problema inteiro, mas podem, nitidamente, levar a resultados significativos e mostrar que existe uma "luz no fim do túnel".

Têm sido vários os exemplos apresentados na região. Um estudo realizado pela Unesco, pela Fundação Kellogg e pelo Banco Interamericano de Desenvolvimento (BID), denominado "Cultivando vidas, desarmando violências" (Castro, Abramovay et al., 2001), sobre várias experiências levadas a cabo com essa filosofia de se facilitar a inclusão social dos jovens excluídos, identificou um elevado grau de sucesso. Verificou entre suas causas que "a arte, a educação, o esporte e a cultura sempre aparecem como contrapontos a situações existenciais de violência entre os jovens. Podem ser utilizados para a construção de espaços alternativos de socialização que lhes permitam afastar-se das ruas sem negar-lhes os meios de expressão e de verbalização de seus sentimentos de indignação, protesto e afirmação positiva de suas identidades".

Essas experiências estendem uma ponte em direção aos excluídos, desfazendo, com isso, a situação sem saída em que se encontram. Quando, em estudos da Unicef, perguntava-se a membros das *maras* o motivo pelo qual permaneciam nelas, sendo muito alta a possibilidade de serem assassinados em curto prazo, a resposta era do seguinte tipo: "Onde vocês querem que estejamos, se é este o único lugar onde somos admitidos?". O relatório da USAID (2006) descreve da seguinte forma um membro típico dessas gangues: "Roberto, dezesseis anos de idade, diz que se juntou à *mara* porque quer amor e respeito". As aberturas para a inclusão rompem com a armadilha em que estão presos os jovens excluídos.

Os resultados podem ser imediatos, como aconteceu nas experiências anteriormente mencionadas no Brasil ou a desenvolvida na Venezuela por Vollmer "Alcatraz", comentada pelos principais jornais norte-americanos e que logrou desarticular um bando de delinquentes rurais oferecendo-lhes um programa de trabalho sistemático.

Também se obtiveram resultados em comunidades inteiras em prazos curtos, como no caso de Cali com seus programas de desenvolvimento de bairros dos anos 1990. Esses programas incluíam legalização da propriedade das moradias para os invasores de terrenos, a execução de obras públicas, serviços de saúde e espaços recreativos e de capacitação e apoio para microempresas. Entre os resultados obtidos (opas, 1998), "melhoraram visivelmente, naqueles anos, as condições das comunidades onde essas atividades foram realizadas de modo bem-sucedido. O desenvolvimento bem-sucedido das comunidades também parece reduzir o recrutamento por parte das gangues criminosas, seja aumentando as atividades recreativas, seja melhorando as possibilidades de obtenção de emprego".

Um eixo fundamental para a obtenção de melhoras na criminalidade, e com efeitos imediatos, é o fortalecimento das organizações comunitárias. Vários estudos sugerem que investir no seu crescimento, capacitar suas lideranças, fortalecê-las, é colocar em movimento um capital social que pode ser fundamental para prevenir a criminalidade. Assim, Saegert, Winkel e Swartz (University of New York, 2002) verificaram em áreas pobres do Brooklin, Nova York, que formalizar as organizações de vizinhos de áreas pobres, aumentar a participação nelas e fortalecê-las le-

294

vou a uma redução de vários tipos de crimes, entre seis e doze meses mais tarde. Nessa mesma direção, a entidade Viva Rio, que trabalha em favelas do Rio de Janeiro, constatou (Sussekind, 1996) que "a democracia comunitária pode ser um antídoto eficaz contra o crime [...] a maioria prefere viver legalmente, aceitar os esforços daqueles que os ajudam e ajudar a si mesmos".

NA ENCRUZILHADA

A cidadania latino-americana está alarmada, com razão, diante do aumento dos índices de criminalidade. O assunto ocupa espaço central todos os dias nos meios de comunicação de massa, fazendo parte da experiência cotidiana, e aparece em primeiro lugar nas pesquisas de opinião. No Latinobarómetro de 2008, os dois problemas mais importantes para a cidadania são, primeiro, a delinquência (17%) e, segundo, o desemprego (15%). A importância atribuída à delinquência dobrou nos últimos três anos, passando de 8%, em 2002, para 16% em 2006.

É preciso fazer alguma coisa. Mas a grande pergunta é: qual a direção adequada? A lógica predominante tem sido a que se baseia nos mitos aqui analisados e em outros semelhantes. Essa lógica abriga uma concepção basicamente punitiva do problema. Tem *sex appeal* e é fácil de ser vendida, pois promete soluções prontas e dá a impressão de que se está agindo contra a situação.

No entanto, a experiência, tanto na região quanto internacional, já sinalizou para a estreiteza dessa lógica. O aprimoramento das forças policiais é um aspecto imprescindível de qualquer abordagem, mas há uma diferença substancial entre considerá-la uma parte e vê-la como o principal caminho, focando todos os esforços nessa direção.

295

Como essa lógica não dá conta da complexidade do problema, os resultados podem até mesmo reforçar as causas estruturais em permanente ação e deteriorar mais ainda a já precária coesão social da região. Assim, segundo estudos do BID, no final dos anos 1990 um país como o Brasil gastava, em segurança pública e particular, um montante equivalente ao Produto Interno Bruto anual do Chile. A produção anual inteira do Chile investida na polícia. No entanto, os índices de criminalidade não melhoraram. De acordo com esses estudos, o mesmo aconteceu na Colômbia, que, naquela época, gastava 24,7% do PIB com esse item, e no Peru, onde o gasto era de 5,3% do PIB.

Por outro lado, essa lógica provoca, como já vimos, uma agudização extrema da tensão entre a polícia e as camadas pobres da população, deteriorando-as de modo inevitável, carregando em si uma ameaça ainda maior, que é a tendência a criminalizar a pobreza. Tal lógica coloca as próprias forças policiais em situação muito difícil. A opinião pública espera delas resultados "mágicos". Elas, por sua vez, não têm como obtê-los, e acabam sendo acusadas de ineficiência. Na verdade, está sendo responsabilizada integralmente por um problema cujas causas não estão sob seu controle, já que não têm como influir nas razões estruturais que levam ao aumento da criminalidade.

Existe a possibilidade de se pensar em uma outra lógica para a região, uma lógica integral, que advém da ideia de coesão social, dos estudos sobre as causas profundas da violência e dos modelos e experiências bem-sucedidas em nível internacional e regional. Essa lógica, esboçada no presente capítulo, enfatiza a necessidade de diferenciar os vários tipos de violência e de entender a epidemia de criminalidade juvenil no contexto geral da região.

Essa epidemia está profundamente relacionada, por diversos meios, às condições de pobreza, falta de oportunidades e exclusão, que afetam amplos setores da população. Relaciona-se, também, ao fato de que essa pobreza encontra uma de suas causas principais, segundo várias análises (Cepal, Ipea, PNUD, 2003; Cepal, 2005), no fato de que a América Latina é a região mais desigual do planeta. Essa situação cria "armadilhas de pobreza", com amplos setores que têm os seus destinos praticamente determinados. Famílias cujos filhos não podem concluir a escola primária ou a secundária não possuem saneamento nem acesso à saúde, entre outras carências básicas. Em tais circunstâncias, não conseguirão entrar, quando jovens, na economia formal, e constituirão famílias quase condenadas a repetir o mesmo destino, a não ser que haja políticas afirmativas agressivas que abram novas oportunidades. A pobreza, a desigualdade e a exclusão criam tensões enormes. Inúmeros estudos identificaram uma elevada relação entre desigualdade e violência. Entre outros, Fajnsilber, Lederman e Loayza (1996) registraram, em uma pesquisa sobre 45 países, que as desigualdades incrementavam as taxas de homicídios.

A lógica integral parte do conceito de coesão social. Segundo o Conselho Europeu (2004), "a coesão social é a capacidade de uma sociedade de garantir o bem-estar de todos os seus membros minimizando as disparidades e evitando a polarização". A criminalidade epidêmica de jovens é um indicador bastante contundente de que as sociedades da região possuem sérios problemas de coesão social. Ela provém, como já vimos, de sua incapacidade de assegurar o bem-estar coletivo, reduzir desigualdades e gerar equidade. Por outro lado, lidar com esse grande problema com a lógica da "mão firme" agrava todos esses elementos. Marginaliza ainda mais os setores atingidos pela exclusão e as disparidades existentes, colocando-os, frequentemente, em situação de "caminho sem volta". A lógica convencional puramente punitiva não proporciona um alívio real para o problema. É necessário um grande pacto social para enfrentar a criminalidade, por meio de estratégias que construam a coesão social. A lógica integral propõe que as causas estruturais do crime sejam tratadas de modo que se gere a inclusão e a proteção social, além de oportunidades por meio de políticas públicas em parceria com a sociedade civil e a responsabilidade social empresarial.

A delinquência juvenil pode ser reduzida investindo-se em educação, criando oportunidades de trabalho para os jovens e reforçando a família. Por outro lado, deve-se somar a isso uma nova abordagem em relação à ação da polícia, a polícia comunitária ou da redondeza, em que ela atue gerando acordos estratégicos com diversos setores da comunidade para prevenir o crime, e puni-lo. Isso tudo deve ser, ainda, complementado com um sistema penal voltado para a reeducação e a reinserção, por meio de estratégias específicas para isso.

Em um continente como a América Latina, onde, pela via da democracia, amplos setores da cidadania vêm exigindo e impulsionando mudanças profundas na direção de sociedades que sejam inclusivas, a lógica integral começa a ter bases de apoio social cada vez mais importantes.

Uma pesquisa realizada na Argentina revelou que 37% da população de Buenos Aires atribuía a insegurança e a sua própria falta de proteção à pobreza, à desigualdade social e ao desemprego (Universidad de Belgrano, outubro de 2008).

No Brasil, um dos países mais atingidos pela criminalidade juvenil, o presidente Lula tem enfatizado repetidas vezes que o problema está vinculado ao desemprego nessa faixa etária. Criou, entre outros, o programa Primeiro Emprego, que visa reunir governo e empresas privadas para dar aos jovens a possibilidade de ingressar no mercado de trabalho, argumentando que "é mais barato e eficiente construir uma sala de aula do que uma cela".

Na Espanha, o juiz de menores Emilio Calatayud, que chegou a bons resultados em Granada, conseguindo uma recuperação em 75% dos menores que cometeram crimes, declarou: "Se não acreditarmos que um garoto de catorze anos pode ser reintegrado à sociedade, estaremos perdidos".* A América Latina está em uma encruzilhada com todo tipo de consequências para o seu futuro nesse assunto essencial. Ela precisa optar pela linha-dura, com todas as suas variantes, ou dar o salto na direção de uma lógica diferente, como aquela expressa pelas referências aqui mencionadas.

É hora de melhorar substancialmente a qualidade do debate público sobre o problema, alimentá-lo com estudos comparativos e levantar propostas concretas. É necessário agir coletivamente para deter o avanço quase mecânico que se dá no sentido da lógica convencional punitiva, de se fazer "mais do mesmo", que tão poucos resultados e tantos danos tem gerado, e substituí-la por uma saída real, ética e humana.

REFERÊNCIAS

Aguilar, J. (2006). Declarações em *La Opinión*, Los Angeles, 26 de outubro.
Briggs, C. M., e Cutright P. (1994). "Structural and cultural determinants of child homicide." *Violence and Victims*, 9, 3-16.
Cardenal, Rodolfo (2006). Declarações à AFP, 28 de novembro.
Carranza, Elias (2006). Declarações à AFP, 18 de dezembro.
Casa Aliança (2006). Nota à imprensa, 8 de março.
Castel, R. (1997). *La metamorfosis de la cuestión social*. Buenos Aires: Editorial Paidos.
Castro, M. G., Abramovay, M., e Andrade, E. R. (2001). *Cultivando vida, desarmando violências*. Brasília: Unesco, Fundação Kellogg, BID.
Cepal, Ipea, PNUD (2003). *Hacia el objetivo del milenio de reducir la pobreza en América Latina y el Caribe*. Santiago
Cepal (2005). *Objetivos de desarrollo del milenio. Una mirada desde América Latina y el Caribe*. Santiago.

* *La Nacion*. Buenos Aires, 16 de novembro de 2008.

Cepal (2008). *Panorama Social de América Latina.*

Conselho Europeu/Comitê Europeu para a coesão social (2004). *Revised strategy for social cohesión.*

Crawford, A. (1998). *The local governace of crime, appeals to community and partnership.* Oxford: Clarendon Press.

Custodio, R. (2007). *Relatório Anual do Comissariado dos Direitos Humanos.* Agência AFP, 7 de março.

Dalton, J. J. (2008). *El País*, Madri, 24 de abril.

Eckholm, Erik (2007). "Childhood poverty is found to portend high adult costs." *The New York Times*, 25 de janeiro.

Eggen, Dan (2006). "Violent crime in US continues to surge." *The Washington Post.*

Fajnsilber P., Lederman D., e Loayza N. (1999). *Ineguality and violent crime.* Washington D. C.: Banco Mundial.

Fespad (2006). *Políticas Públicas Hoy*, nº 13, ano 1, outubro.

Fruhling (2000). "La modernización de la policía en América Latina." In Sapoznikow J. et al., *Convivencia y seguridad: Un reto a la gobernabilidad.* BID, Universidad de Alcalá.

Guemureman, S. (2001). "Senalización y minoridad." *Revista Encrucijadas*, Universidade de Buenos Aires, setembro, 2002.

Instituto de Control de las Armas Ligeras (2008). *Relatório para Conferencia Ministerial*, setembro. Genebra: PNUD.

Kaztman, R. (1997). "Marginalidad y integración social en Uruguay." *Revista de la Cepal*, nº 62. Santiago.

Latinobarómetro (2008). *Relatório.* Santiago.

Lewis, J. (2009). "Behind bars... sort of". *The New York Times Magazine*, 10 de junho.

Londoño, J. L. (1998). *Epidemiología económica de la violencia urbana.* Washington D. C.: BID.

Malveau, E. E. (2007). Declarações ao *The New York Times*, 5 de fevereiro.

Messner, S. F, e Rosenfeld, R. (1997). "Political restraint of the market and levels of criminal homicide." *Social Forces 1997*, 75: 1393-1416.

Moser, C., e A., W. (2002), mencionado por USAID (2006).

Organização Mundial da Saúde (2003). *Relatório Mundial sobre Violência e Saúde.* Washington D. C.

Organização Pan-Americana da Saúde (1998). *La violência juvenil en las Américas.* Washington D. C.

Organização Pan-Americana da Saúde (2006). *Situación de Salud en las Américas: Indicadores Básicos.* Washington D. C.

Organização Pan-Americana da Saúde (2008). *Salud en las Américas 2007*. Washington D. C.

Pampel F., e Gartner R. (1995). "Age structure, socio-political institutions, and national homicide rates." *European Sociological Review*, 11: 243-60.

PNUD (2005). *Quanto cuesta la violencia a El Salvador?* El Salvador.

PNUD (2008). *Relatório de Desenvolvimento Humano*. Nova York.

Red de la No Violencia Contra la Mujer (2006). Mencionado por Margarita Carrera, Evey e Maria Isabel, *Prensa Libre*, 19 de janeiro. Guatemala.

Rede de Informação Tecnológica Latino-Americana (Ritla) (2008). Estudo "Mapa da Violência: Os Jovens da América Latina". Brasília.

Rubio, M. (2000). "Los costos de la violencia en América Latina." In Sapoznikow, J. et al., *Convivencia y seguridad: un reto a la gobernabilidad*. BID, Universidad de Alcalá.

Rubio M. (1996). "Crimen y crecimiento en Colombia." In *Hacia un enfoque integrado del desarrollo: Ética, violencia, y seguridad ciudadana*. Washington D. C.: BID.

Saegert, S., Gray, W., e Swartz, C. (2002). "Social capital and crime in New York City's low-income housing." *Housing Policy Debate*, 13: 189-226.

Sussekind, E. (1996). In *Hacia un enfoque integrado del desarrollo: Ética, violencia, y seguridad ciudadana*. Washington D. C.: BID.

The New York Times (2007). Editorial. "Closing the revolving door", 25 de janeiro.

The Washington Post (2007). "Ex-prisoners health at risk", 11 de janeiro.

Universidad de Belgrano (2008). Pesquisa de campo. Outubro.

USAID (2006). *Central America and Mexico Gang Assessment*.

Vacquant, L. (2000). *Las cárceles de la miseria*. Buenos Aires: Editorial Manantial.

Villalobos, R. (2006). Declarações à AFP, 18 de dezembro.

Whitehead, Dafoe (1993). "Dan Quayle was right." *The Atlantic Monthly*, Nova York, abril.

10. Por que a cultura é fundamental para o desenvolvimento?

A CULTURA PESA

Faz sentido "perder tempo" refletindo sobre a cultura. Nossas atenções não deveriam se voltar apenas para os temas econômicos duros. Se não incluirmos a questão da cultura, dificilmente compreenderemos o que aconteceu na América Latina e o que pode, ainda, acontecer. É imprescindível conhecer o que aconteceu com a mente das pessoas, com seus valores, suas atitudes. A Unesco (1996) define a cultura como "formas de viver junto [...] molda o nosso pensamento, nossa imagem e nosso comportamento. A cultura engloba valores, percepções, imagens, formas de expressão e de comunicação e muitos outros aspectos que definem a identidade das pessoas e das nações".

É muito difícil entender a América Latina, um continente que, apesar de suas enormes potencialidades econômicas, registra tanta pobreza e iniquidades, sem mencionar dimensões outras, como a macroeconomia e a política, o que aconteceu com as percepções e visões da realidade e a maneira de viver juntos e qual impacto isso tudo teve na agenda pública, no tipo de debate que se produziu na região nas últimas décadas. Trataremos de analisar o papel da cultura no desenvolvimento em várias etapas. Em primeiro lugar, lançando sobre ela um olhar distinto daquele com que a cultura é vista tradicionalmente. Aprofundaremos a ideia de capital social, poderosa para compreender algo tão complexo como são os gravíssimos problemas do desenvolvimento da América Latina. Vincularemos capital social e cultura, dois campos fortemente relacionados entre si, e analisaremos alguns impactos exercidos pelos valores culturais sobre o desenvolvimento latino-americano. Em seguida, faremos alguns comentários breves sobre como o economicismo que tomou conta do cenário latino-americano nos anos 1980 e 1990 relegou a cultura de forma sistemática por meio de políticas que lhe retiravam recursos e a marginalizavam. Depois disso, abordaremos o tema da pobreza, para então tirar conclusões sobre como as políticas culturais podem auxiliar no combate contra ela, e formularemos alguns comentários finais.

Essas reflexões não defendem que o problema possa ser solucionado a partir exclusivamente da dimensão cultural. É preciso estar atento para evitar qualquer tipo de reducionismo. Trata-se de buscar uma visão integrada de desenvolvimento.

Há quem apresente a cultura como o único fator do desenvolvimento. Em níveis extremos, cai-se, em alguns casos, simplesmente na ideia de que haveria culturas superiores e culturas inferiores e que os latino-americanos teriam algumas deficiências culturais estruturais que impediriam o desenvolvimento. Consideramos improcedente esse tipo de colocação.

O que tentaremos fazer é reintegrar ao conjunto um aspecto que foi excluído, o cultural, com uma visão holística do desenvolvimento, em que ela ocupa um grande papel, ao lado de discussões sobre como tem funcionado a macroeconomia, os problemas sociais, e os questionamentos políticos provenientes de toda a sociedade no que se refere às falhas no funcionamento do sistema que tem o apoio de toda a população, a saber, a democracia. Esse é o lugar da cultura em uma visão integrada do desenvolvimento econômico, social e político. Lugar esse que lhe tem sido sistematicamente negado.

A IDEIA DE CAPITAL SOCIAL

Na visão economicista com que a região foi educada ao longo de vários anos, o que vale são os fatores macroeconômicos. Os latino-americanos se acostumaram a raciocinar em termos de que se a taxa de inflação é baixa, então há prosperidade, e se, além disso, o Produto Interno Bruto *per capita* for alto, estaríamos numa situação de bem-estar pleno. Com muito sofrimento, aprenderam, porém, que isso é bem diferente da realidade. Durante o período do governo de Carlos Menem, na Argentina, nos anos 1990, a taxa de inflação foi mínima e o PIB *per capita* era de 9 mil dólares. Os índices de pobreza e de desemprego, no entanto, só fizeram aumentar, o tempo todo. A pobreza triplicou, e o período se encerrou com um desemprego de 26%.

O desenvolvimento não está associado exclusivamente a esses indicadores. No momento, abre-se o caminho para uma perspectiva muito mais ampla dentro da discussão sobre como se consegue obter desenvolvimento, e é aí que surge a ideia de capital social. Ela reabilita uma série de processos silenciosos que se realizam no interior da sociedade, e, hoje, é possível observar como tais processos influenciam a realidade por meio de novos instrumentos de medição criados pelas ciências sociais. As pesquisas pioneiras de Robert Putnam na Universidade Harvard (1993) e de James Coleman (1988) mostraram a existência de diversos fatores extraeconômicos que exercem um grande peso no desempenho dos países em termos de progresso econômico e tecnológico, assim como na sustentabilidade do desenvolvimento. Eles receberam o nome de capital social, e todos têm a ver com a cultura.

Atualmente, identificam-se quatro tipos de capital: o capital natural, constituído pela dotação de recursos naturais; o capital construído pela sociedade, como as infraestruturas, a tecnologia, o capital financeiro, o comercial e outros; o capital humano, integrado pelos níveis de saúde e educação da população; e o capital social.

O capital social tem pelo menos quatro dimensões. A primeira é o clima de confiança nas relações interpessoais. Em que medida as pessoas acreditam umas nas outras em uma determinada sociedade. Quanto maior a confiança, maior será a fluidez nas relações econômicas, e mais transações serão possíveis. Quanto maior a desconfiança, maiores serão as operações que deixaram de ser feitas, ao mesmo tempo que aumenta o "custo litígio", ou seja, o pagamento que se tem de fazer a terceiros (advogados, polícia, justiça) para garantir o cumprimento dos compromissos assumidos. A confiança tem outras dimensões, como os níveis de confiança dos integrantes de uma determinada sociedade em seus dirigentes e presidentes.

A segunda dimensão é a capacidade de associatividade. A capacidade de uma sociedade de constituir formas de cooperação, desde as mais elementares, como a cooperação entre vizinhos para fazer coisas juntos, cuidar das crianças, ajudar-se mutuamente, até as mais elaboradas, como a capacidade de efetivação de um grande acordo nacional sobre o modelo de desenvolvimento. A capacidade de associatividade foi determinante para o desenvolvimento econômico de vários países. Foi graças ao Pacto de La Moncloa, por exemplo, que a Espanha conseguiu se libertar do franquismo. A Concertación Democrática, uma frente ampla com dezoito partidos políticos, foi essencial para derrotar a ditadura de Augusto Pinochet no Chile.

A capacidade de "sinergia" de uma sociedade, desde esse aspecto maior como projetos nacionais compartilhados e pactos nacionais de grande escala, até aspectos menores, aquilo que se consegue efetuar em termos de relações de cooperação solidária no cotidiano, é muito relevante para o desenvolvimento, e faz parte do capital social.

O terceiro componente do capital social é a consciência cívica, o "civismo". Como as pessoas agem perante tudo aquilo que é de interesse coletivo, desde o cuidado com as áreas verdes e os transportes públicos, até o pagamento de impostos. Por outro lado, em que medida elas participam dos debates públicos, se engajam, fazem propostas. Isso tudo indica o nível de consciência coletiva em uma sociedade.

O quarto componente do capital social, absolutamente decisivo, são os valores éticos predominantes numa determinada sociedade. O discurso econômico ortodoxo, além de seus efeitos macroeconômicos regressivos, teve consequências culturais importantes em várias regiões. Ele deslocou da economia a discussão sobre os valores éticos, apresentando-a como mera questão tecnocrática. As pesquisas sobre capital social indicam que, ao contrário, os valores éticos exercem forte influência sobre o que ocorre numa sociedade.

Amartya Sen (1997) afirma que "os valores éticos dos empresários e dos executivos (dois grupos-chave de uma sociedade) fazem parte dos 'ativos produtivos' dessa sociedade". Se os empresários e executivos são favoráveis a que se invista no país, ao progresso tecnológico autêntico, ao pagamento de impostos, ao crescimento compartilhado, o impacto será altamente positivo. Se, ao contrário, eles se mostram favoráveis a maximizar o lucro imediato, a se aproveitar de toda oportunidade para corromper qual-

306

quer funcionário público corruptível, a extrair todo o possível do país e enviá-lo ao exterior para um paraíso fiscal qualquer, então a situação será totalmente diferente. Por isso, esses valores fazem parte dos "ativos produtivos" ou dos "passivos produtivos" de uma sociedade. A incidência dos valores éticos predominantes pode ser decisiva, positiva ou negativamente, para o progresso econômico e social.

Várias experiências recentes, assim como a atual crise norte-americana, em que os vácuos éticos no mundo corporativo tiveram um enorme papel, ilustram a questão. Elas indicam a necessidade de se restabelecerem os vínculos entre ética e economia. De se pensar na economia levando em conta as raízes éticas de seus agentes. Os seres humanos, graças a Deus, somos animais éticos, mobilizamo-nos por valores, e o que ocorre com esses valores será determinante para o comportamento e para que se assumam, ou não, responsabilidades comunitárias.

O capital social, constituído pelos níveis de confiança, pela capacidade de associatividade, a consciência cívica e os valores éticos predominantes, é da mais alta relevância para o desenvolvimento e para a democracia. Os estudos realizados nos últimos anos demonstraram que ele influencia as taxas de crescimento econômico, traz melhorias para a governabilidade democrática, incide favoravelmente na qualidade dos serviços públicos e no nível das escolas, gera aumento na expectativa de vida (Coleman, 1988; Kawachi et al., 1997; Knack e Keffer, 1997; Putnam, 1993; McLaren e Baird, 2006; Tarrow, 1996).

Klesner (2007) mostra alguns de seus efeitos positivos na participação política da população na América Latina. A partir de evidências nos casos da Argentina, do Chile, do México e do Peru, ele conclui: "A relação entre capital social, participação política e desenvolvimento democrático é indiscutível. Um engajamento maior em organizações não políticas gera maior participação em atividades explicitamente políticas. Uma maior confiança interpessoal também promove a participação política".

O capital social se apoia no desenvolvimento cultural da sociedade. Sem um "terreno cultural" cultivado de modo sistemático, a confiança, a associatividade, o civismo e os valores éticos não teriam como florescer. Arizpe (1998) o ilustra da seguinte maneira:

> A teoria e a política do desenvolvimento devem incorporar os conceitos de cooperação, confiança, etnicidade, identidade, comunidade e amizade, pois todos esses elementos formam o tecido social em que se baseiam a política e a economia. Em muitos lugares, o enfoque limitado do mercado, baseado na concorrência e na utilidade, está alterando o frágil equilíbrio desses fatores e, portanto, agravando as tensões culturais e o sentimento de incerteza.

A resposta à pergunta "como se constrói o capital social?" passa, em primeiro lugar, pela cultura e a educação. O capital social, por sua vez, quando atua de forma ativa, quando entra em prática, fortalece os próprios valores culturais que lhe dão vida.

A cultura é, assim, o substrato de um dos capitais de maior importância da sociedade. O peso do capital social silencioso, invisível a olho nu, mas presente diariamente, para onde confluem a cultura e os valores, foi sempre fundamental em todos os processos históricos contemporâneos, desde os êxitos obtidos pelas economias bem-sucedidas no aspecto econômico-social, como as dos países nórdicos, até o grande fracasso de Wall Street e a atual crise internacional.

IMPACTOS DA ÉTICA E DA CULTURA

Vejamos, agora, como a cultura e a ética, eixos do capital social, atuam em alguns casos de grande importância na atualidade.

Primeiro exemplo. Pergunta-se por que países como a Finlândia, primeiro no mundo no ranking da Transparência Internacional, e os escandinavos de um modo geral registram ausência ou uma presença muito baixa de corrupção? Poder-se-ia supor que tenham um sistema legal draconiano que vigia cada comportamento dos agentes sociais e que as penalidades para a corrupção são altíssimas. Não é o caso: eles possuem uma legislação normal, e penalidades comuns a vários outros países. Mas têm algo muito importante: o desenvolvimento cultural, que torna a corrupção inadmissível, como comportamento social. Se um corrupto aparecesse, sua esposa e seus filhos tornariam a sua vida muito difícil, seus amigos o expulsariam de seu círculo social, a sociedade toda o excluiria. A cultura dessas sociedades não legitima a corrupção.

Isso não é magia. A cultura se constrói. Trata-se de um exercício permanente que passa pelas famílias, pelos meios de comunicação, modelos de referência e instituições concretas. Em 1998, o primeiro-ministro da Noruega criou uma Comissão Nacional de Valores Humanos. Sua missão era a seguinte (Sorensen, 2001):

> O principal objetivo da comissão consiste em contribuir para uma ampla mobilização a favor dos valores humanos e da ética social com a finalidade de estimular os valores positivos compartilhados e fortalecer a responsabilidade pelo ambiente e pela comunidade. É importante trabalhar para combater a indiferença e promover a responsabilidade individual, a participação e a democracia.

Entre outras realizações, a comissão conseguiu fazer com que, nos 434 municípios do país, fossem feitas discussões sobre os novos desafios éticos da sociedade; que a discussão ética fizesse parte da vida cotidiana. A Noruega criou códigos de ética muito exigentes para as políticas públicas, as empresas e as relações comerciais e financeiras com o mundo do desenvolvimento para garantir níveis de coerência ética (Vollebaek, 2004).

Assim, o Fundo de Investimento em Petróleo da Noruega, um dos maiores do mundo, com 300 bilhões de dólares, espantou o mundo ao publicar nos principais meios de comunicação internacionais uma relação de treze empresas multinacionais das quais decidiu retirar seus investimentos devido a práticas incompatíveis com os valores éticos da sociedade norueguesa, incluindo, entre outras, a produção de minas de guerra, o apoio a ditaduras, o uso de mão de obra infantil, a discriminação de gênero, a proibição de constituição de sindicatos e a deterioração do meio ambiente. O *The New York Times* destacou: "Na Noruega, o dinheiro segue a ética". Trata-se de sociedades que cultivam sistematicamente esses valores, e isso lhes valeu, entre outros, os resultados tão positivos apresentados em termos de erradicação da corrupção.

Por outro lado, esses países — Noruega, Suécia, Finlândia e Dinamarca —, dentro daquilo que é chamado de modelo nórdico, são os líderes mundiais em desenvolvimento humano, segundo o ranking de Desenvolvimento Humano das Nações Unidas. De um total de 180 países, a Noruega vem sendo a primeira colocada nos últimos cinco anos, e os demais países nórdicos estão entre os primeiros dez da lista. Um dos pilares de seu sucesso é o alto nível de equidade. Possuem o coeficiente de Gini, de desigualdade na distribuição de renda, mais baixo do planeta (0,25). O da América Latina é duas vezes maior. No período dos anos 1980 e 1990, a desigualdade explodiu em muitos países da região sob o impacto das políticas ortodoxas adotadas. A sociedade se polarizou e as classes médias foram fortemente atingidas ou semidestruídas, como na Argentina. A Cepal (2005) calcula, por exemplo, que os países com elevado índice de desnutrição poderiam facilmente cortá-lo pela metade se fosse reduzida a desigualdade existente no acesso à alimentação. Um estudo da Cepal, Ipea e PNUD (2003) comenta, a esse respeito, que "inclusive diminuindo levemente a desigualdade podem ser obtidos resultados muito positivos no que tange à redução da pobreza", e destaca que "não há evidências de que economicamente o crescimento e a diminuição da desigualdade possam substituir um ao outro. Ao contrário, de modo geral, tudo indica que os altos níveis de desigualdade da região são um obstáculo para a obtenção de um crescimento mais dinâmico".

Poder-se-ia pensar que existem, nos países nórdicos, leis estabelecendo que as distâncias sociais entre o que ganham estes ou aqueles devem ser diminuídas. Na Noruega, por exemplo, a relação entre o que ganha um empresário do setor privado e seus funcionários é de três para um. Na América Latina, a distância entre os 10% mais ricos e os 10% mais pobres é de cinquenta para um, e as diferenças salariais são enormes.

Não existe, nos países nórdicos, nenhuma lei a esse respeito. Os dirigentes da Central de Empresários Privados da Noruega costumam explicar a situação da seguinte forma: os empresários privados do país têm ganhos bem inferiores à média dos empresários privados dos países desenvolvidos, mas não põem em questão esse comportamento porque o "igualitarismo" é um valor central de sua cultura. Esta valoriza a igualdade: igualdade de oportunidades e igualdade real. Faz parte da vida cotidiana. Em um encontro, eles comentavam que os noruegueses têm, normalmente, um bangalô para passar os fins de semana nas cercanias de Oslo e que uma pessoa seria malvista pelos demais se tentasse, a todo custo, possuir um bangalô de qualidade superior à dos outros. Eles repudiam a ostentação. Diziam que, na Noruega, em resumo, "ser muito rico é algo malvisto".

Esse valor cultural foi construído por meio de processos educacionais sistemáticos. Em vários países da América Latina, as tendências, nas últimas décadas, apontaram para outra direção: a quase legitimação da corrupção e das enormes desigualdades.

Mencionemos, agora, um segundo exemplo de como a cultura pode produzir um impacto positivo. Trata-se de um processo econômico insólito que só pode ser entendido a partir de uma perspectiva cultural. Nos últimos anos, milhões de latino-americanos humildes tiveram de deixar seus países, como no caso da Guatemala, Nicarágua, Honduras, El Salvador, República Dominicana, Haiti, México, Equador, Peru e Argentina. Vivem nos Estados Unidos ou em diferentes países da Europa, em condições precárias. A grande maioria deles realiza as tarefas mais humildes da economia, aquelas que ninguém quer assumir — trabalhos de limpeza, as funções mais pesadas na construção civil, cozinha etc. Muitos deles são clandestinos, ilegais. Têm uma renda muito baixa, inferior à linha de pobreza. Produziram um fato absolutamente inédito, identificado por pesquisas do Fondo Multilateral de Inversiones (Fomin) do BID: as remessas migratórias (Interamerican Dialogue, 2004). A poupança que essas famílias latino-americanas pobres enviavam a suas famílias, nos países de origem, alcançou, em 2002, mais de 32 bilhões de dólares, quantia superior ao conjunto dos investimentos estrangeiros realizados na América Latina naquele mesmo ano; em 2003, foram 40 bilhões de dólares, quantia 50% acima dos investimentos estrangeiros e duas vezes maior do que a ajuda externa, incluindo doações e empréstimos de organismos internacionais.

Esse montante vem crescendo de modo contínuo. Entre 1996 e 2003, ele quadruplicou. De 2004 a 2006, voltou a duplicar, ultrapassando os 60 bilhões de dólares. Em 2007, foram 65 bilhões de dólares, e em 2008, já sob o impacto da crise, o número foi 60 bilhões. Esse fluxo, que alimentava seus países de origem com moedas fortes, alterou a situação de suas economias. No caso da República Dominicana, El Salvador e Nicarágua, os valores correspondiam a mais de um terço das exportações. Constituem a segunda fonte de divisas do México. Representavam de 18% a 24% do Produto Interno Bruto de Honduras, Guiana, Haiti, Jamaica e El Salvador, e de 6,6% a 12,1% do Produto Interno Bruto da Nicarágua, Guatemala, República Dominicana, Bolívia e Equador. Por outro lado, as remessas constituem, na prática, uma gigantesca rede de proteção social. Dirigem-se a setores muito pobres da população e elevam substancialmente a sua renda, tirando-as da pobreza extrema. O Diálogo Interamericano indica que elas são responsáveis por duplicar a renda dos 20% mais pobres de Honduras, Nicarágua e El Salvador. No México, 40% das remessas são dirigidas a municípios muito pobres com menos de 30 mil habitantes, os quais não conseguiriam sobreviver sem elas. Estima-se que abrangiam, em toda a região, 20 milhões de famílias.

Trata-se de uma quantidade enorme de trabalhadores que, em vez de praticar o axioma dogmático do raciocínio neoliberal segundo o qual as pessoas tendem a agir como *homo economicus*, maximizando sempre o lucro, pensam de forma diferente. Enviam a suas famílias, a seus países de origem, uma parte significativa de sua escassa poupança. Fazem de oito a nove remessas por ano, em pequenas quantias individuais. Tais remessas, porém, possuem um enorme efeito multiplicador. Os mencionados 32 bilhões de dólares de 2002 foram gastos integralmente por famílias pobres no mercado interno, expandindo a economia; calcula-se que tenham gerado a produção de outros 100 bilhões de dólares.

Por trás disso se encontra um valor cultural que se chama solidariedade familiar, determinado pelo peso que têm as estruturas familiares em muitas das sociedades latino-americanas. Os emigrantes sentem que precisam ajudar o pai e a mãe, os irmãos, os filhos, os familiares mais próximos que ficaram em seus países de origem. Vê-se, aqui, como os valores culturais podem influenciar. A lealdade familiar tem produzido há mais de dez anos a maior entrada de capital externo na região. A crise e a perda de empregos acabarão por afetá-la.

Agora, um terceiro exemplo da importância da cultura. Chama a atenção a discussão, na região, sobre alguns tópicos, como no caso da corrupção. Chegou-se a um nível tal de deterioração cultural, devido à experiência histórica concreta, aos efeitos culturais do economicismo dogmático que erode a sensibilidade em relação ao sofrimento cotidiano das crianças de rua, dos mendigos idosos e dos excluídos sociais, que, nesse estágio, a discussão ética se limita a eliminar a corrupção, e o simples fato de não ser mais corrupto bastaria a uma pessoa para ocupar as mais altas posições públicas.

Quão distante tudo isso está de uma aspiração ética razoável? É fundamental eliminar a corrupção, mas isso é o mínimo. A ética implica um leque de questões muito mais amplo. Ela nasceu muito antes de qualquer reflexão, na Bíblia, no Velho e no Novo Testamento, nas principais cosmovisões espirituais, e tem a ver com a ideia de qual é o sentido de nossa existência neste mundo, qual o sentido da vida, até onde deve ir uma sociedade organizada, como conseguir orientar uma economia no sentido de que ela crie as melhores condições para a harmonia social, para o desenvolvimento individual, para o amor.

Considerar que um empresário é ético porque paga seus impostos, ou que um líder político é ético porque não rouba, como costuma ocorrer na região, significa um nível de deterioração cultural muito grande. O mandamento "Não roubarás" foi inscrito entre os Dez Mandamentos 3500 anos atrás. Ser uma empresa ética ou um líder político ético implica muito mais do que isso. Um líder político ético, além de não roubar, deveria ter uma identificação absoluta com a agenda de prioridades de sua sociedade,

314

transparência no comportamento, coerência entre o que fala e o que faz, entre outras coisas.

Quanto à empresa privada, o conceito de responsabilidade social tem se ampliado continuamente, e a ele nos referiremos detalhadamente no capítulo 12. Entre outros fatos recentes, que expressam a pressão existente a favor da ética empresarial, a Organização para Cooperação e Desenvolvimento Econômico (OCDE) estabeleceu orientações éticas para a governança corporativa. A Bélgica aprovou a lei da etiqueta social, segundo a qual os produtos de empresas com altos padrões éticos poderão portar uma etiqueta especial, e os consumidores poderão tender, na hora da compra, a se decidir por eles. Existem hoje em dia, nos Estados Unidos, mais de 50 milhões de consumidores que adquirem produtos de empresas "éticas", com a imagem de que seus produtos fazem bem para a saúde e para a preservação do meio ambiente. Difundem-se, em vários países, as etiquetas que certificam que o produto não foi fabricado com uso de mão de obra infantil de países em desenvolvimento. Por trás de tudo isso estão certos valores culturais e exigências éticas.

EROSÃO DE VALORES

Como mostram os exemplos mencionados, a ética e o capital social influenciam de modo muito ativo o desenvolvimento. Uma sociedade pode potencializar ou deteriorar o seu capital social. A desigualdade é um fator estratégico em relação a isso. Já está demonstrado que uma desigualdade elevada deteriora seriamente esse capital.

Em uma sociedade que apresenta uma desigualdade tão grande, como a América Latina dos dias de hoje, as pessoas a sentem como algo que viola as regras elementares de comportamento, que se torna arbitrário.

O ser humano nasceu para a igualdade — o texto bíblico é taxativo quanto a isso. Ele nos transmite uma imagem do ser humano baseada na igualdade. É o monoteísmo bíblico: um único Deus para toda a espécie humana. Isso significa que todos os seres humanos são iguais perante a divindade, que não há possibilidade de atribuição de nenhum tipo de superioridade. É um conceito que, por si só, exclui todas as formas de racismo, de xenofobia e de tentativas de discriminação.

Quando o coeficiente de Gini e outros índices semelhantes se deterioram, a sociedade se ressente disso profundamente em seus próprios valores. Sente que há um jogo sujo, que não era para as coisas acontecerem dessa forma. Que países com um potencial tão rico como os latino-americanos apresentem tanta pobreza e estejam tão polarizados, essa realidade mina o capital social, a credibilidade e a convivência, influenciando negativamente todos os outros aspectos centrais do capital social, como a confiança, a associatividade e o civismo. Perguntas muito concretas aparecem. Como é possível, por exemplo, que, como foi mencionado, a América Latina produza alimentos o bastante para alimentar uma população três vezes maior que a sua e no entanto subsistam níveis tão elevados de desnutrição? Cinquenta e um milhões de pessoas carecem da alimentação mínima necessária; 7% das crianças com menos de cinco anos de idade apresentam peso inferior ao normal; e 16% delas têm baixa estatura para a idade.

Por outro lado, à baixa credibilidade e à consequente fragilização da governabilidade, ambas potencializadas pelas desigualdades, soma-se o processo cultural de dissociação entre ética e economia. O liberalismo ortodoxo expulsou a ética da economia. A ética seria uma questão apenas das Igrejas, dos filósofos, das ONGs, e nada teriam a ver com a condução da economia, que seria uma questão puramente técnica.

Ao separar ética e economia em uma situação de crescimento da desigualdade, deixou-se todo o terreno livre para antivalores éticos que repercutem seriamente em todas as dimensões do capital social. Na ausência de uma discussão importante sobre os valores que deveriam orientar a economia, como reivindicava o papa João Paulo II (1998) ao afirmar que a globalização deveria ter um código de ética, caso contrário seria prejudicial para a espécie humana, o terreno ficou livre para que prosperassem os valores antiéticos. Proliferaram antivalores como o consumismo desenfreado, o de pisar no pescoço de quem quer que seja para avançar, a manipulação constante das pessoas, e até uma aura de legitimidade para a corrupção, desde que efetivada com habilidade. Houve quem a chamasse de "esperteza crioula".

A MARGINALIZAÇÃO DA CULTURA

O abandono do investimento no fortalecimento e na democratização das atividades culturais faz parte do conjunto da ideologia economicista ortodoxa. Isso foi denunciado de forma bastante crítica não apenas na América Latina, mas também nos países desenvolvidos.

Em seu livro *A economia da cultura* (1997), a proeminente economista Françoise Benhamou, ao chamar a atenção para a visão economicista de cultura, afirma que

> somente no terreno do economicismo se pode pretender justificar o gasto com a cultura em função dos recursos tangíveis que esta possa gerar em contrapartida. Os ganhos que a vida cultural pode trazer para a coletividade nem sempre cobrem os gastos com a sua

produção. Evidentemente, o lucro obtido a partir desses gastos deve ser avaliado em função de outros critérios, que vão além da noção econômica.

A ideia imposta pela ortodoxia econômica, em nível internacional, é de que a cultura deve ser rentável. A taxa de retorno sobre o investimento teria de ser significativa, pois sem ela a atividade cultural não se justificaria. De todo modo, tende-se a deixar em ação um pequeno círculo, para que as pessoas ligadas ao mundo cultural, que são bastante contestadoras, não reclamem demais. Benhamou enfatiza o quanto é negativo esse tipo de visão. Os benefícios gerados pela cultura para a sociedade devem ser avaliados com base em outros critérios. O que o paradigma do desenvolvimento humano da ONU propõe, de modo geral, é a necessidade de haver parâmetros mais amplos para a avaliação do progresso humano. Benhamou sugere:

> Será lamentável que, no momento em que a ciência econômica reconhece o valor da dimensão qualitativa do objeto que está avaliando, os economistas se empenhem em considerar apenas as repercussões comerciais do investimento cultural. Nessa direção, queixam-se dos custos da vida cultural, que, no fundo, são muito modestos, em vez de ver neles o símbolo de uma nação adulta e próspera.

A questão colocada é muito concreta: a cultura deve ser um item a mais em seus cálculos de relação custo-benefício ou se deve, em vez disso, ver naquilo que se dedica à cultura o símbolo de uma nação que avança em seu caminho?

Uma das coisas de que a região pode se orgulhar é que, em vários de seus países, houve uma resistência cultural à visão economicista da cultura. Essa manutenção da chama da cultura acesa sob condições muito adversas, por meio de expressões culturais massivas que essas sociedades têm gerado continuamente, como o teatro independente, o humor crítico, as novas gerações de escritores jovens, os protestos por meio da música, os corais, as artes plásticas e os inúmeros espaços criativos não convencionais são sinais de nações que "podem chegar a ser adultas e prósperas". O grande pensador francês Pierre Bourdieu (1986) escreveu que "a ausência de cultura vem geralmente acompanhada pela ausência do sentimento dessa ausência". Isso aconteceu na região nos anos 1980 e 1990. Por um lado, o abandono e a marginalização da cultura, o corte nos orçamentos e a diminuição de espaços para a cultura popular, deixando-se lugar para satisfazer apenas às demandas culturais dos grupos sociais mais favorecidos. Por outro lado, a ausência da cultura foi acompanhada por slogans e argumentos que desvalorizavam, explicita ou implicitamente, a ação cultural, sufocando os sentimentos em relação à ausência de políticas culturais orgânicas.

O DEBATE CULTURAL

São muitos os riscos decorrentes dessa visão que considera a cultura como uma mercadoria a mais no mercado. Além disso, em uma região que conhece níveis tão elevados de pobreza, o debate cultural sobre questões econômicas críticas, como o papel do Estado e as privatizações, entre outras, é de grande transcendência.

Cento e noventa mil crianças morrem todos os anos na América Latina por causas imputáveis à pobreza e totalmente passíveis de prevenção. Fortes discriminações e falta de proteção atingem amplos setores sociais. As taxas de desemprego são maiores entre as mulheres, que também recebem salários menores que os homens. Cerca de 80% dos 40 milhões de indígenas vivem em condições de pobreza extrema. As taxas de escolaridade dos afro-americanos são consideravelmente inferiores às respectivas médias. No Brasil, enquanto os brancos possuem sete anos de escolaridade, os afro-americanos registram apenas quatro, e apenas 2,2% dos negros e pardos conseguem chegar à universidade. Os incapacitados, cerca de 30 milhões, carecem de proteção significativa. Os adultos maiores têm sérios problemas de sobrevivência. Dentre as pessoas acima de 65 anos de idade das áreas urbanas, 40,6% não possuem nenhum tipo de renda. As camadas médias acusaram o impacto duramente. Um caso bastante ilustrativo é o da Argentina. Na década de 1990, 7 milhões de pessoas (20% da população) passaram de classe média a pobres. No começo dos anos 1960, a classe média representava 53% da população; ao final da década de 1990, depois do governo Menem, ela não chegava a 30%. Surgiu na região, nas últimas décadas, uma nova figura econômica: os "novos-pobres", pessoas que não eram pobres até poucos anos atrás. Esse fato é ilustrado, entre outros exemplos, pelo aparecimento, na cidade de Buenos Aires, de um ofício que chamou a atenção do mundo inteiro: o de catador de papelão. Pequenos comerciantes, pequenos industriais, estudantes, todo tipo de gente, em muitos casos ex-integrantes da classe média, sem alternativas, transformaram-se em vasculhadores de lixo em busca de papelão para reciclagem.

Esse grau de deterioração provocou fortes protestos em nome da cidadania, altos níveis de insatisfação com o funcionamento do sistema democrático e reivindicações de mudanças profundas por parte de amplas maiorias. Sociedades civis cada vez mais ativas pressionaram em favor de democracias de melhor qualidade, que representassem melhor as necessidades reais da sociedade. Nesse processo, surgiu uma nova geração de líderes políticos em países-chave da região com o mandato de implementar políticas inovadoras.

Mas as mudanças nas políticas econômica e social exigem, para que sejam sustentáveis, seu correlato no campo cultural. É preciso ativar o debate de ideias, a discussão sobre os valores éticos e as atitudes cidadãs. As diversas formas de expressão cultural podem transmitir, em todas as suas manifestações, de modo livre e aberto, a agenda dos sofrimentos concretos e das reivindicações da população.

Em uma sociedade democrática, o debate cultural influencia fortemente as políticas econômica e social, se não em curto prazo, com certeza em médio prazo. Uma mensagem cultural reiterada, voltada para o desprestígio absoluto da função pública e do Estado, ao lado da idealização da privatização, facilitou a abertura do terreno para que várias sociedades, como a argentina e a mexicana, entre outras, aceitassem de maneira acrítica a privatização indiscriminada e em condições bastante questionáveis de quase todos os bens públicos. Quando, na primeira edição da pesquisa regional Latinobarómetro, em 1996, perguntou-se aos latino-americanos o que eles achavam da privatização dos serviços públicos, cerca de 60% da população se posicionou a favor. No Latinobarómetro de 2008, apenas 32% da população a apoiava. As experiências concretas e o novo debate aberto nos últimos anos geraram essa resistência.

Nos anos 1990, o tipo de debate predominante criou condições que facilitaram o fortalecimento de uma ótica superficial idealizadora do mercado e maniqueísta em relação às políticas públicas que acabou por enfraquecer estas últimas. A realidade mostrou ser muito mais complexa.

Hoje em dia, desfeitos vários mitos, há uma demanda maior de ação estatal. Com base em entrevistas realizadas com 20 mil pessoas de dezoito países, o Latinobarómetro 2008 observa o seguinte:

> Quando se analisam quais atividades deveriam estar nas mãos do Estado, 86% dos habitantes optam pela educação básica e primária, seguida da saúde, com 85%, a água potável, com 83% e as universidades e pensões/aposentadorias, com 82%, aparecendo em seguida os serviços de energia elétrica e petróleo, com 80%, telefonia, com 71%, e, por fim, o financiamento dos partidos políticos, com 59%.

Essa percepção por parte da população corresponde, hoje, à recomendação de organizações como a OCDE, que reúne os países ricos e que defende o seguinte (2008): "A região requer gastos públicos mais elevados, melhores e mais justos".

AS FALSAS RACIONALIZAÇÕES

Tudo o que acontece no campo cultural tem muita influência nas políticas relacionadas à pobreza. É recorrente, por exemplo, e repleto de consequências, o raciocínio que considera a pobreza um problema de ordem individual e não estrutural. Entre as suas manifestações mais cruéis está a de ver crianças vivendo nas ruas do Rio de Janeiro, de Bogotá ou de Buenos Aires, ou em outras várias cidades, brincando com fogo nas esquinas, arriscando a vida entre os automóveis para receber algum trocado, e desqualificá-las argumentando que elas fazem parte de um bando criminoso, ou então, ver pessoas pedindo esmola e argumentar que têm tudo o que querem em suas casas mas "não querem trabalhar".

Há desde manifestações abertas como essas até as mais sofisticadas, como a de atribuir a culpa pela pobreza às suas próprias vítimas, taxando-as de "perdedoras". "É um perdedor" porque não soube se dar bem, porque "não fez o que era preciso para ser bem-sucedido". Quando uma grande parcela da população de um país se pauperizou, é muito difícil culpar as pessoas individualmente. O que ocorreu foi que, simplesmente, criaram-se condições em que as oportunidades desapareceram.

Essas edificações de ordem cultural tendem a atribuir as causas da pobreza a quem dela padece — os pobres seriam, eles mesmos, os responsáveis pelo que acontece —, em vez de identificar nas políticas econômicas adotadas o fator predominante que gerou situações muito penosas para a população, deixando-a encurralada. Torna-se fundamental desmontar esse tipo de visão.

Outra argumentação regressiva é aquela que relativiza a importância da pobreza. Na década de 1990, quando os jornalistas perguntavam ao então presidente da Argentina por que a pobreza estava em alta se ele dizia que aquele era um país de Primeiro Mundo, ele costumava responder dizendo que "pobres existem em toda parte". Se alguém ainda mostrava alguma dúvida, complementava: "pobres sempre existiram".

Seria muito importante contestar esse tipo de afirmação no terreno cultural. Não é verdade que há pobres em todos os lugares. Na Noruega, na Suécia ou no Canadá, eles quase não existem. Na Costa Rica, que é um pequeno país latino-americano com muito menos recursos que a Argentina, o Brasil ou o México, havia 18% de pobres, ante 54%, 33% e 50%, nos anos 1990, nesses três países respectivamente. Dizer, por outro lado, que "pobres sempre existiram" sugere que a pobreza é uma fatalidade histórica. O Velho Testamento afirma categoricamente que o homem não nasceu para a pobreza, que atenta contra a sua dignidade. A pobreza é uma responsabilidade da sociedade; ela depende de como a sociedade organiza a excepcional riqueza de recursos naturais que a divindade entregou nas mãos dos homens.

Outro argumento bastante difundido culturalmente na região é aquele que desqualifica as políticas sociais taxando-as de "assistencialismo". Tudo que se faça no terreno social é desvalorizado sob a pecha de assistencialismo; em vez de "ensinar a pescar", apenas se "dá o peixe". Afirma-se, também, que os programas de ajuda aos pobres inculcam-lhes o hábito da dependência total, a preguiça, a falta de interesse pelo trabalho. Opõem-se, assim, a esse "assistencialismo" políticas que realmente criassem empregos. Tal discurso se encontra bastante impregnado na sociedade, sem nada que o comprove. Quando se veem os dados da realidade, ele perde todo o peso. Mais de 180 milhões de latino-americanos vivem na pobreza e mais de 70 milhões em situação de pobreza extrema, indigência. Indigência significa que não têm o que comer. E, se gastassem tudo o que ganham em alimentos, não lhes sobraria nada para adquirir o mínimo necessário.

Esses números se expressam no alto percentual de crianças desnutridas e naquelas que morreram de fome na América Central, no norte da Argentina ou no Brasil, entre tantos outros lugares. Se uma criança não se alimenta adequadamente até os cinco anos de idade, uma parte de sua capacidade neuronal é destruída; se não come bem dos seis aos doze anos, seu esqueleto fica raquítico, vulnerável a doenças pulmonares. Se não foi alimentada nos primeiros anos de vida, pode morrer muito facilmente de alguma doença gastrointestinal.

A pobreza e a desnutrição matam. O que fazer com elas? Esperar pelo pleno emprego no país ou ajudar essas pessoas desde já? Ajudá-las imediatamente não é uma questão de política econômica, mas de ética elementar. Em uma sociedade democrática, não há alternativas a não ser a de ajudar imediatamente. Em muitos casos, os efeitos da pobreza e a desnutrição já não podem ser remendados retroativamente. Além de ser um mandamento bíblico, trata-se de um direito básico que uma sociedade tem de garantir a todos os seus cidadãos. Em toda a Europa, até mesmo nos seus países mais pobres, como Portugal e Grécia, há uma renda mínima garantida. Se o nível de renda de uma determinada família se encontra abaixo da linha de pobreza, o Estado se obriga a recompor seu nível de renda até que ela consiga sair dessa situação. Garantir o nível de sobrevivência é um compromisso em uma sociedade democrática.

Uma comissão de notáveis da América Latina, presidida pelo ex-presidente do Chile, Patricio Aylwin, realizou um levantamento sobre esse assunto para o Fórum Social Mundial (1995). Em seu relatório, ela afirma que 50% da renda dos pobres, na América Latina, provêm de programas assistenciais. Se isso for tirado deles, imediatamente estarão colocados abaixo do nível mínimo de sobrevivência.

Que incompatibilidade haveria entre ajudar e criar postos de trabalho? Nenhuma, muito pelo contrário. É preciso estabelecer políticas que ajudem a sobreviver ao mesmo tempo que reabilitem, capacitem, requalifiquem as pessoas, apoiem a criação de microempresas, abram microcrédito, criem formas de economia solidária etc. O ideal seria integrar esses dois aspectos da ação social.

Por outro lado, a ação de ordem assistencial pode ter todo tipo de efeito positivo para as organizações que a praticam, como se pode verificar pela seguinte avaliação realizada a respeito dos Refeitórios Populares na Argentina (Novacovsky et al., 2004):

> A orientação das ações no sentido de uma assistência alimentar provoca uma transformação no papel e nas prioridades das Organizações da Sociedade Civil (OSC), que em muitos casos gera um mal-estar por ver nessa ação algo "assistencialista" que desvirtua seus objetivos principais de estímulo ao desenvolvimento local. Nesse sentido, faz-se necessária uma profunda discussão sobre o

conceito de assistencialismo, valorizando o fato de que, para algumas oscs, os refeitórios comunitários representaram uma experiência bem-sucedida de organização, de se poder responder a novas necessidades da população, de aproximação com a realidade das famílias, de abordagens integrais da problemática da infância. A visão sobre como e para que organizar os refeitórios terá forte influência no tipo de serviço prestado. Além disso, taxar de assistencialista a atividade mais generalizada entre as oscs de base pode ser algo que desvalorize o esforço realizado por milhares de pessoas.

Essa falácia — o assistencial contra o outro caminho —, puramente retórica, está bastante inculcada na sociedade latino-americana. Cabe desmistificá-la, pois ela tem consequências práticas de todo tipo, deslegitimando a política social. O que ocorre no campo da cultura, do debate e da discussão de ideias é fundamental para o que ocorrerá no terreno da política social. O raciocínio ortodoxo desvaloriza fortemente a política social, faz com que ela perca apoio entre a população. Quando há uma atuação no sentido contrário, pode-se criar uma base de sustentação para ela, a qual possibilitará a ampliação de sua abrangência e eficácia.

Uma última observação sobre estereótipos culturais bastante frequentes. Uma sociedade pode chegar à deterioração, à falta de discussão sobre valores éticos, à degradação cultural que significa a ideologia que acredita apenas no *homo economicus*, a perder a capacidade de indignação, como quando se veem as crianças de rua com indiferença e sem nada sentir, crianças que expressam o limite extremo do fracasso do modelo econômico adotado na América Latina. Existem na região milhões de crianças que vivem nas ruas o tempo todo ou indo e vindo de casa para a rua, de modo contínuo, para sobreviver. Um estudo realizado pelo BID em Tegucigalpa, uma de tantas cidades que vivem esse drama, registrou 25 mil crianças vivendo nas ruas. Ele concluiu que, de cada cem delas, sessenta sofrem de depressão, uma doença estranha à infância, e seis cometem suicídio. Viver na rua é viver em um "inferno", ainda mais sob a ameaça de assassinato por grupos policiais ou paramilitares.

Diante das crianças de rua, diante dos idosos abandonados, diante dos catadores de papelão, o pior que pode acontecer, no terreno da cultura, é a perda ou o enfraquecimento da capacidade de indignação.

EM BUSCA DE RESPOSTAS

O que se pode fazer, no plano cultural, diante da situação em que se encontra a região? Em primeiro lugar, é preciso abandonar alguns tipos de raciocínio que fazem parte do quadro que levou a ela. E, nesse sentido, criar uma proposta diferente para o desenvolvimento.

Amplos setores chegaram a ser convencidos de que não existem propostas alternativas. Alguns pensadores franceses, procurando demonstrar que isso é falso e que existem, sim, várias opções, deram ao neoliberalismo ortodoxo o nome de "pensamento único", o que, por si só, o desqualifica. Não pode haver pensamento único; a humanidade já errou centenas de vezes ao acreditar em pensamentos únicos. Hoje em dia, um agitado debate se realiza, internacionalmente, sobre essa questão.

O Prêmio Nobel Amartya Sen (1998) chama o modelo ortodoxo de modelo de "Sangue, suor e lágrimas". Para ele, não é verdade que existe apenas um modelo econômico. Há vários. Há um modelo nórdico, um modelo do Sudeste Asiático, um modelo econômico da Europa Ocidental, um modelo do Canadá, um modelo dos Estados Unidos — cada sociedade de acordo com a sua história.

A área cultural pode ter um peso muito importante no sentido de contribuir para a criação de um modelo de desenvolvimento integral. Esse modelo, aplicado nas economias mais bem-sucedidas, como as dos países nórdicos, com base em valores como a solidariedade, o igualitarismo, o civismo, a responsabilidade, os cuidados com o meio ambiente e outros, gerou uma ampla inclusão social, equidade e eliminação da pobreza. É muito importante que a existência de modelos alternativos seja repercutida no campo da cultura. Que ela propicie um debate mais aberto, plural e de melhor qualidade sobre políticas que tornem possível a superação de mitos como os que circulam na atualidade e que se cultive uma cultura de solidariedade e cooperação.

Em segundo lugar, as políticas culturais podem contribuir muito. É fundamental, para isso, que as boas intenções em relação à cultura se transformem em políticas concretas. A base para tanto é que o orçamento para a área seja digno de uma "nação adulta e civilizada", como dizia Benhamou.

É necessário ligar sistematicamente, umas às outras, as ações das políticas econômicas, sociais e culturais. Em um modelo de desenvolvimento integrado, a cultura pode constituir um meio muito poderoso para reforçar tudo o que pode ser feito no campo social. Assim, por exemplo, como já vimos, os níveis de exclusão são enormes na região. A exclusão é um fenômeno complexo, que gera o isolamento da pessoa, a queda da autoestima pessoal e danos psicológicos.

Se políticas culturais ativas são implementadas, com forte respaldo público e orientadas para amplos setores desfavorecidos, a cultura constitui um caminho rumo à inclusão que reforça os demais caminhos. É muito relevante o que a cultura pode fazer em termos de restituição da autoestima a grupos hoje marginalizados. Os seres humanos podem perder tudo, mas são sempre portadores de cultura. Incluir os grupos marginalizados e excluídos nas políticas culturais, de modo ativo, como no caso dos indígenas, entre outros, é uma forma de restituir-lhes a autoestima coletiva. O respeito à sua cultura e a mobilização em torno dela valorizarão as pessoas e os grupos.

Da mesma forma, a cultura pode desempenhar um papel-chave na reconstituição dos laços de associatividade. A mera ideia de cultura já implica ação coletiva. É bastante significativo o fato de que, apesar da propaganda massiva das ortodoxias neoliberais em favor do individualismo e da concorrência a qualquer custo, um movimento histórico baseado em princípios opostos — a reunião de esforços e a cooperação —, como o cooperativismo, tenha conseguido manter o seu avanço.

As cooperativas contam atualmente com mais de 850 milhões de membros. Cerca de 3 bilhões de pessoas dependem delas. Fazem-se presentes nas mais diversas áreas, como a poupança e o crédito, o consumo, os seguros mútuos, a produção, as moradias e muitas outras formas.

A cultura pode ser muito útil também no combate à criminalidade. A região pode, como já vimos, cometer um erro gravíssimo, conforme se pode perceber no debate sobre a criminalidade. O debate tende a ser exclusivamente policial. Se se consegue enfocar, como deveria ser feito, o grande fator subjacente que é a exclusão social, e se forem criadas "pontes" para a juventude excluída, será possível a obtenção de mudanças muito positivas. A criminalidade pode ser reduzida com base na ação cultural.

A Unesco e o Brasil promoveram uma experiência muito impactante. O Brasil possui uma taxa de criminalidade muito elevada, 31 homicídios por ano para cada 100 mil habitantes, e que é muito maior em São Paulo e no Rio de Janeiro. A Unesco propôs que as escolas fossem abertas aos sábados e domingos, e que nelas se oferecesse um espaço fundamentalmente cultural, com uma ampla oferta para a população mais vulnerável. A ideia era chamar os jovens excluídos a desenvolverem suas potencialidades literárias, musicais, artísticas e outras. O projeto Escola Aberta obteve excelentes resultados. O poder de atração da cultura entre os setores mais pobres é muito forte, o que pode fazer dela um enorme fator de inclusão. As taxas de criminalidade caíram nessas escolas e em suas imediações.

UM REGISTRO FINAL

Certos especialistas de algumas sociedades desenvolvidas costumam dizer que o subdesenvolvimento é um estado mental. Trata-se de uma visão ideológica que circulou bastante na América Latina. Por isso, segundo eles, a região não tem como construir nada parecido com aquilo que as sociedades desenvolvidas fazem em diversas áreas, tais como, entre elas, a participação ampla da comunidade, o civismo, os valores do trabalho e outros semelhantes.

A realidade desmente essas simplificações. A América Latina possui enormes potencialidades culturais. Um dentre tantos exemplos possíveis, uma das experiências de participação em nível local mais respeitadas e reproduzidas no mundo inteiro foi produzida pela América Latina. Trata-se do Orçamento Municipal Participativo (omp), que nasceu na cidade de Porto Alegre. Esse caso é reconhecido mundialmente como um dos mais importantes em que os cidadãos controlam o orçamento de uma grande cidade. Porto Alegre tem 1,2 milhão de habitantes. Em 1989, o prefeito recém-empossado abriu a possibilidade de que a população decidisse em que gostaria de gastar a parcela de investimentos do orçamento municipal. Muitos foram céticos em relação ao que poderia acontecer.

Em consequência do OMP, 160 mil pessoas decidem periodicamente, naquela cidade, onde devem ser gastos os recursos, recebendo prestações de contas constantes. A transparência é máxima, a corrupção foi reduzida ao mínimo, assim como várias práticas clientelistas.

Por outro lado, os cidadãos dirigiram os recursos de modo eficiente, concentrando-os nas reais prioridades. Passou-se a priorizar as necessidades dos setores mais fragilizados e a reforçar a criação de oportunidades de trabalho. Esse município, controlado dessa maneira, produziu uma melhora total na saúde, na abrangência das escolas, o fornecimento de água encanada, o desenvolvimento de microempresas e de pequenas e médias empresas etc.

Isso teria sido totalmente impossível se Porto Alegre não tivesse sido, durante muitas décadas, o palco de grandes movimentos participativos. Havia, ali, uma enorme cultura de participação. Esse modelo, hoje, é reproduzido em oitenta cidades do Brasil e vem sendo utilizado, com adaptações, em Rosário, como já mencionamos, e em Montevidéu, entre outros.

As bases culturais participativas tornam isso possível. Quando nos dizem que o subdesenvolvimento é um estado mental e que a América Latina possui culturas inferiores, cabe rechaçar totalmente essa falácia. Não existe nenhum tipo de inferioridade. A cultura latino-americana está repleta de valores positivos, de conteúdos relevantes, de solidariedade, de potencialidades para a participação e outras formas de ação coletiva, e isso tudo cria condições bastante concretas para poder colocar em prática experiências como essa ou outras semelhantes em várias áreas.

Uma observação adicional. A cultura, como vimos, é um meio poderoso e pode influenciar muito fortemente aquilo que ocorre em termos de política econômica. Mas, além disso, é um fim em si. Não se deve nunca perder de vista essa sua dimensão. A cultura tem a ver com os objetivos últimos do ser humano — que, de acordo com o texto bíblico, foi feito para viver como ser cultural, e para se realizar pela cultura. Uma das evidências mais contundentes que este autor conheceu em relação a isso foi quando dividiu uma mesa com Humberto Maturana, respeitado biólogo chileno, candidato ao Prêmio Nobel. Ele observava que, depois de ter se dedicado muitos anos ao estudo da biologia do ser humano, concluíra que as evidências empíricas indicam que o ser humano é, por natureza, um "ser amoroso", feito para o amor. Poder-se-ia acrescentar que ele foi feito para o amor, como ele tão brilhantemente constatou, mas também para a igualdade, para a justiça, para a solidariedade e o desenvolvimento de sua cultura.

REFERÊNCIAS

Arizpe, L. (1998). "La cultura como contexto del desarrollo." Em *El desarrollo econômico y social en los umbrales del siglo XXI* (eds. Emmerij L., e Del Arco, J. N.), pp. 191-7. Washington D. C.: BID.

Aylwin, P. et al. (1995), *Relatório da Comissão Latino-americana e do Caribe sobre o desenvolvimento social*. Washington D. C.: BID-Cepal-PNUD.

Benhamou, F (1997). *A economia da cultura*. Cotia: Ateliê Editorial.

Bordieau, P. (1986). Citado por Benhamou, F. (1997), *A economia da cultura*.

Cepal, Ipea, PNUD (2003). *Hacia el objetivo del milenio de reducir la pobreza en América Latina y el Caribe*. Santiago.

Cepal (2005). *Objetivos de desarrollo del milenio. Una mirada desde América Latina y el Caribe*. Santiago.

Coleman, J. (1988). "Social capital in the creation of human capital." *American Journal of Sociology*, 94.

Interamerican Dialogue (2004). *All in the family. Report of the Interamerican Dialogue task force on remittances*. Washington D. C.

João Paulo II (1998). Discurso aos membros da Fundação Vaticana Centesimus Annus — Pro Pontifice, 9 de maio.

Kawachi, I., Kennedy, B., Lochner, K., e Prothrow-Stith, D. (1997). "Social capital, income inequality and mortality." *American Journal of Public Health*, 87 (9), 1491-8.

Klesner, J. L. (2007). "Social capital and political participation in Latin America: Evidence from Argentina, Chile, Mexico, and Peru." *Latin American Research Review*, vol. 42, nº 2, pp. 1-32.

Knack, S., e Keffer, P. (1997). "Does social capital have an economic payoff? A cross-country investigation." *Quarterly Journal of Economics*, 112 (4), 1251-88.

Latinobarómetro (2008). *Relatório*. Santiago.

McLaren, L., e Baird, V. (2006). "Of time and causality: A simple test of the requirement of social capital in making democracy work in Italy." *Political Studies*, 54 (4), 889-97.

Novacovsky, I.; Cesilini, S.; e Mera, C. (2004). "Evaluación rápida de la emergencia social en Argentina." *Documento de trabalho nº 1/04*. Buenos Aires: Banco Mundial.

OCDE (2008). *Latin American Economic Outlook*.

Putnam, R. (1993). *Making democracy work*. Princeton N. J.: Princeton University Press.

Sen, A. (1997). "Economic business principles and moral sentiments." *The Journal of the Society for Business Ethics*, vol.7, nº 3, julho, pp. 5-16.

Sen, A. (1998). "Teorías del desarrollo a principios del siglo xxi." In *El desarrollo económico y social en los umbrales del siglo XXI* (eds. Emmerij, L., e Del Arco, J. N.). Washington D. C.: BID.

Sorensen, F. O. (2001). Comisão Norueguesa de Valores Humanos. Resumo de objetivos, estratégias, projetos e temas.

Tarrow, S. (1996). "Making social science work across space and time: A critical reflection on Robert Putnam's *Making democracy work*." *The American Political Science Review*, 90 (2), 389-97.

Unesco (1996). "Nuestra diversidad creativa." *World Comission on Culture and Development Report*. Nova York.

Vollebaek, K. (2004). "Comments to the intervention of Nobel laureate Amartya Sen. Ethics and the Development Day at the IDB." Interamerican Initiative of Social Capital, Ethics and Development, 16 de janeiro.

11. Sete teses sobre o voluntariado na América Latina

HORA DE DERRUBAR OS MITOS

Para muitos latino-americanos, o voluntariado é um enigma. A percepção que têm a seu respeito é influenciada por forças contraditórias. Por um lado, a economia ortodoxa — uma maneira de analisar as realidades econômicas que se apresentou como "o único pensamento possível em economia" e que exerceu uma forte influência nas décadas de 1980 e 1990 —, que os leva a ver o voluntariado como um agente secundário e marginal que pouca influência pode ter na realidade. Os economistas convencionais não conseguem entender o impacto que pode ter um setor que se movimenta totalmente fora do mercado e cujas unidades de produção não raciocinam com base na busca da maximização de lucros, nem mesmo, com frequência, na relação custo-benefício, mas que, diferentemente, utilizam categorias da ordem da ética e se movem por estímulos morais.

A ortodoxia econômica se pergunta: que tipo de *homo economicus* é esse? Onde estão os incentivos pelos quais se orienta

334

todo produtor de bens? E, se não há incentivos econômicos nem atuação no mercado, o que se pode esperar dele? Será, para os economistas convencionais, um setor marginal, e, além disso, ineficiente por definição.

Há outros setores com preocupação social, mas cujo olhar desvaloriza tudo aquilo que não sejam mudanças de fundo e que costumam ver o voluntariado como uma atividade de caridade, sem nenhum efeito na realidade, sem contribuição para as transformações necessárias; quase uma perda de tempo, embora não reprovável humanamente falando. Os fatos, no entanto, caminham no sentido contrário ao dessas duas formas de enxergá-lo. Poucos anos atrás, o eminente cientista social Herbert de Sousa, o Betinho, diretor de um dos principais centros de estudos brasileiros, adoeceu gravemente em decorrência do vírus HIV, numa época em que ainda não havia medicamentos eficazes para lidar com ele. Virtualmente sem esperanças de vida, resolveu dedicar todo o tempo que lhe restasse a criar uma grande frente voluntária contra a fome. Sessenta milhões de brasileiros atenderam ao seu apelo. Constituiu-se, assim, o maior movimento de luta contra a fome da história do país.

Poucos anos depois, na Argentina, quando a pobreza explodiu entre 2000 e 2002 devido às políticas ortodoxas aplicadas pelo governo nos anos 1990, milhões de pessoas foram expulsas da economia. No final de 2002, 58% da população e 70% dos jovens estavam abaixo da linha de pobreza, e amplos setores da classe média tinham-se convertido, em poucos anos, em "novos-pobres", perdendo suas pequenas e médias indústrias, suas fontes tradicionais de trabalho, sem esperança alguma. O voluntariado, sob diferentes formas de expressão, mobilizou-se fortemente. O número de voluntários triplicou entre 1998 e 2002, chegando a abranger um terço da população. Várias organizações multiplicaram o seu número de integrantes. Emergiu, por outro lado, vindo dos novos pobres, um fenômeno baseado no voluntarismo, a economia de troca, que produziu efeitos imediatos nos momentos mais difíceis.

Exemplos do mesmo tipo poderiam ser mencionados no caso de outros países da região. Cabe perguntar, diante desses exemplos: será mesmo, o voluntariado, marginal, ineficiente e uma perda de tempo? Como explicar o seu gigantesco poder de atração, particularmente entre os jovens, e sua credibilidade numa sociedade, como a latino-americana, totalmente incrédula em relação às lideranças tradicionais, aos partidos políticos, aos líderes empresariais e a muitos outros grupos dirigentes? Não seria hora de rever seriamente a visão convencional sobre o voluntariado e adotar uma visão realista que permita explorar as suas potencialidades e mobilizar essa força latente que já se manifestou, frequentemente, com tanto vigor e amplitude?

Por outro lado, isso parece ser imprescindível em uma América Latina que conhece gravíssimos problemas sociais. Este capítulo pretende avançar na constituição de uma visão renovada sobre o voluntariado latino-americano. Para tanto, propõe-se a apresentar, de modo sucinto, várias teses não convencionais a seu respeito. Seu objetivo é contribuir com um debate sério, que já vem se adiando por tempo demais.

PRIMEIRA TESE. O VOLUNTARIADO É UM GRANDE PRODUTOR DE BENS E SERVIÇOS SOCIAIS

A ortodoxia econômica latino-americana, que se vangloria de sempre se apoiar em um instrumental matemático, parece não ter tido tempo para medir o peso estatístico do voluntariado no Produto Interno Bruto.

A Universidade Johns Hopkins empreendeu um amplo projeto de estudos comparativos da sociedade civil e do voluntariado em 35 países (Salamon, 2003). Seus resultados são bastante eloquentes. Os países pesquisados foram os seguintes:

PAÍSES DESENVOLVIDOS		PAÍSES EM DESENVOLVIMENTO		PAÍSES EM TRANSIÇÃO
Austrália	Itália	Argentina	Paquistão	República Tcheca
Áustria	Japão	Brasil	Peru	Hungria
Bélgica	Holanda	Colômbia	Filipinas	Polônia
Finlândia	Noruega	Egito	África do Sul	Romênia
França	Espanha	Quênia	Coreia do Sul	Eslováquia
Alemanha	Suécia	México	Tanzânia	
Irlanda	Estados Unidos	Marrocos	Uganda	
Israel	Reino Unido			

Mediu-se, nesses países, o peso das atividades das ONGS na economia no período de 1995 a 1998.

As ONGS, apoiadas por uma imensa força voluntária de 190 milhões de pessoas, que compõem 20% da população adulta dos países analisados, geravam, anualmente, 5% do PIB total. Somando-se tudo que essas ONGS de 35 países produzem, elas seriam a sétima economia do mundo. O produto bruto que elas geravam juntas era superado apenas pelos PIBS dos Estados Unidos, Japão, China, Alemanha, Inglaterra e França. Superava, por sua vez, os da Itália, Rússia, Espanha e Canadá.

Por outro lado, esse grande setor da economia utiliza uma força de trabalho muito superior à dos outros setores. Supera a indústria têxtil e os serviços públicos (dez vezes mais), a indústria de alimentos (cinco vezes) e a indústria do transporte (20% a mais).

Ao significado das ONGS e do voluntariado na economia, somam-se os efeitos por eles gerados. Estes se concentram, com frequência, nas áreas mais pobres da sociedade e em comunidades que vivem situações de extrema urgência. Sua chegada rápida permite salvar vidas, capacidades de trabalho, prevenir doenças dificilmente curáveis *a posteriori*. Elas são reconhecidas, como afirma a Universidade Johns Hopkins: "Por identificar e enfrentar necessidades não cobertas, por inovar, por prestar serviços de qualidade excepcional e por servir àqueles que têm maior necessidade".

A Unicef estima que, em 2000, 10 milhões de voluntários vacinaram, no mundo todo, 550 milhões de crianças. O produto por eles gerado pode ser estimado em 10 bilhões de dólares.

Uma recente campanha internacional denominada "Levante e fale" (realizada em outubro de 2008), que cobrou dos líderes mundiais o cumprimento dos compromissos assumidos em relação às metas do milênio e uma melhora urgente da questão da pobreza e da desigualdade, mobilizou 43 milhões de pessoas em 127 países.

O cantor irlandês Bono, que é um excepcional mobilizador de voluntários, afirma (2009) que as campanhas pelo perdão das dívidas dos países mais pobres da África conseguiram fazer com que mais de 34 milhões de crianças passassem a frequentar as escolas, financiadas pelos governos por intermédio da dívida liberada. A mobilização dos voluntários, no mundo todo, foi crucial para a obtenção do perdão daquelas dívidas.

Com relação ao potencial do voluntariado, são muito expressivas experiências como a da famosa Ensinar pela América, uma ONG que propõe aos recém-formados de universidades de ponta dos Estados Unidos que trabalhem durante dois anos dando aulas em escolas pobres com salários reduzidos. Em 2008 (Dillon, 2008), sua capacidade de recrutamento em Yale, Harvard, Georgetown e outros *campi* foi superior às ofertas de trabalho das principais empresas privadas. A entidade recebeu 24 700 soli-

338

citações para 3700 postos. Os jovens foram enviados para trabalhar em áreas pobres das cidades, zonas rurais e reservas indígenas. O apelo, tão fartamente atendido, é no sentido de que aqueles que estudaram nas melhores universidades do país compartilhem seus conhecimentos com as crianças mais pobres.

Segundo estudos do Instituto de Serviço Global, Centro para o Desenvolvimento Social, da Universidade de Washington, em St. Louis (Instituto de Serviço Global, 2004), há, na América Latina, uma intensa e crescente atividade da sociedade civil apoiada no voluntariado. Estima-se a existência de 1 milhão de organizações e associações em atividade. Os campos principais em que elas atuam são: desenvolvimento comunitário, educação e capacitação, participação cívica, saúde, necessidades básicas, meio ambiente, direitos humanos, processos de paz e serviços de emergência. Percorrem uma linha contínua que vai desde a ação contra a pobreza até o apoio na construção da cidadania.

A Universidade Johns Hopkins calcula que a contribuição das organizações da sociedade civil baseadas no voluntariado ultrapassa 2% do PIB em países como a Argentina e o Brasil. Seriam desprezíveis essas contribuições em países como os latino-americanos, onde, em muitos casos, o crescimento médio do Produto Interno Bruto nos anos 1980 e 1990 raramente ultrapassou os 3%? Por outro lado, essas contribuições são apenas uma parte do que as organizações voluntárias podem gerar, se contassem com mais divulgação, apoio, estímulo e capacitação. Ela não ocorre "em prol", mas "apesar" das visões depreciativas que circulam a respeito desse trabalho.

Como observou, corretamente, a Assembleia Geral das Nações Unidas (Nações Unidas, 2002) em resolução referente ao voluntariado e totalmente aplicável no caso da América Latina, que vive problemas tão graves de pobreza e desigualdade:

O voluntariado é um componente importante de qualquer estratégia orientada no sentido de lidar com questões como, entre outras, a redução da pobreza, o desenvolvimento sustentável, a saúde, a prevenção e o gerenciamento de calamidades, a integração social e, em particular, o combate à exclusão social e à discriminação.

Em meio à mais severa crise econômica, o presidente Barack Obama apoiou e o Congresso norte-americano aprovou, com apoio bipartidário, em 27 de março de 2009, a maior lei de fortalecimento do voluntariado da história daquele país. Ela irá triplicar o número de postos de dedicação integral à promoção do voluntariado. O número de agentes da AmeriCorps, principal entidade de ação voluntária, passará de 75 mil para 250 mil. Em 2008, 2,2 milhões de voluntários foram mobilizados. Espera-se, agora, que eles ultrapassem 7 milhões.

Entre outras áreas, os voluntários contribuirão para a melhoria dos serviços de saúde e para aumentar as oportunidades econômicas em comunidades de baixa renda, darão assistência a pessoas atingidas pela crise, contribuirão com as escolas e apoiarão os esforços realizados no sentido de economia de energia. A lei inclui um programa especial para a abertura de oportunidades de trabalho voluntário para os aposentados mais idosos. O governo, apesar de seus graves problemas orçamentários, propõe-se a investir 6 bilhões de dólares na atividade ao longo dos próximos cinco anos.

Ao sancionar a lei, o presidente Obama declarou: "Precisamos do seu serviço, já, neste exato momento da história [...]. Peço-lhes que se ponham de pé e assumam a sua parte". O *The New York Times* saudou a lei, afirmando (24/03/09): "Trata-se de uma oportunidade de mobilizar de modo construtivo o idealismo de milhares de norte-americanos ansiosos para contribuir, com seu tempo e sua energia, para a solução dos problemas nacionais, uma oportunidade que não deve ser desperdiçada".

A cidade de Nova York integrou-se ao esforço, lançando, também, a sua própria iniciativa: "Preciso de você, para que preste serviço a Nova York". O programa institui um grupo cívico na cidade, contempla a prestação gratuita de assessoria jurídica e financeira aos atingidos por hipotecas ou que precisem de apoio para poder administrar suas dívidas. Determina que as escolas incluam a questão da prestação de serviços e do voluntariado em seus currículos a partir de setembro de 2009. Em pesquisa realizada previamente, registrou-se que 17% dos nova-iorquinos não fazem trabalho voluntário porque não sabem aonde se dirigir. A cidade criou um serviço telefônico para dar informações sobre oportunidades de voluntariado disponíveis. A revista *The Economist* (2009) relata essas iniciativas, observando que "o serviço público está se tornando um movimento nacional".

SEGUNDA TESE. O VOLUNTARIADO É UM CONSTRUTOR DE CAPITAL SOCIAL

Há um amplo consenso em relação ao fato de que uma das forças motoras do desenvolvimento é o capital social das sociedades. Quando existente em níveis consideráveis, ele se manifesta em uma sociedade civil ativa e articulada, sob a forma de pressão por políticas públicas socialmente responsáveis, de responsabilidade social empresarial, de participação cidadã e do voluntariado.

O voluntariado provém de valores éticos positivos, da reverberação de uma norma ética elementar que faz parte das mais antigas crenças dos seres humanos: "Devemos ser responsáveis uns pelos outros". Isso implica criar associatividade, significa maturidade cívica, e as organizações voluntárias encontram seu ponto de sustentação na confiança recíproca existente entre seus integrantes e na confiança que a sociedade nelas deposita.

Albert Hirschman (1984) destacou que o capital social apresenta uma grande diferença em relação às outras formas de capital, como a infraestrutura, o capital financeiro, as máquinas ou os recursos naturais. Todos esses se consomem com o uso. O capital social, ao contrário, quanto mais se usa, mais se desenvolve. Hirschman colocou a ideia da seguinte forma: "O amor ou o civismo não são recursos limitados ou rígidos, como pode ocorrer com outros fatores de produção; são recursos cuja disponibilidade, longe de diminuir, aumenta com a sua utilização".

Com efeito, é o que ocorre com o voluntariado. Quanto mais se realiza a experiência com o trabalho voluntário, mais se fortalece o compromisso com ele.

Por outro lado, a experiência voluntária reforça de modo direto e quase insubstituível os valores éticos e o civismo. Em um aprofundado trabalho, Thompson e Toro (2000) mencionam os estudos de Schervish, Gates e Hodgkinson (1995) que demonstram como, nos Estados Unidos, quando as crianças e os jovens participam de atividades voluntárias ou têm pais que o fazem, crescem consideravelmente as chances de que mais tarde se tornem adultos socialmente responsáveis. Muitas pesquisas obtiveram resultados semelhantes (Aguirre International, 1999; Griffiths, 1998).

Outras pesquisas identificaram que os integrantes de organizações voluntárias aprendem a ter autoestima, identidade grupal e habilidades de caráter público (Dekker et al., 1997; Moyser and Parry, 1997; Verba et al., 1995).

Howard e Gilbert (2008) analisaram grupos de voluntários mais ativos e outros menos ativos das mesmas associações. Concluíram que "os que se envolvem mais ativamente nas organizações voluntárias tinham maior participação política, mais satisfação com a vida e eram mais confiáveis do que os mais passivos".

Resultados de sentido semelhante foram encontrados no Brasil, como consequência do programa Universidade Solidária

(Sampaio, Vargas e Mattoso, 2001). Por outro lado, as avaliações das importantes experiências de programas de aprendizagem--serviço em curso em escolas primárias e secundárias da Argentina indicam seus fortes efeitos positivos. Uma das pioneiras nesses esforços, Nieves Tapia (2003), comenta, a esse respeito, que

> a aprendizagem-serviço em nível primário, secundário e universitário provê tanto um enfoque de "aprender fazendo" como uma forma de lidar com problemas da comunidade. Na Argentina, ele foi incorporado aos currículos das escolas primárias e secundárias, atingindo 13% do total de escolas do país. A pesquisa inicial sugere que a aprendizagem-serviço pode ajudar a reduzir os índices de repetência e de deserção escolar, embora admita também, obviamente, que outros fatores contribuem para o mesmo resultado.

O voluntariado é desencadeante de círculos virtuosos em termos de valores éticos, educação para a cidadania e condutas de associatividade. Trata-se de um construtor direto de capital social. O incremento deste último, por sua vez, criará um clima mais favorável para o impulso e o desenvolvimento do voluntariado. Isso tudo já foi observado reiteradamente na América Latina, em múltiplas experiências bem-sucedidas de trabalho voluntário.

TERCEIRA TESE. OPOR ESTADO E VOLUNTARIADO É UMA FALÁCIA

Bastante difundida, essa falácia se apresenta sob diversas formas. Diz-se que o Estado é que deve assumir a proteção social da população e que, se existe um voluntariado ativo, é sinal de Estado fraco. Ou então, afirma-se que o voluntariado não pode, por si, modificar as causas estruturais que originam a pobreza e que, portanto, sua ação é mero paliativo, sem um sentido maior. A realidade desmente esse tipo de raciocínio. Os países de ponta em termos de voluntariado possuem, todos eles, Estados fortes e reconhecidos por seu excelente trabalho, como no caso da Suécia, Holanda e Noruega. Por outro lado, mesmo que a ação voluntária não altere os problemas de fundo, é evidente que salva vidas todos os dias. Não há como alegar que estas não têm nenhuma importância. A velha sabedoria do Talmud, interpretação ampla da Bíblia, com milhares de anos de existência, o testemunha ao assinalar que "aquele que ajuda a salvar uma única vida que seja é como se estivesse salvando toda a espécie humana".

Para combater a pobreza resistente que caracteriza a América Latina, que "mata" e "deixa doentes" milhões de pessoas todos os dias, é preciso uma ação combinada de todos os agentes sociais. Em uma sociedade democrática, o Estado é o principal responsável por garantir a todos os cidadãos os seus legítimos direitos a nutrição, saúde, educação, moradia e emprego. Mas isso não exime os demais agentes sociais. O voluntariado, que representa a sociedade civil em ação, pode complementar e enriquecer as políticas sociais. Estabelecer parcerias estratégicas entre ambos e procurar somar a elas a empresa privada e outros agentes é o caminho que tem sido percorrido pelas sociedades mais organizadas do planeta.

A política pública pode contribuir com projetos de longo prazo, financiamento, continuidade institucional. O voluntariado pode complementá-la com seu contato vivo com a comunidade, sua flexibilidade organizacional, sua capacidade de chegar rapidamente a qualquer lugar. Impõe-se uma coordenação entre esses dois agentes, o que exige, na região, que seja enterrada a ideia de uma suposta oposição entre ambos, bem como os preconceitos recíprocos existentes.

QUARTA TESE. O VOLUNTARIADO É MOVIDO POR UMA FORÇA PODEROSA, O COMPROMISSO ÉTICO

Se existem enormes possibilidades para o desenvolvimento do voluntariado é porque a sua força propulsora se encontra na própria natureza do ser humano: é o sentimento profundo de que a solidariedade ativa, a transcendência, o tornar-se responsável constituem, mais do que obrigação, um privilégio.

Thompson e Toro (2000) consideram que "a ação política e a religião são hoje talvez os motores mais importantes para o desenvolvimento do voluntariado social na América Latina". Ambas requerem, no fundo, esse compromisso ético com o outro.

Pesquisas realizadas no Peru mostram que 47% dos jovens que realizam trabalho voluntário afirmam que ele faz parte de suas crenças religiosas (Portocarrero, Loveday e Millán, 2001). Por outro lado, a motivação política, no sentido mais nobre e amplo de contribuir para a construção de uma sociedade melhor, é um item propulsor poderoso entre os jovens de toda a região.

Em uma região como a América Latina, que sempre se caracterizou pelo fervilhar de ideais, a faísca do voluntariado pode se expandir amplamente, pois a base é propícia para tanto. Além disso, seria, na verdade, acender algo que é latente no ser humano e que está voltado para lhe propiciar inúmeros benefícios, desde o seu crescimento como pessoa até uma saúde melhor.

A sabedoria bíblica ensina que "quem ajuda o outro ajuda, na verdade, a si mesmo". Aquele que ajuda voluntariamente também se beneficia. Por diferentes caminhos, a ciência moderna chegou a conclusões parecidas. Rojas Marcos (2001) identificou, em seus estudos realizados nos Serviços Sanitários da Cidade de Nova York, que as pessoas que fazem trabalho voluntário apresentam melhor estado geral de saúde do que as outras. A gratificação espiritual, psicológica e afetiva decorrente da atividade contribui fortemente para isso. Estudos feitos no Hospital Herzog Memorial e na Universidade Hebraica de Jerusalém (Brinn, 2005) descobriram que "as pessoas que exibem uma conduta pró-social têm mais sucesso na vida. Os voluntários têm uma atitude mais positiva para com a vida". Perceberam, também, que a atividade voluntária ajuda a gerar no cérebro a dopamina, um neurotransmissor que induz à sensação de felicidade interna. Essa sensação age como um incentivo à repetição desse comportamento.

Análises de programas recentes nos Estados Unidos, com adultos maiores que fazem trabalho voluntário em escolas, como o Experience Corps, chegaram a resultados muito impactantes. Weiss (2006) comenta que foram identificados "mais mobilidade, menos falhas, redução no uso de medicamentos e decréscimo das depressões". A área médica da Universidade Johns Hopkins está ampliando os estudos sobre o Experience Corps, por considerar que "a experiência representa um novo modelo de contrato social intergeracional".

Em sua provocadora obra *Quanto custa salvar uma vida?* (2009), o filósofo Peter Singer menciona alguns estudos recentes. Harbaugh, Burghart e Mayr fizeram um teste. Ele consistia em entregar dinheiro a alguns jovens estudantes, dinheiro este que eles poderiam doar a um banco de alimentos para pobres ou simplesmente ficar com eles. Com uso de ressonância magnética, mediu-se como reagiam os pontos do cérebro que produzem sensação de gratificação pessoal. Eles ficavam muito mais ativos quando se fazia a doação.

Em outro estudo, realizado na Universidade de Michigan junto a 30 mil domicílios norte-americanos, concluiu-se que aqueles que doavam tinham 43% a mais de probabilidade de considerar que eram "muito felizes com suas vidas" do que aqueles que não o faziam; e 68% a menos de possibilidade de cair na desesperança.

QUINTA TESE. ESTÁ CRESCENDO UMA NOVA MODALIDADE DE VOLUNTARIADO, O VOLUNTARIADO CONSTRUTOR DE CIDADANIA E PARTICIPAÇÃO

As sociedades da região exigiram, fortemente, a ruptura com a visão tradicional de cidadania e o avanço rumo a uma cidadania integral. Reconheciam-se, para o cidadão comum, somente os seus direitos políticos. Trata-se de uma concepção estreita. O cidadão de verdade tem direitos econômicos, sociais e culturais, entre outros. Caso contrário, sua cidadania é apenas "simbólica". Em 1989 a Assembleia Geral da ONU já havia aprovado uma resolução estabelecendo o direito de todas as pessoas a uma plena participação no desenvolvimento. Nos marcos da pobreza que impera na região, essa cidadania limitada não permite às pessoas que exerçam de fato nem sequer a cidadania política. Os cidadãos pobres constituem uma voz quase inexistente em relação aos grandes debates que definem a agenda pública.

O voluntariado da região tem estado na linha de frente da luta pela ampliação da cidadania. Várias entidades da sociedade civil foram formadas para se dedicar a isso como uma de suas tarefas principais. Por outro lado, tem crescido muito, dentro da ação global do voluntariado, a necessidade de trocar o modelo tradicional de relacionamento, baseado na ajuda, por um outro, reestruturado, em que voluntário e comunidade assistida constroem uma relação entre iguais e em que um dos objetivos centrais é fortalecer a construção da cidadania. Passamos, como bem assinalam Thompson e Toro, "do voluntariado tradicional para o voluntariado transformador".

As experiências têm sido muito alentadoras em relação a isso, em diferentes contextos. Entre elas, a de Villa El Salvador, no Peru, uma experiência realizada por 350 mil pobres que, com base no trabalho voluntário, criaram um município inteiro, construíram suas ruas, suas escolas, seus postos de saúde, seu sistema viário, sempre com autogestão, e conseguiram melhorar fortemente as suas condições de vida elementares. Ao mesmo tempo, geraram um crescimento enorme de sua autoestima, individual e coletiva. Transformaram a si mesmos em cidadãos ativos e respeitados. O voluntariado foi decisivo nessa experiência. Sem a enorme quantidade de horas trabalhadas de modo voluntário, o projeto teria sido impossível. Villa El Salvador ganhou o Prêmio Príncipe de Astúrias, o Prêmio da Unesco, o Prêmio da onu de "Cidade Mensageira da Paz", entre vários outros, por seu caráter inspirador.

Convocado, nesse caso, pelo próprio Estado, o voluntariado também esteve na base da experiência mais admirada, em nível internacional, de gestão cidadã de um orçamento público: o orçamento municipal participativo de Porto Alegre, já mencionado.

A cidadania ampliada, exercendo tarefas voluntárias, foi fundamental para a excelência a que se chegou na cidade de Rosário, na Argentina, que recebeu da onu (pnud), em 2005, o prêmio de cidade mais bem gerida do continente. O chamamento à participação, feito pela municipalidade, foi atendido ativamente e incrementou as possibilidades de ação coletiva, produzindo, com o trabalho conjunto do município e de uma cidadania transformadora, avanços substanciais na educação, saúde, no desenvolvimento de pequenas e médias empresas, entre outras áreas.

SEXTA TESE. OS ÊXITOS DO VOLUNTARIADO NA AMÉRICA LATINA SE DERAM "APESAR DE..."

Nos países de ponta em termos de voluntariado, em nível mundial, as escolas o cultivam cuidadosamente, os meios de comunicação lhes dão destaque permanentemente, os líderes fornecem exemplos constantes, implementam-se incentivos fiscais, as políticas públicas o apoiam, a legislação lhe outorga todo tipo de facilidade e a opinião pública o valoriza profundamente. Os jovens se sentem naturalmente estimulados a participar de atividades voluntárias. Na América Latina, a tendência tem primado por condições bem diferentes. Só muito recentemente o voluntariado começou a fazer parte da política pública de alguns países. A legislação é muito frágil e não contém disposições que estimulem a atividade, mas apenas de ordem regulatória. Os meios de comunicação não lhe dão a devida atenção. Com algumas exceções, não foram adotadas políticas sistemáticas de educação para o voluntariado. A opinião pública, submersa com frequência nos mitos criados pela ortodoxia econômica, viu-o como um agente menor, como já assinalamos.

Os avanços não ocorreram em prol de, mas "apesar" dessas condições adversas. Eles são muitos, e exemplares, todos baseados na energia das pessoas, de grupos eticamente comprometidos e, sobretudo, no grande potencial de solidariedade e de valores morais da população latino-americana. Floresceram, nesse terreno, experiências mundialmente reconhecidas. Entre outras, a da Caritas, a da Amia e a da Rede Solidária, na Argentina; no Brasil, a Comunidade Solidária, o Faça Parte e a Fundação Ayrton Senna; na região andina, Fé e Alegria; no Chile, o Lar de Cristo e o Um Teto para o Chile; na Venezuela, a Fundana; na América Central, a Casa Aliança; e muitas outras.

Ilustrativo do potencial do voluntariado na região é o fato de que, quando a maior pesquisa regional de opinião, o Latinobarómetro, ouviu 20 834 pessoas de dezoito países sobre os grupos ou instituições nos quais elas confiavam, o maior índice (82%) foi registrado pelos bombeiros, instituição baseada em trabalho voluntário, arquétipo daqueles que se dispõem a correr qualquer risco pelos outros (Relatório Latinobarómetro, 2006).

Na Argentina, uma pesquisa Gallup com jovens (*Clarín*, 2008) apontou que 80% deles se diziam representados pela frase que dizia: "Um dos meus principais objetivos é ajudar aqueles que têm problemas". Com efeito, um chamamento relacionado a isso por parte do Ministério da Educação recebeu uma ampla resposta. Mil e oitocentos jovens, de 37 universidades, se apresentaram, com o apoio de novecentas organizações sociais. O diário *La Nación* comentou a respeito: "É reconfortante constatar a quantidade e a qualidade das atividades realizadas, chamando atenção, também, a sua variedade. Desde resolver problemas de convivência entre alunos de uma escola secundária de Buenos Aires até prestar assistência odontológica a crianças de comunidades no noroeste, em Formosa. O leque é realmente amplo".

SÉTIMA TESE. O VOLUNTARIADO AINDA NÃO DISSE TUDO O QUE TEM A DIZER NA AMÉRICA LATINA

Os graves problemas sociais, que geram tanta miséria e pobreza em um continente potencialmente tão rico, que desestabilizam a governabilidade, que minam a confiança, que criam gerações de jovens desalentados e que têm uma de suas bases na acentuada desigualdade da região — esses problemas cobram uma resposta coletiva. Cabe à política pública, como já nos referimos aqui, assumir responsabilidades fundamentais em relação a isso, garantindo, ao lado da cidadania política, uma cidadania econômica e social.

Mas todos os agentes sociais devem assumir suas responsabilidades em relação a isso, colaborar e agir de forma coordenada com as políticas públicas. Com seu vigor, sua capacidade criativa e sua autenticidade, o voluntariado latino-americano pode efetuar grandes contribuições. É necessário criar políticas públicas com qualidade de política de Estado a fim de respaldá-lo, hierarquizá-lo, baixar leis de estímulo, educar sistematicamente, incluí-lo na agenda pública.

Um chamamento nesse sentido pode trazer resultados muito importantes para a região. Não só pela contribuição econômico-social direta que pode gerar, mas também pela mensagem moral que pode ser transmitida por esses rostos jovens ou adultos, cheios de vontade de ajudar o próximo, por esse trabalho silencioso e discreto, pela emoção que brota quando se obtêm avanços.

Seria utópico acreditar no voluntariado? De modo algum. Ele está na raiz das convicções éticas e espirituais dos latino-americanos. Os aymaras, uma das civilizações mais antigas do continente, fazem uma distinção entre "bem-estar", que significa possuir bens materiais, e "bem viver", que significa estar bem consigo mesmo por optar sempre pelo bem e perceber que os outros o veem assim, como uma "boa pessoa". Colocar que o "bem-estar" não garante o "bem viver", e que este é um estado humano muito superior.

Os jovens latino-americanos e muitos outros setores da população estão em busca do ideal aymara do bem viver, e o voluntariado é uma ótima via para chegar até ele.

REFERÊNCIAS

Aguirre International (1999). "Making a difference: Impacts of AmeriCorps State/National direct on members and communities 1994-1995 and 1995--1996." Relatório preparado para a Corporation for Community and National Service.

Brinn, D. (2005). "Investigadores israelíes descubren gen del altruismo." *Semanario Hebreo del Uruguay*, 24 de fevereiro.

Bono (2009). "It's 2009. Do you know where your soul is?" *The New York Times*, 19 de abril.

Clarín (2008). "Los chicos y jóvenes no creen en la política pero son solidarios", Georgina Elustondo, 1º de setembro.

Dekker, P.; Koopsman, R.; e Broek, A. (1997). "Voluntary associations, social movements and individual political behavior in Western Europe." In *Private groups and public life* (ed. Van Deth, J. W.). Londres: Routledge, pp. 220-41.

Dillon, Sam (2008). Teach for America sees surge in popularity. *The New York Times*. 14 de maio.

Griffiths, C. Y. (1998). "The impact of service: An exploration of the characteristics of volunteer tutors in the AmeriCorps for math and literacy program and the benefits they gained for service". Tese de doutorado, Ohio State University. Dissertation Abstract International, 59, 05A, 1411.

Howard, M. M., e Gilbert. L. (2008). "A cross-national comparison of the internal effects of participation in voluntary organizations." Symposium on Civic Engagement and Civic Attitudes in Cross-National Perspective. *Political Studies*, vol. 56, nº. 1, março.

Hirschman, A. O. (1984), "Against parsimony: Three easy ways of complicating some categories of economic discourse." *American Economic Review*, vol. 74, nº 2, pp. 89-96.

Instituto de Serviço Global, Centro para o Desenvolvimento social, Universidade de Washington em St. Louis. (2004). "Voluntariado juvenil y servicio cívico en América Latina y el Caribe: Una posible estratégia del desarrollo económico y social. Antecedentes para uma agenda de investigación." Centro para el Desarrollo Social, março de 2004.

La Nación (2008). Editorial. "Universitarios solidarios", 15 de junho.

Latinobarómetro (2006). *Relatório*. Santiago.

Moyser, G., e Parry, G. (1997). "Voluntary associations and democratic participation in Britain." In *Private groups and public life* (ed. Van Deth, J. W.). Londres: Routledge, pp. 24-6.

Organização das Nações Unidas (2002). "Resolução Aprovada pela Assembleia Geral". Assembleia Geral, 10 de janeiro de 2002.

Portocarrero, F. S.; Loveday, J. L.; e Millán, A. F. (2001). *Donaciones y trabajo voluntario: Los jóvenes de Lima metropolitana*, 1ª ed. Lima: Centro de Investigación de la Universidad del Pacífico.

Rojas, M. (2001). "El voluntariado es bueno para la salud." *El País*, 5 de dezembro.

Salamon, L. M.; Sokolowski, S. W.; e List, R. (2003). "Global civil society. An overview." In *The Johns Hopkins Comparative nonprofit Sector Project*. The

Johns Hopkins University, Institute for Policy Studies, Center for Civil Society Studies.

Sampaio, H.; Vargas, E.; e Mattoso, F. (2001). "Youth service country study: Youth protagonism in Brazil", preparado para o Ford Foundation's Worldwide Workshop on Youth Involvement as a Strategy for Social, Economic, and Democratic Development, San Jose, Costa Rica, de 4 a 7 de janeiro de 2000.

Schervish, P.; Gates, M.; e Hodgkinson, V. (1995). *Care and community in modern society*. Wiley, John & Sons, Incorporated.

Singer, P. (2009). *Quanto custa salvar uma vida? Agindo agora para eliminar a pobreza mundial*. São Paulo, Campus.

Tapia, N. (2003). "'Servicio' y 'solidaridad': Una cuestión terminológica o un problema conceptual." Em *Servicio cívico y voluntariado en el siglo XXI* (eds. Perold, H., Stroud, S. e Sherraden, M., *Service enquiry: Service in the 21ˢᵗ century* (1ª ed., pp. 141-47). Johannesburgo: Global Service Institute and Vollunteer and Service Enquiry Southern Africa.

The Economist (2009). "A service nation. Public service is on the cusp of becoming a national movement", 11 de abril.

The New York Times (2009). Editorial. "Expanding national service", 24 de março.

Thompson, A.; Toro, O. L. (2000). *El voluntariado social en América Latina: Tendencias, influencias, espacios y lecciones aprendidas*. Buenos Aires.

Verba, S.; Schlozman, K.; e Brady, H. (1995). *Voice and equality: Civic volunteerism in American politics*. Cambridge: Harvard University Press.

Weiss, S. (2006). "Do good, feel good." *The Erickson Tribune*.

12. O papel da responsabilidade social empresarial na crise

A MAIOR CRISE DOS ÚLTIMOS OITENTA ANOS

Os indicadores não deixam lugar a dúvidas. Ficaram para trás os discursos racionalizantes que defendiam que estávamos apenas diante de mais uma etapa do ciclo econômico ou de um fenômeno semelhante à crise do Sudeste Asiático, ou, ainda, a do México do começo dos anos 1980.

Estima-se que o Produto Bruto Mundial cairá cerca de 2,8% em 2009. Na maior economia do planeta, a norte-americana, a taxa de desemprego disparou, em junho de 2009, para 9,5%, ou seja: 14 milhões de desempregados. Se forem somados aqueles que só conseguem trabalhos de tempo parcial e os que, desalentados, deixaram o mercado de trabalho, chega-se aos 30 milhões de pessoas, o número mais alto da história daquele país. Na zona do euro, a taxa de desemprego subiu, em junho de 2009, para 9,5%, quer dizer, 15 milhões de desempregados. Todo o mundo desenvolvido está sofrendo o impacto da queda de Wall Street. O mundo em desenvolvimento o "importa" rapidamente. Na América

354

Latina, em consequência da diminuição das exportações, dos fluxos de investimentos, das remessas migratórias e do turismo, prevê-se uma queda de 1,7%, em 2009, do Produto Bruto.

A crise, que começou como financeira, transformou-se em macroeconômica e, agora, já é humanitária. A população que passa fome aumentou em mais de 100 milhões, chegando a mais de 1 bilhão de pessoas. Os pobres cresceram aos milhões. O Banco Mundial estima que 400 mil crianças a mais do que os 9,6 milhões que morrem anualmente por causas evitáveis relacionadas à pobreza terão morrido em 2009 devido à crise.

A brutal recessão que está acabando com 23 mil empregos por dia nos Estados Unidos e que se propaga velozmente pelo mundo no quadro da globalização não foi produto de um cataclismo natural. Ela tem por trás de si gravíssimos vazios éticos.

Eclodiu, naquele país, a "ira dos cidadãos", como foi chamada. O detonador foi o caso da AIG. Para se salvar, a maior seguradora do país, à beira da falência, recebeu em seguidas etapas um montante recorde de 180 bilhões de dólares do Estado norte-americano. Em troca, o Estado detém agora 80% do controle de suas ações. Descobriu-se, em março de 2009, que a empresa pagara 168 milhões de dólares em bônus justamente para os executivos da divisão que causara todos os problemas inventando operações de altíssimo risco financeiro e que haviam tido forte influência nos problemas da seguradora, causando grandes estragos no conjunto da economia.

Como observou o *The New York Times* (20/03/09), tratava-se de "um insulto às regras básicas do jogo limpo". A sociedade estava consciente de que o montante em jogo era muito pequeno em relação a questões maiores, como os critérios, bastante discutíveis, com base nos quais foram utilizados os 180 bilhões de dólares financiados, em última instância, pelos próprios contribuintes, mas acabou centrando seu foco nos bônus porque estes infringiam todas as regras do jogo. De acordo com uma pesquisa Gallup (Blow, 21/03/09), 59% dos norte-americanos estavam furiosos com o caso dos bônus, e outros 26% se sentiam incomodados. Nada menos do que 76% diziam que o governo deveria bloquear ou pegar de volta o dinheiro a eles referente.

O caso acabou trazendo para o centro da agenda pública o importante tema da responsabilidade social empresarial (RSE) e a própria crise. Que papel desempenhou a RSE na crise? O que os cidadãos deveriam pedir às empresas no quadro da RSE? Como fazê-la avançar? O assunto não é apenas norte-americano. Ele faz parte dos intensos debates que se travam a respeito de novas políticas regulatórias nas principais economias europeias, asiáticas e emergentes.

Este capítulo procura discutir algumas dessas interrogações e extrair conclusões para a reflexão e a ação na América Latina. Primeiramente, questionam-se as causas da crise e o papel nela desempenhado por alguns agentes econômicos. Em seguida, mostramos que a crise apanhou o conceito de RSE em pleno processo de mudança de paradigma. Em terceiro lugar, sugerem-se algumas linhas de trabalho em termos de RSE para o futuro. Por fim, examinamos os impactos da crise na América Latina e o papel que a RSE deveria desempenhar.

CAUSAS ÉTICAS DA CRISE

Como foi que a economia norte-americana, a maior do mundo, desmoronou, arrastando, em sua queda, as principais economias do mundo? As bolhas do *subprime*, dos derivativos e de outros produtos financeiros sem bases reais desempenharam um papel crítico na crise. A estimativa é que o volume da indústria de derivativos tóxicos é pelo menos cinco vezes maior do que as hipotecas tóxicas.

356

Como foi que essas bolhas, que colocavam em risco as poupanças da grande maioria dos norte-americanos e as bolsas de vários países, puderam se desenvolver durante tantos anos? Quais fatores possibilitaram e, mais, propiciaram que isso acontecesse? Houve vários déficits éticos de grande envergadura que pesaram muito para essa situação. Uma economia de mercado sem valores éticos pode ser portadora de altíssimos riscos, como havia observado Adam Smith, de forma visionária, ao enfatizar, em seus textos fundamentais (*Teoria dos sentimentos morais*, 1759), ser imprescindível que o mercado esteja baseado em valores éticos como "prudência, humanidade, justiça, generosidade e espírito público".

Primeira falha ética: o Estado abandonou sua missão de proteger o interesse coletivo em áreas estratégicas

A política pública durante o governo passado dos Estados Unidos desregulou decididamente o mercado de derivativos e fragilizou severamente as instituições regulatórias existentes. Em nome do "fundamentalismo de mercado", como proclamou o presidente da França, Nicolas Sarkozy, deixou-se nas mãos da "autorregulação" dos agentes econômicos um mercado delicado e chave, como o de derivativos. Um dos orientadores dessas políticas, Allan Greenspan (*The Week*, 2008), ao ser interpelado no Congresso norte-americano sobre os resultados desastrosos produzidos por essa política, declarou estar "em estado de estupefação. Achávamos que as instituições financeiras iriam se autorregular para proteger seus próprios interesses e dos acionistas, mas elas não fizeram isso [...] todo o edifício intelectual que construímos veio abaixo".

O enfraquecimento radical da capacidade regulatória do Estado teve, entre as suas mais fortes expressões, o fato de que a

Securities and Exchange Commission (SEC) foi incapaz de processar as denúncias documentadas que se faziam no caso Madoff desde 1990.

Juan Somavia, diretor da Organização Internacional do Trabalho (OIT), resume de modo preciso a situação: "A visão ideológica da economia segundo a qual a desregulação é sempre a melhor política acabou por nos conduzir a esses problemas do sistema financeiro. Essa visão supervalorizou o mercado, subvalorizou o papel do Estado e desvalorizou a dignidade do trabalho" (2009).

Segunda falha ética: a conduta dos altos executivos financeiros

O caso AIG foi apenas a ponta de um iceberg, formado por inúmeras condutas da mesma ordem. A desregulação selvagem criou um clima de "incentivos perversos". Era possível praticar quase impunemente aquilo que o presidente Obama chamou de "uma cobiça desenfreada".

Os altos níveis gerenciais de diversas empresas financeiras de grande peso colocaram-nas em situações permanentes de altíssimo risco a fim de favorecer a maximização dos ganhos em curto prazo, posto que seus bônus estavam atrelados aos lucros imediatos das empresas. Intoxicaram-nas com ativos duvidosos, que influenciavam os balanços de fachada, mesmo que seu futuro fosse totalmente incerto.

Foi a acusação do Congresso, realizada ao longo das interpelações ao presidente da Lehman Brothers, Richard Fuld, que levou à quebra uma empresa com 160 anos de existência. O presidente da Comissão do Congresso que cuidou do assunto, Henry Waxman, mostrou que ele havia recebido, nos últimos anos, 500 milhões de dólares. Além disso, obtivera como garantia um "paraquedas" de ouro: uma cláusula contratual pela qual a empresa, caso ele fosse demitido, teria de pagar-lhe 65 milhões de dólares. Perguntou-lhe, então: "Isso é jogo limpo?". Nicholas Cristoff, Prêmio Pulitzer, intitulou sua coluna sobre Fuld no *The New York Times* de "Precisa-se de executivo, 17 mil dólares por hora, não é preciso ser competente". Sua remuneração era 2 mil vezes superior ao salário mínimo (8,25 dólares a hora) praticado em vários setores.

Também foi questionado o presidente da Merryl Lynch, John Tayhn, que, já sabendo que sua empresa seria absorvida por outra, antecipou o pagamento, com dinheiro do Estado, de bônus de 4 bilhões de dólares aos altos executivos. Além disso, em plena crise, providenciou uma reforma em seu gabinete ao custo de 1,2 milhão de dólares, incluindo um tapete de 87 mil dólares e uma cômoda de 35 mil dólares.

Além de tudo, esse comportamento da mais alta cúpula corporativa mostrou total insensibilidade em relação à possível ira dos cidadãos. Um dos vários casos de manifestação dessa "redoma de vidro" foi o comparecimento dos presidentes das três grandes montadoras automobilísticas ao Congresso para pedir, desesperadamente, uma ajuda multimilionária. Perguntaram-lhes, de início, como eles tinham viajado de Detroit a Washington. Informaram que havia sido em aviões particulares. Mostrou-se, então, que o custo daquela viagem, durante a qual estavam solicitando um auxílio massivo do contribuinte, era sessenta vezes superior ao custo de uma passagem aérea na classe econômica.

No momento em que se expressava a ira popular contra a AIG, questionava-se todo um estilo de cultura corporativa que era o antimodelo da ideia de responsabilidade social empresarial. Refletindo os sentimentos dos cidadãos, o presidente Obama (16/03/09) denunciou as corporações que "usam o dinheiro do contribuinte para pagar suas remunerações, comprar cortinas de luxo ou se esconder em aviões particulares". Qualificou os pagamentos de cerca de 20 bilhões de dólares em bônus, no final de 2008, a altos executivos de empresas de Wall Street em má situação de "ultrajantes", e os pagamentos da AIG como "o cúmulo da irresponsabilidade".

Terceira falha: os vieses das agências de classificação de riscos

As agências são fundamentais para os investidores. Elas classificam os títulos de dívida e outros papéis emitidos pelas corporações e pelos bancos para obter recursos dos investidores. O Congresso norte-americano as convocou e acionou-as severamente por seu péssimo trabalho nos anos de florescimento das bolhas. David Segal (*The New York Times*, 18/03/09) descreve da seguinte forma sua atuação:

> Deram sua chancela para uma quantidade incontável de *subprimes* e para valores vinculados que agora são descritos como tóxicos. O problema, observam os críticos, consistia em que elas eram pagas pelas corporações cuja dívida deveriam classificar, recebiam milhões em honorários e encontravam um incentivo financeiro no fato de atribuir notas elevadas a valores que não as mereciam. Ao menos dez grandes empresas que quebraram ou que foram salvas no último ano eram qualificadas para investimento. Era a mesma coisa que dar uma certidão de boa saúde a pacientes acometidos de doenças fatais. A Moody's atribui nível A2 à dívida do Lehman Brothers poucos dias antes de a quebra se consumar, e atribuiu à dívida não assegurada da AIG a classificação A3, mais alta ainda do que A2, uma semana antes de o governo se ver obrigado a assumir a companhia, em setembro passado.

Os vazios éticos nas políticas públicas e a cultura corporativa amoral hoje severamente condenada pela opinião pública nos Estados Unidos e em nível internacional, exigindo sanções e mudanças de fundo, causaram danos profundos para amplos setores do planeta. O presidente da Comissão de Meios e Arbítrios (CMA) do Congresso norte-americano, Charles Rangel (22/03/09), sintetizou a situação da seguinte forma: "Os sonhos se quebraram em mil pedaços e as casas foram perdidas porque um pequeno grupo de executivos agia motivado pela cobiça em vez de preservar o sistema do qual a América e o mundo dependem".

Ter um "trabalho decente", o grande direito que deveria ser garantido a todo ser humano, como defende a OIT, transformou-se, para muitos, em algo inatingível. A entidade calcula que o número de desempregados poderá ter aumentado em 50 milhões de pessoas no ano de 2009. A crise, inicialmente financeira e em seguida econômica, converte-se rapidamente em crise humanitária.

Nova York, neste momento, bate todos os recordes dos últimos trinta anos em número de pessoas vivendo nas ruas: 50 mil. A quantidade de pessoas que solicitam cupons de alimentação para poder comer é a maior em vários anos, muitas pessoas, nos Estados Unidos, deixaram de comprar medicamentos que lhes são indispensáveis por falta de recursos, a pobreza cresceu fortemente em nível mundial, sucedem-se explosões sociais e governos inteiros são derrubados.

Há um clamor por mudanças. No centro delas, estão, ao lado de grandes projetos de reativação, um papel regulatório firme e ativo por parte das políticas públicas e a revisão da cultura corporativa.

RUMO A UM NOVO PARADIGMA DE RESPONSABILIDADE SOCIAL EMPRESARIAL

As ideias predominantes sobre o papel da empresa na sociedade se modificaram de forma acelerada nos últimos anos. Durante décadas, a visão preponderante era aquela que defendia que a única responsabilidade da empresa privada era gerar lucros para seus proprietários e que só a eles deveria prestar contas. Ela foi legitimada, doutrinariamente, por Milton Friedman (1962), em um artigo em que o economista defendia que pedir outra coisa a esse setor significaria prejudicar o seu trabalho. Era a época da "empresa narcisista".

Tal visão foi destronada pela própria realidade. Forças sociais cada vez mais amplas exigiram uma perspectiva menos estreita. Em economias cada vez mais concentradas, os impactos das decisões e ações das empresas líderes nos mercados recaíam sobre toda a sociedade. Em cidades e regiões inteiras, umas poucas empresas são determinantes na vida dessas regiões.

Pedia-se que a empresa saísse dos marcos estreitos do narcisismo, e surgiu, então, a era da "empresa filantrópica". Aumentaram as contribuições do setor para causas específicas. Desenvolveram-se as fundações, estimuladas pelo incentivo fiscal, e a empresa se tornou um agente em áreas como a cultural, onde muitos esforços de ordem filantrópica se concentraram. As empresas patrocinavam museus, manifestações artísticas de todo tipo e universidades.

Tal modelo, porém, tornou-se limitado diante da realidade em constante modificação. No século xxi, forças históricas emergentes exigem que a empresa vá muito além. Que efetue uma ruptura paradigmática em relação às visões anteriores e se transforme em empresa com alta responsabilidade social empresarial.

Ao pedir a rse, o que é que os cidadãos estão querendo, exatamente, das empresas? Que elas ao menos tenham as seguintes características:

1. Políticas de pessoal que respeitem os direitos dos que fazem parte da empresa e favoreçam o seu desenvolvimento

A RSE começa em casa. Trata-se de garantir condições dignas de trabalho, remuneração justa, possibilidades de progresso, capacitação. Mas, ao mesmo tempo, a ideia central inclui, hoje, outros temas críticos. Entre eles: a eliminação da discriminação sexual, que continua a existir em questões como a remuneração ou o acesso a postos de direção, e o tema fundamental do equilíbrio família-empresa. A empresa não deve gerar incompatibilidades com as tarefas básicas necessárias para que se leve uma vida familiar plena. Ao contrário, deve reforçá-la. Com as tecnologias modernas, é possível colocar em prática muitas ideias inovadoras a esse respeito.

2. Transparência e boa governança corporativa

A informação deve ser pública e contínua. Os acionistas devem ter a possibilidade de uma intervenção ativa; as instâncias de direção devem ter idoneidade e ser controláveis; devem ser abolidos os conflitos de interesses. Um capítulo especial se refere ao da remuneração, sistemas de incentivo e de controle dos altos executivos.

3. Jogo limpo com o consumidor

Espera-se que os produtos sejam de boa qualidade, e os preços, razoáveis; e é essencial que os produtos sejam saudáveis. Várias experiências recentes atestaram a existência de grandes problemas nesse item. Eles vão desde os causados por certas exportações chinesas até os efeitos altamente prejudiciais, para a saúde, dos fast foods com gordura supersaturada, além das massivas ações judiciais contra laboratórios farmacêuticos por causa de medicamentos nocivos.

4. Políticas ativas de proteção do meio ambiente

Abrangem desde converter as empresas em instituições limpas do ponto de vista ambiental até contribuir de diversas formas com a delicada agenda que o mundo tem diante de si nesse campo.

5. Integração aos grandes temas que produzem o bem-estar comum

A expectativa é que a empresa privada colabore intensamente com as políticas públicas, em alianças estratégicas com ela e com a sociedade civil, no enfrentamento de questões essenciais para o interesse coletivo, como a deserção escolar, a melhoria da qualidade do ensino, a diminuição da mortalidade materna e da mortalidade infantil, a inclusão dos jovens marginalizados e outras semelhantes.

A empresa privada, além de aportar recursos, pode contribuir com grandes programas de utilidade pública com sua alta gestão, canais de marketing, espaço na internet, tecnologias avançadas e várias de suas tecnologias específicas. Não se pede que substitua as políticas públicas, que, em uma democracia, têm a obrigação de garantir a todos educação, saúde, trabalho e inclusão, mas que seja uma aliada criativa e constante.

6. Não praticar um código de ética duplo

Deve haver coerência entre o discurso de RSE e a prática. Uma incoerência fundamental, por exemplo, é adotar práticas de corrupção de funcionários públicos para a obtenção de resultados empresariais. Até 1999, quando a OCDE puniu a corrupção em alguns países desenvolvidos, permitia-se a dedução fiscal dos subornos como "despesas de negócios".

Da mesma forma, as empresas multinacionais não devem aplicar um código de RSE em seus países-sedes e outro, diferente, nos países em desenvolvimento. Seria grave, como ocorreu em alguns casos, que aplicassem normas de conduta avançadas em suas matrizes e empregassem mão de obra infantil ou degradassem o meio ambiente, sem nenhuma consideração, ali onde fazem seus investimentos.

A ideia de RSE avançou fortemente nos últimos anos. A revista *The Economist*, por exemplo, que até poucos anos atrás via a

RSE de modo bastante crítico, considera que ela "venceu a batalha das ideias" e que, "com o tempo, será simplesmente a forma de fazer negócios no século XXI".

Por trás de seu avanço, há forças históricas estruturais, que a impulsionam diariamente. Em primeiro lugar, nas democracias, uma sociedade civil cada vez mais forte, articulada e participativa. Os cidadãos fazem cada vez mais exigências, em alta voz, aos políticos e, crescentemente, também aos empresários. As ONGs e a opinião pública travaram batalhas vitoriosas de longo alcance, como a que, em defesa da saúde pública, impôs uma derrota a uma das corporações empresariais mais poderosas, a indústria do tabaco. Foram fundamentais para derrotar a tese defendida, segundo o Prêmio Nobel Al Gore, entre outros, por empresas poluentes segundo a qual não existe um perigo ambiental real. Hoje em dia, o alerta se generalizou, e o debate está centrado em como enfrentar esse perigo.

Porter e Kramer (*Harvard Business Review*, dezembro de 2006) descrevem da seguinte forma as pressões exercidas pela sociedade civil:

> Muitas empresas acordaram para a responsabilidade corporativa depois de serem surpreendidas por reações do público a questões que elas anteriormente não consideravam como parte de suas responsabilidades empresariais. Os laboratórios perceberam que se espera deles alguma resposta para a epidemia de aids na África, que fica distante de seus mercados e linhas de produção primárias. As empresas de fast food estão sendo agora responsabilizadas pela obesidade e pela má nutrição.

Os pequenos acionistas, por sua vez, já bastante preocupados desde o caso Enron, a sétima empresa dos Estados Unidos vítima de falência fraudulenta, a qual lhes custou 60 bilhões de dólares em poupanças, encontram-se, agora, em total ebulição diante da queda das grandes instituições financeiras de Wall Street. Exigem, por intermédio dos Fundos de Pensões e outras instituições nas quais investiram seu dinheiro, uma mudança substancial das regras do jogo, tendo dentre suas reivindicações centrais uma boa governança corporativa.

Em terceiro lugar encontra-se o avanço do consumo responsável. Nos Estados Unidos, assim como em outras economias desenvolvidas, aumenta a quantidade de consumidores "verdes" ou "éticos". Estima-se em pelo menos 110 bilhões de dólares, nos Estados Unidos, o mercado de consumidores que, no ato da compra, levam em conta se a empresa é saudável, amigável em relação ao meio ambiente, bem como seus níveis de RSE.

Cidadãos ativos, acionistas indignados e consumidores responsáveis estão alavancando as mudanças de paradigma em matéria de RSE. E vieram para ficar. Quanto mais avance o irreversível e tão esperançoso processo de democratização vivido por amplas regiões do planeta, maiores serão sua influência e sua pressão. Sob o seu impulso, alterou-se completamente a equação de Friedman. As empresas privadas que terão as maiores chances de realizar uma boa performance econômica não serão as "narcisistas", mas, ao contrário, as de melhor RSE.

Pesquisas de diferentes tipos dão conta de que, quanto maior a RSE, maior a competitividade, a lealdade dos consumidores, a possibilidade de atrair melhores quadros para a empresa, a produtividade no trabalho e a confiança de que se goza no mercado. Pesquisa publicada na *The Economist* revela que "só 4% dos empresários afirmaram que a RSE 'é uma perda de tempo e dinheiro'".

A RSE é uma reivindicação ética da sociedade, mas, ao mesmo tempo, a forma de a empresa se reciclar para o século XXI. Um século no qual deverá prestar contas não apenas aos seus proprietários, como acreditava Friedman equivocadamente, mas a todos os *stakeholders*, o que significa seus próprios funcionários, os pequenos investidores, os consumidores, a opinião pública e a sociedade civil em suas diversas representações.

A crise aguçou a necessidade de mudanças taxativas das concepções tradicionais sobre o papel da empresa na sociedade. Entendeu-o bastante bem a Comissão Europeia (março de 2009), que reivindica das empresas, "especialmente do setor financeiro", que deem mais atenção à ética e às políticas de RSE. Suas conclusões se assemelham às da última reunião do Conselho da Global Reporting Initiative (2009), autoridade mundial no que se refere a relatórios sobre sustentabilidade, a qual, diante do fato de que "pecou-se com a falta de transparência para com os acionistas das empresas" na crise, defende que é chegada a hora de avaliar se a tripla prestação de contas nos balanços — econômica, social e ambiental — não deveria deixar de ser voluntária e passar a ser obrigatória.

A Suécia já adotou essa obrigatoriedade no caso das empresas com participação estatal superior a 50%. Na Dinamarca, ela já é praticada para as 1100 maiores empresas do país.

UMA AGENDA PARA A MUDANÇA

A RSE vinha avançando bem. Mais de 3300 empresas aderiram ao Pacto Global da ONU, que determina a aplicação de princípios básicos, pelas empresas signatárias, em matéria de direitos humanos, liberdade sindical, trabalhos forçados, erradicação do trabalho infantil, abolição das discriminações, meio ambiente e corrupção.

A crise, no entanto, demonstrou que havia grandes fragilidades relativas a isso, e que há, ainda, um longo caminho a ser percorrido. Trouxe à luz do dia a existência de comportamentos ainda muito distantes daquilo que a ideia de RSE embute. Hoje, amplos setores reivindicam, entre outros aspectos, novas regras de transparência para fazer face à quebra de confiança, uma das bases do funcionamento do sistema econômico, a estruturação de sistemas sérios e confiáveis de regulamentação e a reestruturação integral da remuneração dos altos executivos, com a inclusão, até mesmo, de tetos salariais.

Amartya Sen (*Financial Times*, 10/03/09) destaca que uma das brechas agudas expostas pela crise é a seguinte:

Havia muitas razões para a quebra de confiança que contribuiu para a crise. As obrigações e responsabilidades associadas às transações tornaram-se, nos anos recentes, muito mais difíceis de serem acompanhadas devido ao veloz desenvolvimento dos mercados secundários, que envolvem derivativos e outros instrumentos financeiros [...] a necessidade de supervisão e regulamentação foi muito mais forte nos últimos anos. No entanto, o papel de supervisor do governo dos Estados Unidos foi fortemente fragilizado no mesmo período, devido à crescente crença na natureza autorregulatória da economia de mercado. Justamente quando mais se necessitava da supervisão do Estado, cortou-se a provisão da supervisão necessária.

Mais do que nunca, para restabelecer a confiança e superar a crise, serão necessárias altas doses de RSE. As políticas públicas deverão estimulá-la, criando um marco dentro do qual os estímulos perversos que advinham da ausência selvagem de regulamentação sejam substituídos por regulamentações que garantam a defesa dos interesses coletivos e regras do jogo que favoreçam estímulos virtuosos.

Por outro lado, é preciso que as empresas que ainda continuam nos estágios narcisista ou filantrópico atendam ao chamado da sociedade e sigam o exemplo daquelas que incorporaram a RSE em seu sentido mais amplo, não como uma estratégia de marketing, mas como uma política corporativa essencial. Essa postura que vem sendo exigida de modo crescente pela cidadania implica, no fundo, repensar o próprio papel da empresa na sociedade, vendo-a como uma de suas instituições básicas, que, justamente por causa disso, tem de se inserir plenamente nas discussões de seus problemas centrais e se colocar na primeira linha de seu enfrentamento.

Um ponto-chave, em relação a isso, é a formação com esse objetivo. O *The New York Times* se pergunta (Holland, 14/03/09): "Não seria hora de reciclar as escolas que formam os MBAS?".

Ángel Cabrera, reitor de uma delas nos Estados Unidos, ao constatar que quase todos os executivos atualmente na berlinda tinham em comum o fato de serem MBAS, afirma o seguinte na reportagem: "Alguma coisa de peso deu errado. Não podemos simplesmente virar o rosto e dizer que a culpa não é nossa quando existe uma sistemática e ampla falha de liderança". Rakesh Khurana, da Harvard Business School, observa que "uma espécie de fundamentalismo de mercado tomou conta da educação empresarial. A nova lógica de primazia do acionista absolveu os gestores de qualquer responsabilidade por qualquer outra área que não sejam os resultados financeiros".

A ausência de RSE constituiu uma parte relevante da crise que afeta hoje grandes regiões do planeta. A discussão sobre se a RSE é necessária ficou para trás diante dos acontecimentos. O que se necessita, agora, é começar a trabalhar, com todo vigor, para saber como empreendê-la.

COMO REAGIR À CRISE NA AMÉRICA LATINA? O PAPEL DA RSE

A crise em curso terá inúmeros impactos sobre a América Latina, bem como sobre outras regiões do planeta. Segundo estimativas da OIT, o desemprego na região poderá atingir de 2 a 4 milhões de trabalhadores. Nos primeiros três meses de 2009, a taxa de desocupação subiu para 8,5%, ante 7,5% em 2008, e 1 milhão de pessoas perderam o emprego.

Pode ocorrer também um aumento importante do número de "trabalhadores pobres", ou seja, aqueles que estão ativos no mercado de trabalho mas com renda inferior à linha de pobreza. Em um cenário "passivo", que não considera o impacto positivo que as respostas dadas pelos governos podem gerar, o total de novos desempregados e de trabalhadores pobres pode chegar a 9 milhões, em uma região que já registra mais de 190 milhões de pobres.

Na região mais desigual da Terra, com o pior coeficiente de Gini de distribuição de renda, a crise pode afetar de forma muito mais aguda os setores mais frágeis.* Da mesma forma, pode agravar ainda mais as desigualdades e também ter um impacto diferencial muito mais intenso nos grupos mais vulneráveis, como as mulheres, os jovens, as populações indígenas e afro-americanas, os idosos e os incapacitados.

Entre outros aspectos, serão necessárias políticas públicas agressivas em áreas como investimento em infraestrutura, transporte, energia, fortalecimento das pequenas e médias empresas, a ampliação do crédito, a concretização de programas dinamizadores de emprego dirigidos especialmente para as mulheres jovens e aos jovens que estão fora do mercado de trabalho e do sistema educacional (os quais constituem, hoje, 25% do total de jovens da região). Ao lado dessas políticas, será preciso reforçar o investimento em educação e saúde e ampliar os programas compensatórios, como o de transferências condicionadas de renda, que hoje protegem mais de 88 milhões de pessoas.

---

* O autor analisa detalhadamente a situação social da América Latina e o tema da desigualdade no livro *Mais ética, mais desenvolvimento* (Unesco, 2008).

Para poder enfrentar os impactos da crise, os pobres, que formam mais de 35% da população na região, dependerão fortemente de políticas públicas de qualidade. Um aliado absolutamente estratégico será, nesse momento, mais do que nunca, a empresa privada. Para isso, será preciso recolocar a RSE na agenda em toda a região.

Um alto número de empresas latino-americanas se encontra, ainda, na etapa "narcisista": apegam-se unicamente à maximização dos lucros, de modo isolado, sem nenhuma prestação de contas à comunidade. Algumas chegaram a avançar um pouco, nos últimos anos, no sentido da "filantropia empresarial", efetuando crescentes contribuições, ainda que muito reduzidas, proporcionalmente, em relação ao que se pratica nos países desenvolvidos. Trata-se de um avanço, mas elas continuam muito longe de assumir a RSE.

Em amplos círculos empresariais, reina a ideia de que uma empresa é responsável a partir do momento em que paga os salários e cumpre com suas responsabilidades ficais. É uma concepção muito estreita diante dos rumos que tem tomado a RSE em nível internacional e das necessidades regionais. Isso significa simplesmente cumprir a lei. Não fazê-lo seria infringi-la. Mas a RSE é muito mais do que isso. É assumir responsabilidades como aquelas seis que mencionamos anteriormente e se autoquestionar quanto ao próprio papel da empresa na sociedade.

A cidadania espera e reivindica, cada vez mais, um perfil de responsabilidade mais amplo por parte da empresa privada, bem como de outros agentes importantes. Na pesquisa Latinobarómetro (2007), diante da pergunta feita a pessoas de dezoito países latino-americanos sobre os níveis de confiança dos diversos agentes sociais, a empresa privada aparece com apenas 41% de credibilidade. O ranking é liderado pelos bombeiros, a Igreja, os pobres e o rádio.

Além dos itens de RSE já resumidos, a primeira obrigação da empresa privada, no cenário surgido com a crise, é colaborar ativamente com as políticas públicas na criação e na manutenção de "empregos decentes". A crise pode estimular a adoção de ajustes por meio do desemprego ou da degradação dos empregos existentes. A demanda da sociedade, ao contrário, é de que, em parceria com as políticas públicas, as empresas multipliquem seus esforços no sentido de proteger o emprego.

Nos Estados Unidos, onde diversas empresas lucrativas fizeram cortes de pessoal e estão sendo bastante criticadas por sua baixa RSE, há muitos casos que vão em sentido contrário. Como a decisão dos educadores do sistema escolar de Maryland de reduzir salários se isso fosse preciso para cobrir déficits e evitar, assim, que houvesse demissões. Ou como o caso ilustrativo do diretor geral de um dos maiores hospitais não públicos de Boston, que levou o seu dilema a uma assembleia geral de funcionários: diante da queda de receitas, demitir ou conceder um pouco de sacrifício por parte de todos (Cullen, *Boston Globe*, 12/03/09). A decisão pela segunda opção foi unânime e o diretor, no dia seguinte, recebeu uma média de cem e-mails por hora com mensagens de apoio ou de cumprimentos. Na mesma linha, as empresas privadas da Costa Rica propuseram a seu presidente que aderisse ao grande programa nacional Escudo, lançado para proteger os mais vulneráveis diante da crise, com fórmulas concretas para assegurar e fortalecer o emprego.

Será preciso, também, que os apoios já dados por empresas para causas de interesse coletivo não diminuam. Agora eles são mais necessários do que nunca. Foi o que defendeu Bill Gates como presidente da Fundação Gates, voltada para a luta contra as enfermidades que acometem mais os pobres, como a aids, a malária e a tuberculose, ao anunciar que em 2009, apesar de ter perdido 25% de seu fundo por causa da queda da bolsa, a fundação aumentaria em 25% seu orçamento de ajuda, elevando-o de 3 bilhões para 3,8 bilhões de dólares. Tão estimulante quanto é o posicionamento da Telefónica de España, que reduzirá pela metade as tarifas para desempregados, e que também continua a ampliar seu contundente esforço contra o trabalho infantil por meio do programa Proniño, que reabilitou mais de 100 mil crianças de treze países da região.

Uma agenda ativa de RSE nesse continente requer também que se avance no sentido de um novo pacto fiscal. O sistema atual é regressivo, com mais de dois terços da arrecadação fiscal provenientes de impostos indiretos, como o do valor agregado, que afeta a população por igual, independentemente da renda ou do patrimônio. A falta de igualdade é reforçada ainda mais com a existência de cerca de 50% de evasão fiscal. Um pacto fiscal progressivo e que diminua a evasão, baseado em sistemas modernos e totalmente profissionalizados, pode ser uma fonte essencial para bancar investimentos prioritários, como nas áreas de saúde, educação e geração e proteção de "trabalho decente".

Se a América Latina não reagir à crise com políticas públicas muito ativas e de alta qualidade, com uma agenda ativa de RSE em suas empresas, os cenários poderão se tornar muito problemáticos.

Ela dispõe de uma energia muito importante. A cidadania se mobilizou. Há um profundo processo de democratização em curso. As regiões e os municípios recuperam seu prestígio. Muitos grupos excluídos hoje participam e exercem influência, como os indígenas, as mulheres e os jovens. Crescem as organizações de base e as ONGs representativas. As universidades estão cada vez mais inseridas no contexto geral.

Os latino-americanos são informados, discutem, votam. Mudaram completamente o mapa eleitoral, por caminhos diversos, mas que têm em comum sua revolta contra a pobreza que se estende por um continente tão rico em recursos e seu inconformismo total diante das enormes desigualdades. Segundo pesquisas, nove a cada dez cidadãos se sentem afetados pelas desigualdades (PNUD, 2007).

Uma "sede por ética" preside esse processo tão positivo de mobilização cidadã, que tem conduzido a políticas públicas de qualidade muito superior e à denúncia permanente de corrupção sob todas as suas formas. Os latino-americanos querem construir uma economia com face humana. Aprenderam, depois da queda no vazio a que foram arrastados nos anos 1990 pela mesma ortodoxia econômica que afundou a economia norte-americana, que a ética deve dirigir a economia e o comportamento de seus agentes. A ideia de responsabilidade social empresarial é um dos focos dessa demanda coletiva por mais ética, que exigirá, cada vez mais, respostas concretas nesse terreno.

REFERÊNCIAS

Blow, C. (21/03/09). "Anger mismanagement." *The New York Times.*
Comissão Europeia (março 2009). "Recomendações da área de emprego, assuntos sociais e igualdade de oportunidades."
Cullen, K. (12/03/09). "A head with a heart." *Boston Globe.*
Friedman, M. (13/09/62). "The social responsibility of business is to increase its profits." *The New York Times Magazine.*
Global Reporting Initiative (2009). Conclusões da última reunião de seu Conselho Diretivo.
Holland, K. (15/03/09). "Is it time to retrain B-Schools?" *The New York Times.*
Latinobarómetro (2007). *Pesquisa regional.* Santiago.
Obama, B. (16/03/09). Declarações em "Obama administration is bracing for a public backlash from the bailout". *The New York Times.*
PNUD (2007). *Relatório sobre a democracia.*
Porter, M. E., e Kramer M. R. (2006). "Strategy and society. The link between competitive advantage and corporate social responsibility." *Harvard Business ness Review,* dezembro.

Segal, D. (18/03/09). "The silence of the oracle." *The New York Times.*

Sen, A. (10/03/09). "Adam Smith's market never stood alone." *Financial Times.*

Smith, A. (1759). *Teoria dos sentimentos morais.* São Paulo: Martins Fontes.

Somavia, J. (22/02/09). Entrevista. "Hay que primar la economía real frente a la especulación." *El País.*

The Week (2008). "Greenspan: The oracle's mea culpa", 7 de novembro.

UMA REFLEXÃO ADICIONAL

Bernardo Kliksberg

13. As religiões e a dívida social do nosso tempo

UM PANORAMA PREOCUPANTE

O novo milênio iniciou-se com grandes contrastes. Por um lado, avanços permanentes na ciência e na tecnologia que multiplicaram a capacidade de produção de bens e serviços da espécie humana. As revoluções ocorridas em vários campos, como a genética, a biotecnologia, a ciência dos materiais, a computação, a cibernética, a eletrônica, as comunicações, entre outros, colocam ao alcance da mão o prolongamento significativo do tempo de vida útil e da expectativa de vida, a redução da mortalidade infantil e da mortalidade materna a níveis mínimos e a possibilidade de se prover acesso massivo à educação mediante novas tecnologias.

Por outro lado, no entanto, os dados recentes informam que 1,4 bilhão de pessoas se encontram em pobreza extrema, vivendo com menos de 1,25 dólar por dia; 3 bilhões vivem abaixo da linha de pobreza, com menos de dois dólares por dia; 2 bilhões carecem de energia elétrica. As consequências desse quadro são cruéis.

Vinte e seis mil crianças morrem diariamente por causas evitáveis relacionadas à pobreza. Enquanto a expectativa de vida nos 26 países mais ricos ultrapassa os 78 anos de idade, nos 49 mais pobres ela é de apenas 53 anos. Enquanto apenas seis de cada mil crianças morrem antes de completar um ano nos países mais ricos, elas superam a centena nos mais pobres. A Oxfam International (2006) observa que "nos últimos dois anos, 1 milhão de mulheres morreram durante a gravidez ou durante o parto por falta de cuidados médicos básicos, e 21 milhões de crianças menores de cinco anos perderam a vida em razão de doenças curáveis". Estima-se que, em 2009, a crise econômica mundial terá levado 100 milhões de pessoas a passar fome, além de 50 milhões a mais de desempregados.

Ban Ki-Moon (secretário-geral da ONU) e Margaret Chan (diretora da Organização Mundial da Saúde) advertem com severidade quanto aos novos riscos em matéria de saúde pública:

Em tempos de vacas magras o gasto com saúde costuma ser um dos primeiros a sofrer redução. Em recessões passadas, particularmente nas economias em desenvolvimento, os endinheirados foram os que receberam melhor assistência; os pobres, com muita frequência, foram abandonados à sua própria sorte. Quando os governos cortam gastos com assistência básica para seus cidadãos mais pobres, toda a sociedade, em última instância, é que paga o alto preço disso. Vastas áreas da África, América Latina e Ásia ainda não se recuperaram dos erros cometidos em crises anteriores.

Nesse quadro geral de amplas possibilidades convivendo ao lado de fortes carências e desigualdades, que papel pode ser desempenhado pelas religiões para que o desenvolvimento resgate uma agenda ética e atinja os grandes setores da humanidade hoje excluídos e para que a crise não recaia principalmente sobre eles?

Para além de qualquer hipótese teórica a esse respeito, as religiões estão atuando todos os dias de modo muito concreto em relação a esses problemas. Organizações de base católicas, evangélicas, protestantes, judaicas, muçulmanas e de todas as crenças trabalham dia a dia pelos mais desfavorecidos. Na Argentina, por exemplo, como já se referiu aqui, quando as políticas adotadas nos anos 1990 levaram a uma triplicação da pobreza e boa parte da classe média foi arrasada economicamente, a Caritas, vigorosa organização de solidariedade da Igreja Católica, deu proteção a 3 milhões de pessoas, com base no trabalho de 150 mil voluntários,* e a Amia, principal instituição da comunidade judaica, desenvolveu uma extensa rede de proteção social que prestou auxílio a um terço das famílias dessa comunidade de pequena classe média destroçada pela crise. No Benin, como assinalou o Banco Mundial (2000), "as entidades afiliadas à Igreja representam provavelmente a mais visível e ampla rede de proteção existente". Situações semelhantes se reproduzem em todo o planeta.

As religiões não só estão presentes na vida cotidiana dos pobres como também, em vários casos, incorporaram-se ativamente na discussão mundial sobre a globalização e seus impactos econômicos e sociais, bem como sobre o modelo de desenvolvimento desejável.

O papa Paulo VI (1971) afirmou que "é um erro dizer que a economia e a ética são diferentes e estranhas uma à outra, que a primeira não depende, de algum modo, da segunda", e o papa João Paulo II (2000) fez um apelo a uma "nova e mais profunda reflexão sobre a natureza da economia e de seus objetivos". A mesma solicitação foi feita pelo arcebispo de Canterbury, George

---

* Veja-se, a respeito do trabalho da Caritas, Angela Cristina Calvo (2009), "The role of religious organizations in promoting service of peace and development in Latin America". WAAG, 4th Forum, 28 a 30 de junho.

Carey, pelo Congresso Mundial Judaico e por proeminentes personalidades espirituais do mundo.

De onde provém esse novo impulso no sentido de um papel ativo de diversas religiões de grande influência no desenvolvimento? O que se pode esperar dele? Este capítulo aborda a questão em várias etapas. Em primeiro e segundo lugares, analisando as fortes raízes que este compromisso com o desenvolvimento possui em duas religiões de ampla ressonância: o judaísmo e o cristianismo. Para tanto, examina a posição que o judaísmo adota em relação à agenda de problemas-chave para o desenvolvimento, concentrando-se, para isso, na visão do Velho Testamento. Repassa, igualmente, a doutrina social da Igreja, enfocando fundamentalmente algumas de suas manifestações contemporâneas. Em terceiro lugar, apresenta-se a proposta oriunda das duas religiões em relação ao mundo da globalização e ao desenvolvimento. Dados os limites estreitos deste trabalho, a intenção é apenas de passar rapidamente, de forma exploratória, por esses temas. Uma análise mais ampla caberia, desde já, para abranger a visão que as demais religiões de enorme importância, como as muçulmanas, as orientais, indígenas e outras, têm desses problemas.

É imprescindível que esses assuntos sejam cada vez mais aprofundados. As grandes visões religiosas mobilizam grande parte da população mundial e são decisivas para as decisões tomadas todos os dias por milhões e milhões de pessoas e famílias. Os valores espirituais, além de constituírem um fim em si mesmo, são um componente essencial do capital social de uma sociedade.

A VISÃO SOCIAL DA BÍBLIA

O Velho Testamento, a Torá (instrução), base do judaísmo e texto fundador reconhecido pelo cristianismo e outras religiões, ocupa-se intensamente dos grandes temas econômicos e sociais da humanidade. Coloca no centro de suas atenções questões como a pobreza, a exclusão social, as desigualdades, as responsabilidades da sociedade em relação a esses assuntos, as do indivíduo e as ações moralmente corretas. Essas preocupações se materializam em princípios diretivos claros e orientações de conduta. Mas o texto bíblico não se restringe a isso. Vai muito além, estabelecendo normas detalhadas destinadas a garantir, na prática, a fidelidade aos princípios nele proclamados. Torna-se, assim, uma fonte densa e riquíssima de doutrina e legislação econômica e social.

Por outro lado, Deus expressa sua vontade e a transcendência que devota a essa visão através de figuras humanas concretas, os profetas. Estes, em meio às mais adversas circunstâncias, com grande coragem e absoluta integridade, chamam a atenção dos poderosos e do próprio povo para a imprescindibilidade do cumprimento das normas éticas prescritas pela Divindade e para os males que, em caso contrário, adviriam. Moisés, Isaías, Jeremias, Amós, Oseias, Ezequiel e muitos outros deram sequência à transmissão dessa ideia, dando a própria vida por ela, tornando-se referências centrais de seu tempo e de grande parte da humanidade.

Dentre as visões fundamentais colocadas pelo texto bíblico para a humanidade estão as seguintes:

1. A ideia de que um tem responsabilidade pelo outro

Os seres humanos têm a obrigação de zelar por seus semelhantes. A solidariedade não é uma escolha, mas um mandamento. No Levítico, Deus determina: "Amarás ao próximo como a ti mesmo"* (19:18). Fazê-lo no dia a dia, portanto, não é algo que

---

* Os trechos da Bíblia em português foram extraídos da edição Bíblia Hebraica, tradução de David Gorodovits e Jairo Fridlin, editora Sêfer, 2006. (N. T.)

mereça reconhecimentos especiais, é apenas ser humano. Um proeminante pensador judeu contemporâneo, o rabino Abraham Y. Heschel (1959), afirma que se trata simplesmente do "modo correto de viver".

2. A pobreza deve ser erradicada

Para a Bíblia, a pobreza não é inevitável. Ela não faz parte dos desígnios divinos. Muito ao contrário. O desígnio é que o ser humano deve ter plenas possibilidades de realização. O texto afirma: "[...] contudo, não haverá no meio de ti mendigos [...]" (Deuteronômio 15:4). Yeshayahu Leibowitz (1998), eminente comentarista bíblico, interpreta que essa afirmação "não deve ser entendida como uma promessa divina, mas como uma exigência imposta ao homem. Devemos evitar que se crie uma realidade em que haja indigentes entre nós". De um modo geral, destaca ele, os profetas não são oráculos, não dizem o que vai acontecer, mas o que deveria acontecer.

A Torá, o Velho Testamento, contém 3 mil referências a "mitigar a pobreza". No judaísmo, a palavra que denomina solidariedade é *tzedaka*, que quer dizer "fazer justiça". A ideia é que ajudar o pobre é restabelecer a justiça que está sendo violada pela existência da pobreza.

3. A dignidade do pobre tem de ser preservada a qualquer custo

Para o texto bíblico, os pobres são seres humanos iguais a todos. A pobreza não diminui em nada o seu caráter de criaturas de Deus, à sua imagem e semelhança. A mensagem bíblica é no sentido oposto ao da tendência mais comum, nas sociedades de hoje em dia, que é de desvalorizar o pobre. Ela enfatiza, inclusive, que aqueles que abusarem dos órfãos, das viúvas, dos estrangeiros e dos pobres, figuras que representavam a exclusão na Antiguidade, terão de enfrentar a própria Divindade. Ela protege especialmente os pobres.

É tão forte a defesa da dignidade humana do pobre que se impõe até mesmo uma obrigação, à primeira vista, incompreensível. Os textos afirmam que aquele que é muito pobre também deve ajudar alguém que seja mais pobre ainda do que ele. A pergunta é por que, estando já em situação difícil, pede-se que ainda ajude o outro. A resposta é que não se quer privar o pobre de uma obrigação central para a ideia de dignidade humana, que é a da solidariedade com seus semelhantes.

4. Evitar as grandes desigualdades

A ideia de igualdade é essencial no texto bíblico. Antes de qualquer coisa, os seres humanos são iguais naquilo que mais importa. O monoteísmo bíblico prega que só existe um Deus. Não há divindades superiores ou inferiores para esse ou aquele grupo de seres humanos. Há somente uma, comum a todos, e perante a qual não há diferenças nem nenhuma possibilidade de influenciá-la em um sentido ou outro. As grandes desigualdades foram criadas pelas sociedades, não fazem parte dos desígnios divinos.

Procurando preveni-las, a Bíblia estabelece uma detalhada legislação que envolve diversos aspectos. Entre as suas disposições, encontram-se a anistia das dívidas a cada sete anos; o ano sabático da terra, pelo qual sua propriedade é suspensa a cada sete anos e os pobres podem ter acesso aos seus frutos; a proteção àquele que trabalha por meio de várias instituições (o pagamento do salário em dia, previsão de férias, descanso semanal e outras); e o jubileu. De acordo com este último, a cada cinquenta anos, o bem mais importante da Antiguidade, a terra, deveria voltar à sua distribuição original, efetuada nos tempos de Moisés, quando a terra foi dividida entre as tribos e famílias de acordo com o número de integrantes de cada família. A ideia de que a terra foi feita para ser compartilhada é muito forte no texto bíblico. O Levítico (25:23) afirma: "E a terra não será vendida em perpetuidade, porque a terra é Minha, pois vós sois peregrinos e moradores da terra para Mim".

5. A sociedade deve se organizar para combater a pobreza e criar oportunidades

A ideia de políticas públicas e de ação coletiva da comunidade em relação aos problemas econômicos e sociais é central no texto bíblico. Este traz orientações para a organização social, muitas delas destinadas a evitar as arbitrariedades e assegurar um bom governo. Ao mesmo tempo, há prescrições detalhadas em aspectos básicos. Entre eles, o estabelecimento de um dos primeiros sistemas fiscais da história, o dízimo, pelo qual cada um deve contribuir com 10% de sua produção, o qual será destinado ao sustento dos sacerdotes, dos órfãos, das viúvas e dos estrangeiros. Fixam-se, também, algumas regulamentações para o mercado, com o objetivo de garantir preços justos, a boa qualidade dos produtos e a impossibilidade de práticas de corrupção. Estabelecem-se regras sobre o trabalho que são precursoras do direito do trabalho moderno, e normas para assegurar que o funcionamento da justiça seja equitativo e que os direitos dos mais fracos sejam garantidos.

A isso tudo se somam instituições para garantir que os doentes tenham assistência, que as crianças tenham acesso à educação, que os idosos recebam cuidados, e até mesmo políticas enérgicas de promoção de empréstimos aos pobres, pioneiras do microcrédito e do apoio às pequenas e médias empresas, estratégias consideradas hoje como essenciais para o desenvolvimento social.

Interpretando a Bíblia, um de seus maiores exegetas, o grande sábio Maimônides, estabeleceu no século XI uma hierarquia da ajuda ao outro em oito níveis, conforme o grau de autenticidade, anonimato e efetividade da ajuda. O mais alto de todos os níveis é "ajudar o outro de tal modo que este, depois, não precise mais de ajuda, entrando numa sociedade com ele ou dando-lhe um empréstimo". O acesso real ao crédito, o empréstimo para atividades produtivas aparece na Bíblia como um mandamento moral imperativo.

6. O voluntariado é uma obrigação ética

Ao lado de uma ação comunitária sistemática, o texto bíblico prescreve a necessidade de uma conduta individual solidária no dia a dia. Em vez de delegar ao Estado ou ao mercado a resolução dos problemas sociais, cada pessoa deve dar a sua contribuição. Apregoa-se o voluntariado, como chamamos hoje essa atividade, como uma forma de vida. No Talmud, interpretação secular da Bíblia, considera-se que a *tzedaka*, a ação solidária, "tem a mesma importância que todos os mandamentos juntos" (Bava Bathra, 9ª, Talmud Babilônico). Os comentaristas talmúdicos observam (Jinuj 478): "Se tu és capaz de ajudar alguém que é pobre e te descuidas de fazê-lo, estás transgredindo uma proibição da Bíblia".

O conceito bíblico não apenas pune a ação que causa prejuízos ao outro. Vai muito além disso. Cobra o voluntariado, a conduta ativa de ajuda, e considera um erro grave a omissão, a não atuação quando se pode fazê-lo. Fecha as portas para todas as formas de insensibilidade, tanto as ativas quanto as passivas. Diante do sofrimento do outro, deve-se agir. O Levítico ensina (19:16): "Não sejas indiferente quando o teu próximo está em perigo".

De todas essas visões, e de outras que poderiam ser acrescentadas, extrai-se uma mensagem que, apesar de sua antiguidade, tem absoluta validade para os problemas do nosso tempo. Essa poderosa mensagem espiritual e ética foi e continua a ser reinterpretada ao longo de gerações pelo povo judeu e por homens e mulheres de diversas religiões, tendo se tornado um norte para amplos setores da humanidade.

Diante da agenda dos grandes contrastes do nosso tempo, essa mensagem foi esgrimida permanentemente em defesa dos excluídos, dos discriminados, das crianças, das mulheres, das famílias, da preservação do meio ambiente e dos direitos humanos e das grandes causas universais. Diante das ambiguidades e injustiças que permeiam a realidade contemporânea, ressoa com força a exigência dos Salmos quando afirmam (Salmo de Assaf, Salmo 82:3): "Fazei justiça ao desfavorecido e ao órfão; procedei corretamente para com o aflito e o desamparado. Libertai o oprimido e o indigente [...]".

A IGREJA DIANTE DO DESENVOLVIMENTO E DA GLOBALIZAÇÃO

Inspirada nos ensinamentos de Jesus e seus discípulos, bem como do Velho e do Novo Testamento, a Igreja Católica desenvolveu um pensamento vigoroso em relação aos grandes temas econômicos e sociais do nosso tempo. Em décadas recentes, as encíclicas pioneiras do papa João XXIII — "Mater et Magistra" (1961), "Pacem in Terris" (1963) — produziram uma análise rigorosa da realidade internacional e formularam princípios orientadores de grande impacto mundial em relação a temas sociais candentes.

A Igreja adotou de forma crescente, nas últimas décadas, aquilo que chamou de "opção preferencial pelos pobres". Os papas Paulo VI (em seu "Populorium Progressio", 1967) e João Paulo II (em "Sollicitudo Rei Socialis", 1987, "Centesimus Annus", 1991, e em várias mensagens e pronunciamentos) colocaram os temas sociais no centro de suas pregações cotidianas e, com persistência, a partir de um olhar espiritual e teológico, enfocaram quase todos os dramas de exclusão existentes. Suas encíclicas sobre essa questão se tornaram pilares do pensamento social contemporâneo. A elas veio se somar a nova encíclica "Caritas in Veritate" (2009).

A atitude da Igreja trouxe para o centro do palco internacional o debate sobre as relações entre ética e economia, os impactos da globalização, o tipo de desenvolvimento desejável e outras áreas fundamentais. Da mesma forma, de um modo cada vez mais ativo, a Igreja gerou, a partir de suas reflexões, orientações que expôs à avaliação coletiva e que obtiveram enorme ressonância no que se refere à aplicação de regras justas nas relações econômicas entre o Norte e o Sul. A Igreja pronunciou-se reiteradamente em defesa dos imigrantes, das famílias empobrecidas, dos discriminados e dos marginalizados dos mais diferentes tipos, além de ter apoiado a causa do "trabalho decente".

Apontamos a seguir, de modo sintético, algumas das principais posições adotadas pela Igreja em relação aos temas do desenvolvimento e da globalização.

1. A economia deve estar a serviço dos seres humanos

A Igreja apregoa que não se deve perder de vista que a economia não é um fim em si mesma mas apenas um meio, da mais alta relevância, mas ainda assim um meio, que deve estar a serviço de finalidades superiores, como o desenvolvimento do homem. João Paulo II (2000) convidou "os economistas e executivos financeiros, assim como os líderes políticos, a admitirem a urgência de garantir que as práticas econômicas e que as políticas a ela vinculadas tenham como meta o bem de cada pessoa e da totalidade da pessoa". Da mesma forma, observou que "uma economia que não leve em conta essa dimensão ética não pode na verdade chamar a si mesma de economia, no sentido de um uso racional e construtivo da riqueza material".

A realidade, para a Igreja, está muito distante da situação desejável. O Concílio Vaticano II (1965) retratou essa situação de um modo que encontra total validade à luz das transcendências que se podem observar: "Jamais a humanidade teve à disposição tantas riquezas, tantas possibilidades, tanto poder econômico. E, no entanto, uma grande parcela da espécie humana passa fome e vive na miséria, e há multidões que não sabem ler nem escrever".

2. Aplicar os princípios diretivos

Para o cristianismo, todos os seres humanos são irmãos e irmãs por sua filiação divina, e a humanidade deve considerar a si mesma como uma grande família global. As relações devem ser regidas, portanto, pela solidariedade, a misericórdia e o amor — todos eles atributos de Deus, a cuja imagem e semelhança foi criado o ser humano.

Por isso, como destaca João Paulo II em "Centesimus Annus" (1991), é totalmente legítima a reivindicação dos pobres de "ter o direito de participar e usufruir os bens materiais e de fazer florescer a sua capacidade de trabalho". Essa possibilidade deve ser vista como uma grande oportunidade espiritual e econômica para a espécie humana. O papa ressaltou que "a melhora da situação dos pobres é uma grande oportunidade de crescimento moral, cultural e até mesmo econômico para toda a humanidade".

A ética distributiva a que se referiu, em detalhes, são Tomás de Aquino (*Suma Teológica*, II-II Q 66 A 7) ao lembrar que "o pão que reténs pertence ao famélico" deveria ter um peso muito grande no funcionamento da economia. Os elevadíssimos níveis de desigualdade, inclusive em continentes com grande influência católica, contradizem abertamente essa ética. É o caso, por exemplo, da América Latina, que o bispo peruano Miguel Irizar (1994) observa ser, "para nosso próprio espanto, o continente ao mesmo tempo mais católico e mais desigual".

3. O atual funcionamento da economia mundial traz riscos muito importantes

A situação atual se mostra repleta de oportunidades, entre outros motivos por causa do avanço acelerado do conhecimento científico-tecnológico e das possibilidades de integração econômica regionais. Ao mesmo tempo, porém, ela é portadora de riscos de grande envergadura. Dentre eles estão as esmagadoras disparidades existentes entre o Norte e o Sul, a "financialização", que conhece um desenvolvimento vertiginoso em que a especulação e as manobras financeiras substituem o trabalho como fonte produtora de riqueza com graves consequências regressivas, a visão reducionista do ser humano como *homo economicus*, a idealização do mercado. A respeito deste, João Paulo II ("Centesimus Annus", 1991) observa que "muitas das necessidades humanas não encontram lugar no mercado" e adverte que, "quando o homem é visto mais como um produtor ou um consumidor de bens do que como um sujeito que produz e consome para viver, então a liberdade econômica perde a sua relação necessária com a pessoa humana e acaba por aliená-la e oprimi-la".

4. Deve haver regras éticas para a globalização

A economia globalizada se mostra com grande potencial de progresso técnico e pode melhorar substancialmente as capacidades produtivas do ser humano. Mas pode, também, agravar as desigualdades abismais hoje existentes e deixar de fora boa parte da população mundial.

Para enfrentar esse problema, a Igreja lançou no início do novo milênio o movimento do jubileu. Retomando essa instituição bíblica, que contém várias normas voltadas para a proteção da equidade, tem advogado energicamente a favor de uma ética para a globalização, pedindo (1998a) aquilo que chamou de "uma justiça social em nível global".

Entre seus componentes estão a anulação parcial ou total da dívida externa dos países mais pobres, condenados, se não for assim, por gerações, a sofrimentos enormes para a maioria de suas populações, a redução das fortes barreiras protecionistas e das políticas discriminatórias que impedem que os países em desenvolvimento possam exportar seus produtos aos países ricos, e o reforço da ajuda internacional, que hoje se encontra em um de seus patamares mais baixos em muitas décadas. O papa João Paulo II defendeu que se deve "globalizar a solidariedade" e proclamou que "para prevenir que a globalização da economia produza os resultados danosos de uma expansão descontrolada de interesses privados ou de grupos, é preciso que seja acompanhada por uma cultura global de solidariedade atenta às necessidades dos mais fracos".

5. Proteger os direitos econômicos e sociais

A dignidade do ser humano requer que ele tenha direito absoluto ao trabalho, acesso a assistência médica, educação e proteção da família, entre outros direitos econômicos e sociais básicos. Colocar em questão a legitimidade desses direitos, ou negociá-los, fragiliza essa dignidade, que não pode ser jamais ignorada. João Paulo II (1998b) defendeu a necessidade de haver uma posição ativa a esse respeito: "É importante rechaçar qualquer tentativa de negar uma real condição jurídica a esses direitos. Cabe repetir, também, que é necessário envolver a responsabilidade comum de todas as partes — autoridades públicas, setor empresarial e sociedade civil — para que se chegue à aplicação total e efetiva dos mesmos".

A nova encíclica "Caritas in Veritate" (julho de 2009) chamou a atenção, especialmente, para os sofrimentos que afligem os imigrantes, em uma época que registra as maiores cifras de migrações do último século, com traços de intolerância e xenofobia em ascensão. Assim, ela proclama: "Todo imigrante é uma pessoa humana que, como tal, possui direitos fundamentais inalienáveis que devem ser respeitados por todos e em qualquer circunstância".

6. Os pobres devem ser prioridade

Uma das orações básicas da fé cristã, ensinada por Jesus Cristo, dirige a Deus o seguinte pedido: "O pão nosso de cada dia, nos dai hoje".

Deus colocou à disposição dos seres humanos todo o necessário para que as coisas fossem assim. No entanto, mais da metade da humanidade carece daquilo que é mais imprescindível. Os estragos produzidos pela pobreza são altíssimos. De forma realista, João Paulo II (1999a) alertou para o fato de que "o problema da pobreza é algo urgente que não pode ser deixado para amanhã". Com efeito, muitas das consequências por ele geradas são irreversíveis, como as que advêm da desnutrição infantil, da desarticulação das famílias, das doenças relacionadas à miséria e do desemprego prolongado.

Como ressalta o arcebispo de Dublin Diarmuid Martin (2002), a pobreza torna impossível que os seres humanos possam ser "aquela imagem de Deus a cuja semelhança foram criados".

Por isso, destaca ele, "as situações de pobreza extrema constituem uma ofensa à dignidade da pessoa humana", bem como à própria Divindade.

Com a relação à pobreza, a "Caritas in Veritate" (2009) observa:

Ao abordar os problemas do desenvolvimento, cabe ressaltar a relação entre pobreza e desemprego. Os pobres são, em muitos casos, o resultado da violação da dignidade do trabalho humano, seja porque se limitam as suas possibilidades (desemprego, subemprego), seja porque se aviltam, assim, "os direitos oriundos do mesmo, especialmente o direito a um salário justo, à segurança da pessoa do trabalhador e de sua família".

A grande pergunta formulada por João Paulo ii em 1990 continua ressoando, e de forma cada vez mais atual: "Quando se trata da negociação da dívida externa, da regulação dos mercados ou dos projetos de ajuste, presta-se a devida atenção ao bem-estar dos mais pobres, que deveriam ser a verdadeira prioridade?".

A doutrina social da Igreja se atualizou para os novos tempos. Os orientações bíblicas e a mensagem de Jesus foram desenvolvidas para lidar com um mundo marcado por fortes contradições. A ênfase no social se acentuou cada vez mais, em reação ao clamor de amplos setores que se veem excluídos do direito ao desenvolvimento. A mensagem é acusadora, colocando no centro do debate mundial as várias formas de exclusão social, mas, ao mesmo tempo, ganhou conteúdos cada vez mais propositivos. Ela sugere grandes diretivas capazes de construir uma economia internacional que atenda a regras éticas e economias nacionais com perfil humano. Trata-se, enfim, como expressou João Paulo ii (1999b) ao retomar a ideia do jubileu, de impulsionar "uma nova cultura de solidariedade internacional e de cooperação, em que todos, particularmente as nações mais ricas e o setor privado, assumam a responsabilidade por um modelo econômico que sirva a todos". A pobreza não é um problema apenas dos pobres.

A visão que nasce do conjunto dessas diretivas é de um modelo de desenvolvimento para todos, inteiramente inclusivo e posto a serviço de cada ser humano em sua integridade. A "Caritas in Veritate" (2009) destaca que "toda a economia e todas as finanças devem ser utilizadas de maneira ética para que se criem as condições adequadas ao desenvolvimento do homem e dos povos". A encíclica também alerta para o impacto negativo das desigualdades, assumindo a ideia de capital social:

> O aumento sistêmico das desigualdades entre grupos sociais dentro de um mesmo país e entre as populações dos diversos países, quer dizer, o aumento massivo da pobreza relativa não só tende a erodir a coesão social e, dessa forma, colocar em risco a democracia, como possui também um impacto negativo no plano econômico devido ao progressivo desgaste do "capital social", quer dizer, do conjunto de relações de confiança, confiabilidade e respeito às normas, que são indispensáveis em qualquer convivência civil.

O IMPACTO DO GRITO DE ALERTA DAS RELIGIÕES

O Velho e o Novo Testamento, o judaísmo e o cristianismo, têm uma visão da realidade que coloca em primeiro plano a necessidade de enfrentar o sofrimento cotidiano de grandes parcelas da humanidade, em um mundo onde a possibilidade de bem-estar parece estar ao alcance das mãos. Esse sofrimento é de enormes dimensões. Estima-se (Pogge, 2002) que um terço das pessoas que morrem atualmente perece precocemente por razões relacionadas à pobreza. São 50 mil mortes gratuitas por dia, entre elas as já referidas 26 mil mortes de crianças menores de cinco anos.

Em um item tão básico como a água, os dados disponíveis (PNUD, *Relatório de Desenvolvimento Humano 2006*) indicam que o ser humano necessita um mínimo de vinte litros diários para suas necessidades básicas. Os europeus gastam duzentos litros por dia, os norte-americanos, quatrocentos. Um bilhão e duzentos milhões de pessoas só dispõem de cinco litros. Na América Latina, que contém um terço das águas limpas do planeta, 60 milhões de pessoas não dispõem de água encanada.

Por outro lado, a disparidade de renda atingiu níveis que as Nações Unidas qualificaram de "grotescos". Os ativos reunidos das três pessoas mais ricas do mundo são superiores ao Produto Nacional Bruto somado dos 48 países mais atrasados. As duzentas maiores empresas do planeta possuem o dobro dos ativos de 80% da população mundial, e este fosso se amplia rapidamente (Hawken, 2007).

Qual impacto pode ter a visão religiosa frente a essas situações que violam valores éticos básicos? Em que medida ela pode contribuir concretamente para melhorar essas realidades?

Em primeiro lugar, como já foi mencionado, a visão do judaísmo e o cristianismo — e o mesmo ocorre com outras religiões — relaciona concepção e ação. Uma vivência religiosa integral leva naturalmente à necessidade interna de ajudar o próximo, de ser coerente com a mensagem de amor transmitida por Deus. Mobilizadas por esse compromisso interno, milhões e milhões de pessoas praticam a solidariedade ativa, a partir de suas convicções religiosas, incorporando-se a organizações voluntárias ligadas à sua fé e de todo tipo. O universo das atividades sociais voluntárias vinculadas às religiões cresceu rapidamente. Ele desempenha um papel significativo na grande expansão do movimento voluntário no mundo, a qual levou-o, segundo as estimativas, a gerar mais de 5% do PIB em vários países desenvolvidos e a cumprir um papel muito importante em muitos países em desenvolvimento.* Esse é um impacto direto. A mobilização de amplos setores mediante a doação de horas de trabalho, o aporte dos seus conhecimentos, a coleta de recursos e várias outras modalidades a fim de ajudar a seres humanos igualmente concretos. Isso não altera os problemas estruturais da pobreza, mas salva vidas cotidianamente. Tem, portanto, um valor inestimável e, além disso, transmite uma mensagem poderosa. O texto do Talmud assinala, nesse sentido, que "quem salva uma vida é como se salvasse a humanidade inteira" (Talmud Ierushalmi, Sanhedrin, cap. 4, 22ª).

Isso já seria suficiente para concluir que as religiões exercem um impacto humanitário de primeira grandeza. Mas há outro conjunto de implicações muito especiais na posição adotada por elas em relação ao social. Amplos setores dessas religiões se converteram, na prática, em defensores da causa dos pobres. A "opção preferencial pelos pobres" da Igreja Católica e a concepção de justiça social dos profetas judeus se erguem para representar aqueles que são quase invisíveis e que não têm voz nas grandes decisões.

Em primeiro lugar, a visão social das religiões defende que é necessário recuperar, no cotidiano, os valores éticos que dão sentido à vida pessoal, familiar e à história. Tais valores não são uma imposição. Eles fazem parte da natureza da criatura humana e sua realização é que permite aos seres humanos alcançar a harmonia interior e a plenitude. Entre eles estão o amor,

---

* Um conhecimento mais aprofundado sobre o impacto do voluntariado pode ser obtido com a leitura das quarenta experiências expostas por seus próprios protagonistas em Bernardo Kliksberg (org.), *Por un mundo mejor. El rol de la sociedad civil en las metas del milenio* (Amia, PNUD, Aecid, 2007).

a solidariedade, a justiça, a retidão, a abolição das discriminações de cunho étnico, de gênero ou de cor, ou de outro tipo qualquer, o respeito aos idosos, a proteção das crianças, o fortalecimento da família, a eliminação da corrupção, a integridade, a autenticidade, a verdade e a humildade. Seu exercício é relacional, e eles podem levar àquilo que Martin Buber chamava (2008) de "encontros entre o eu e o tu", que são os espaços próximos da plenitude.

Em segundo lugar, essa visão postula que há uma contradição muito forte entre o discurso sobre esses valores, que é quase consensual, com todos admitindo a sua importância e a necessidade de praticá-los, e a prática diária, que os fragiliza permanentemente. Entre outros vários casos, o das crianças, que, em termos de discurso, devem ser as campeãs, com a defesa de que devem ter proteção máxima e acesso a um quadro familiar acolhedor, educação e saúde. Os dados mostram, porém, que elas constituem o setor mais pobre do mundo. Suas médias de pobreza são superiores às médias globais. Da mesma forma, elas carecem, em muitos casos, de um quadro familiar. Suas famílias se desarticularam, em vários casos, no embate contra a pobreza.

Há uma população gigantesca de crianças que se veem obrigadas a trabalhar — "escravidão forçada", como afirma a Organização Internacional do Trabalho. Cresce a quantidade de crianças abandonadas que vivem nas ruas de várias cidades dos países em desenvolvimento, condenadas a uma morte prematura. Grandes contingentes não dispõem de acesso a proteções básicas de saúde, e muitos não completam os primeiros anos na escola por falta de condições mínimas para fazê-lo. Em amplas regiões do planeta, as crianças não são as primeiras mas sim as últimas. A visão social das religiões analisadas atesta, com energia, a existência de contradições desse tipo entre os valores éticos proclamados e as práticas concretas.

Em terceiro lugar, judaísmo e cristianismo compartilham uma concepção muito clara a respeito da propriedade dos bens materiais. Deus concedeu aos seres humanos incontáveis riquezas naturais e totais possibilidades de explorá-las e desenvolvê-las. Mas a determinação é de que esses bens, que, no fundo, pertencem à Divindade, devem ser compartilhados. Na medida em que os utilizem para o benefício coletivo, serão bons administradores dos bens outorgados pela Divindade, e eles se multiplicarão. Uma reconhecida autoridade talmúdica, Steinzaltz (1976), afirma: se, por outro lado, tais bens não forem compartilhados, se não houver solidariedade, porque alguns consideram, de forma arrogante, que eles são produtos apenas de suas ações e lhes pertencem de modo exclusivo, estes então caem na idolatria, em desrespeito à Divindade, ao se colocarem como sendo a origem de tudo.

A doutrina católica, que, como a judaica, reconhece a propriedade privada, a vê, como observa Buber (2008), "em situação de diálogo com o princípio do destino universal dos bens produzidos. A propriedade privada, de fato, está sob uma hipoteca social, o que significa que tem uma função intrinsecamente social". Assim, o papa João Paulo II (1999c) ressaltou, por exemplo, que os direitos privados no âmbito da propriedade intelectual devem ser avaliados com base em critérios que considerem o bem comum. Para ele, "não se pode aplicar unicamente a lei do ganho econômico a algo que se torne essencial para a luta contra a fome, a doença e a pobreza".

Em quarto lugar, a partir dessas e outras bases, as duas visões fazem um chamamento à ação transformadora. Para elas, a maior ameaça reside na insensibilidade. As injustiças sociais são concernentes a todos nós. Não são um problema pessoal dos pobres. São problemas coletivos, que revelam profundas falhas de ordem ética em nossas sociedades. O papa João Paulo II (1990) afirma que "as causas das exclusões não são naturais, mas mortais". Ele observa que "não se pode passar por cima do papel misterioso do pecado dos homens nos atentados contra a solidariedade de que padece grande parte da humanidade". A passividade ou a inação fazem parte desses pecados. A coerência exigida passa pela ação prática. Alguém poderia perguntar: esses chamamentos para que se coloque no centro algo que sempre deveria ter estado ali, os valores éticos, para que se exponham as hipocrisias cotidianas que expressam um grande fosso ético entre os valores concebidos e a prática, para que se aja, tais mensagens não soam, na verdade, no vazio, sem possibilidade de consequências práticas? A realidade parece apontar o contrário. As demandas que surgem desses apelos se encontram perfeitamente ao alcance, desde que haja uma vontade ética firme. As disparidades entre os países ricos e os países pobres atingiram um nível tão alto que com mudanças mínimas poderiam ser obtidos grandes resultados. Jeffrey Sachs (2003) estima que a simples garantia de água encanada e saneamento para todos os pobres, de que todas as crianças pobres pudessem frequentar a escola, além do financiamento apropriado à luta contra a aids, a tuberculose e a malária, tudo isso junto, custaria menos do que 1% da renda anual dos países ricos. Calcula-se que os países pobres perdem 700 bilhões de dólares ao ano em exportações potenciais, vetadas pelas barreiras protecionistas dos países ricos. Hopenhayn (2003) calcula que, amortizado em vinte anos, o custo da anulação da dívida externa dos 52 países mais pobres seria menor do que quatro dólares ao mês para cada habitante dos países ricos. Ele observa, também, que, se três anos atrás vinte dos países mais pobres tivessem suas dívidas externas perdoadas e esse dinheiro tivesse sido investido em saúde básica, 21 milhões de crianças que morreram no período por falta de assistência estariam, hoje, vivas.

Diante de tudo isso, a ONU estabeleceu em 1969 que a ajuda dada pelos países ricos para o desenvolvimento não devia ser inferior a 0,7% do seu Produto Interno Bruto. Em 2006, a do país mais rico, os Estados Unidos, correspondia a apenas 0,18%; a do Japão, 0,25%; a da França, 0,47%; a da Grã-Bretanha, 0,51%; e a da Itália, 0,20%. Considerando tais números, a insistência da Igreja e de outras visões sociais religiosas em relação a pontos como os mencionados — dívida externa, redução do protecionismo, ajuda para o desenvolvimento — é da mais alta validade. Com avanços nessas frentes, as melhoras na vida de milhões e milhões de pessoas poderiam ser muito importantes.

Por outro lado, esses apelos são compartilhados por amplos setores dos próprios países ricos. Um relatório da OCDE (2003) indica que 50% de seus cidadãos consideram que a ajuda para o desenvolvimento deveria ser aumentada. Em nível planetário, por sua vez, segundo uma pesquisa do Banco Mundial (2003), que ouviu a opinião de líderes de todos os setores de vários países, uma maioria esmagadora (mais de 70%) considera que combater a pobreza é algo crucial para se conseguir a paz mundial e reduzir as tensões no globo. Nos Estados Unidos, quando questionados sobre o montante que achavam adequado que seu país destinasse à ajuda externa, os norte-americanos responderam de 5% a 10% do orçamento federal. A contribuição real era de 1% (Singer, 2009). Hawken (2007) estima em 2 milhões a quantidade que surgiu de fortes organizações da sociedade civil que lutam para que se concretize o princípio segundo o qual "a vida é o mais fundamental de todos os direitos humanos".

As vozes que vêm da visão social religiosa do judaísmo e do cristianismo não estão sozinhas. Nas religiões muçulmana, orientais e indígenas, entre outras, a mesma percepção, de que a contradição ética em vigor precisa ser urgentemente modificada, está latente. Sem dúvida, a mensagem permanente das religiões nessa direção contribuiu bastante para essa percepção.

A ideia de solidariedade e de responsabilidade mútua é também central nas religiões orientais, quando estas afirmam: "Aquele que presenteia o outro com uma rosa fica com seu perfume nas mãos". Buda dizia a seus seguidores: "Ponha seu coração para fazer o bem. Faça-o várias vezes, e se sentirá pleno de felicidade". Mencius, considerado o maior intérprete de Confúcio, disse ao rei Hui de Liang durante uma visita que fez à sua corte (300 a. C.): "Há pessoas morrendo de fome nas estradas, e tu não distribuis o que guardas no celeiro. Quando as pessoas morrem, dizes: não é minha culpa, e sim do ano. Qual é a diferença entre isso e apunhalar e matar um homem e depois dizer 'não fui eu, foi a arma'?".

Kofi Annan, ao deixar seu cargo de secretário-geral da ONU, refletiu muito bem o sentimento ético de muitas pessoas, dizendo (2006):

> Somos responsáveis pelo bem-estar dos outros. Sem um pouco de solidariedade, nenhuma sociedade pode se manter verdadeiramente estável. Não é realista pensar que algumas pessoas podem obter grandes benefícios com a globalização enquanto milhões de outras são deixadas à margem ou lançadas na pobreza abjeta. Devemos dar aos outros seres humanos ao menos uma chance de compartilhar conosco a nossa prosperidade.

Ao lado de seu trabalho direto em prol dos desfavorecidos, essas visões sociais religiosas possuem outro impacto de proporções que não têm como ser mensuradas. Estão colocando a "questão ética" para o conjunto da humanidade. Não é possível que em um mundo com tantas possibilidades haja tanta dor, diariamente, para tantas pessoas. A economia não está funcionando como deveria, ou seja, para todos os seres humanos e para a integridade de cada ser humano. Essa consciência vigilante, que denuncia e que é a cada dia mais propositiva por parte de amplos setores religiosos levanta questões cujas respostas não podem mais ser adiadas.

REFERÊNCIAS

Annan, K. (2006). "What I've learned." *The Washington Post*, 11 de dezembro.

Banco Mundial (2003). *Release* de imprensa. "Fighting poverty a key to achieving world peace and lowering global tensions", 5 de junho.

Banco Mundial (2000). *Voices of the poor*. Washington D. C.

Buber, M. (2008). *Eu e tu*. São Paulo: Centauro.

"Caritas in Veritate." Encíclica. Vaticano, 7/7/09.

Concílio Vaticano II (1965). *Constituição pastoral "Gaudium et spes"*. Vaticano: Libreria Editrice Vaticana.

Hawken, P. (2007). *Blessed unrest: How the largest social movement in history is restoring grace, justice, and beauty to the world*. Nova York: Viking Penguin.

Heschel, A. J. (1959). *God in search of man*. Meridien Books and the Jewish Publication Society of America.

Hopenhayn, M. (2003). *La dura danza de la finanza*. Santiago.

Irizar Campos, M. (1994). "La visión social del crecimiento." *In Hacia un enfoque integrado del desarollo, la ética, la economía y la cuestión social*. Washington D. C.: BID.

João Paulo II (1987). "Sollicitudo Rei Socialis." Vaticano.

João Paulo II (1990). Discurso no Conselho Pontifício "Cor Unum", 19 de novembro.

João Paulo II (1991). "Centesimus Annus." Vaticano.

João Paulo II (1998a). Discurso aos membros da Fundação Vaticana Centesimus Annus — Pro Pontifice, 9 de maio

João Paulo II (1998b). Discurso no Congresso para Promoção Pastoral de Direitos Humanos, julho.

João Paulo II (1999a). Discurso em Elk, Polônia, 8 de junho.

João Paulo II (1999b). Discurso aos participantes da convenção organizada pela Fundação Vaticana Centesimus Annus — Pro Pontifice, 11 de setembro.

João Paulo II (1999c). Discurso da Campanha do Grande Jubileu.

João Paulo II (2000). Mensagem para a Comemoração do Dia Mundial da Paz.

Ki-Moon, B., e Chan, M. (2009). "Más allá de la pandemia." *El País*, 2 de julho.

Leibowitz, Y. (1999). *Brief commentaries on the Torah*. Israel.

Maimônides. Mishneh Torah (Codificação da Lei Judaica). Capítulo 9, Leis 1-3.

Martin, D. (2002). "La iglesia y los problemas econômicos y sociales medulares de nuestra época." In *Ética y desarrollo. La relación marginada* (org. Kliksberg, B.). Buenos Aires: El Ateneo.

OCDE (2003). *Relatório sobre Pesquisa Especial*, Paris, 28 de abril.

Oxfam Internacional (2006). *El mundo aún está esperando.*

Paulo VI (1967). "Populorum Progressio." Vaticano.

Paulo VI (1971). "Octogesima Adveniens", 42. Vaticano

Pogge, T. W. (2002). *World poverty and human rights: Cosmopolitan responsibilities and reforms.* Cambridge: Polity Press.

Sachs, J. (2003). "Asegurar el futuro en la cumbre de Evian." *El País*, 2 de junho.

Singer, P. (2009). *Quanto custa salvar uma vida? Agindo agora para eliminar a pobreza mundial.* São Paulo, Campus.

Steinzaltz, A. (1976). *The essential Talmud.* Nova York: Bantam Books.

PNUD (2006). *Relatório de Desenvolvimento Humano.* Nova York.

ESTA OBRA FOI COMPOSTA EM MINION PELO ACQUA ESTÚDIO E IMPRESSA
PELA GRÁFICA BARTIRA EM OFSETE SOBRE PAPEL PÓLEN SOFT DA SUZANO
PAPEL E CELULOSE PARA A EDITORA SCHWARCZ EM MAIO DE 2010